상식으로 시작하는
한 뼘
한문학

상식으로 시작하는
한뼘 인문학

펴낸날 초판 1쇄 2015년 2월 5일 | 초판 5쇄 2016년 4월 1일

지은이 최원석

펴낸이 임호준
이사 홍헌표
편집장 김소중
책임 편집 김유경 | **편집 1팀** 장재순 안진숙
디자인 왕윤경 김효숙 정윤경 | **마케팅** 강진수 임한호 김혜민
경영지원 나은혜 박석호 | **e-비즈** 표형원 이용직 김준홍 류현정 차상은

일러스트 영수 | **인쇄** (주)웰컴피앤피

펴낸곳 북클라우드 | **발행처** (주)헬스조선 | **출판등록** 제2-4324호 2006년 1월 12일
주소 서울특별시 중구 세종대로 21길 30 | **전화** (02) 724-7636 | **팩스** (02) 722-9339

ⓒ최원석, 2015

이 책은 저작권법에 따라 보호를 받는 저작물이므로 무단 전재와 무단 복제를 금지하며,
이 책 내용의 전부 또는 일부를 이용하려면 반드시 저작권자와 ㈜헬스조선의 서면 동의를 받아야 합니다.
책값은 뒤표지에 있습니다. 잘못된 책은 바꾸어 드립니다.

ISBN 979-11-85020-67-9 13100

- 이 도서의 국립중앙도서관 출판예정도서목록(CIP)은 서지정보유통지원시스템 홈페이지(http://seoji.nl.go.kr)와
  국가자료공동목록시스템(http://www.nl.go.kr/kolisnet)에서 이용하실 수 있습니다. (CIP제어번호: CIP2015001702)

북클라우드 는 건강한 마음과 아름다운 삶을 생각하는 (주)헬스조선의 출판 브랜드입니다.

상식으로 시작하는

한 뼘 인문학

사고의 틀을 바꾸는 유쾌한 지적 훈련

/ 최원석 지음 /

북클라우드

들어가며

세상 사람을 상식적인 사람 혹은 비상식적이고 몰상식한 사람 두 부류로 나눈다면 전자는 세상의 다수일 것이고, 후자는 아마 극소수일 것이다. 그렇다면 둘 중 누가 세상 변화의 중심에 서왔을까? 극단적인 예를 하나 들어보자.

16세기 초인 1533년 니콜라우스 코페르니쿠스(Nicolaus Copernicus, 1473~1543)는 《천구의 회전에 관하여(On the Revolutions of the Heavenly Spheres)》에 나오는 역사적 표현(지동설, 地動說)으로 세상을 온통 뒤바꾸어 놓았다. 그 문구는 이렇다.

만물의 중심에는 태양이 있다. 천체를 동시에 밝혀주는 빛나는 신전이 있을 만한 곳으로 그보다 더 좋은 자리가 어디에 있을까.…(중략)…어떤 사람은 태양을 세상의 길잡이라 불렀으니 얼마나 적절한 표현인가. 태양은 왕좌에서 자기 주위를 도는 별들의 무리를 내려다본다.

여태 신과 인간의 관계를 규정지어온 천동설(天動說)을 버리는 일, 우주는 신과 상관없이 자연법칙에 의해서 돌아간다고 주장하는 일은 당시로서는 확 깨는 대사건이었다. 그때의 충격은 다음 괴테의 말로 가늠할 수 있다.

(지동설로 인해) 지구는 우주의 중심이라는 엄청난 특권을 포기해야 했다. 이제 인간은 위기에 봉착했다. 낙원으로의 복귀, 종교적 믿음에 대한 확신, 거룩함, 죄 없는 세상, 이런 것들이 모두 끝날 위기에 놓인 것이다. 새로운 우주관을 받아들인다는 것은 전례 없는 사고의 자유와 감성의 위대함을 일깨워야 하는 일이다.

코페르니쿠스에 이어 지동설을 주장하던 브루노는 화형을 당하기까지 했다. 종교개혁을 주창해 종교계의 개혁가로 떠오른 루터조차 당시에는 코페르니쿠스를 '벼락치기로 성공한 점성술사'라고 비난했다. 천문학을 망치려는 바보 멍청이라는 말도 했다. 당시 다수의 사람들은 '미친 개는 몽둥이로 다스려야 한다'고 생각했을 법하다. 실제로 지동설이 과학적 사실임을 입증하기까지 숱한 사람들이 희생되어야 했다.

하지만 이 일부 비상식적이고 몰상식한 사람들의 경거망동으로 세상이 바뀌기 시작했다. 지동설에 힘이 실리는 순간, 싫으나 좋으나 사람들의 세계관, 우주관은 모조리 바뀌어야 했다. 사람들은 '당연히 그러해야 하고 그럴 것이다'라는 인식, 즉 고정관념을 깨야 했다. 당시 천동설을 주장하던 교회 인사들은 진실을 알게 될까 두려워 천체망원경을 보려 들지 않았는데, 그렇다고 물줄기를 바꿀 수는 없었다.

그렇다면 지금, 우리가 알고 있는 상식은 정말 상식일까? 혹시라도 천동설처럼 우리가 굳건히 믿고 있는 상식 중에 틀린 것은 없을까? 사실 인류가 발전해온 과정을 생각하면 세상은 정해진 대로 움직이지 않았고, 으레 그러려니 했던 것들은 대부분 틀렸었다. 모범생보다는 괴짜가 세상을 바꾸고, 세상살이에는 필연보다는 우연이 더 많이 작용해왔다. 법칙은 있으나 예외 없는 법칙이 없듯이 돌연변이가 새로운 종(種)의 출현을 예고했다. 사물은 늘 일관성이 없고, 변칙이 성행했다. 결국 기존의 사고 틀을 깨거나 거부하는 방식으로 비상식적이거나 몰상식하지 않으면 변화도 창출할 수 없다.

이 책에서 제시하는 사례들이 바로 세상에 속지 않고 살려면 (혹은 제대로 알고 살려면) 세상이 원래 그렇다는 것을 알아야 한다고 말하고 있다. 이는 필자가 기자로 20년 넘게 일하면서 체득한 바와도 크게 다르지 않다.

그렇다면 어떻게 해야 세상을 잘 알 수 있을까? 우선 필요한 일은 상식을 새롭게 대하는 일이다. 바로 상식 비틀어보기를 통해 세상을 이해하는 것이다.

미국의 사회학자인 덩컨 J. 와트(Duncan J. Watts, 1971~)는 《상식의 배반(Everything of Obvious)》이라는 책에서 이를 이렇게 설명했다. "상식은 우리가 세상을 이해하도록 도와주기도 하지만 동시에 세상을 이해하는 우리의 능력을 심각하게 약화하는 모순도 갖고 있다." 상식으로만 세상을 바라보면 비판 의식과 세상에 대한 성찰이 뒤떨어진다는 뜻이다. 세상일을 당연시하게 되기 때문이다.

이 책에 제시된 사례들은 세상을 지금까지의 잣대로만 재서는 제대로 알 수 없다는 것을 증명한다. 그런 예가 우리 생활에, 역사에, 문화에 스며들어 있다. 마치 비뚤어진 세상을 잘 살려면 먼저 비뚤어진 눈을 가져야 된다고 말하는 것처럼.

요즘 들어 인문학적 소양을 요구하는 목소리가 높아지는 것도 세상에 대한 눈을 갖게 하자는 의도이다. 그래서 과학이 중심이 되고 있는 세상에서, 그릇된 상식으로 세상을 정확히 읽기 힘든 상황에서 '다시 인문학이다'라는 구호가 힘을 얻고 있다.

라틴어로 '인문학'의 어원 격인 '후마니타스(humanitas)'는 인간의 본성이라는 뜻이다. 상식은 인간의 본성과 밀접히 맞닿아 있는 사고방식이나 지식이기 때문에 인문학과 상식은 결코 서로 떨어질 수 없다. 결국 상식이 인간 사회의 발전과 궤도를 같이 했으므로 올바른 상식이란 인문학적 접근을 통해야 축적될 수 있는 소양인 셈이다. 우리가 아는 상식이 올바른지 그른지는 인문학적 바탕 위에서 가늠될 수 있는 이유이기도 하다.

책의 구성도 이런 점을 바탕으로 '뜻밖의 역사'와 '상식의 오류' 같은 내용을 담으려고 했다. 다 알려진 사실이라도 이면에 숨어 있는 의미를 파악하는 장면도 있을 것이다. 사물이란 기본적으로 다양한 면을 갖고 있어서 한 가지로만 설명할 수 없기 때문이다. 이렇게 볼 수도 있고, 저렇게 볼 수도 있는 일을 놓고 어떻게 판단하는 게 옳은지를 가늠해보는 기회가 될 수도 있다.

프랑스 실존주의 철학자 장 폴 사르트르(Jean Paul Sartre, 1905~1980)는 그의 철학적 통찰력 외에 의외의 행동으로도 유명하다. 그는 이런 말을 했다. "아버지가 아들에게 줄 수 있는 가장 큰 선물은 일찍 죽어주는 것이다."

사르트르가 설마 모든 아버지에게 아들을 내팽개치라고 한 말은 아니었을 것이다(정작 사르트르는 계약 결혼한 보부아르와의 사이에 자녀가 없었다). 오히려 아들들의 자립심을 키우는 것이 목표였다고 봐야 한다. 아버지란 존재는 아들에게 조력자이기 이전에 넘을 수 없거나 혹은 타고 넘어야 할 장벽이기 때문이다. 아들이 그 장벽을 넘어 앞으로 나아가게 하려면 아버지가 일찍 죽어주는 것이 낫다는 역설(逆說)을 피력한 셈이다. 아버지가 느닷없이 죽는다면 아들로서는 강력한 후원자를 잃어버려 인생살이에서 날벼락을 맞는 것과 같은 일이겠지만, 사실 위인 중에는 그런 식의 역경이 약이 된 사례가 많다.

행동이든 생각이든 역시 상식을 깨야 성공하는 세상이다. ◢

최원석

들어가며_ 4

Contents

① 상식은 믿을 게 못 된다

한글 띄어쓰기는 서양 선교사가 창안했다_ 18
《걸리버 여행기》는 동화가 아니다_ 22
'마지노선'은 최후의 보루가 아니다_ 26
공명정대와 정론직필의 상징 퓰리처는 '옐로 저널리즘'의 창시자_ 32
대기만성은 '큰 그릇은 만들어지지 않는다'는 뜻이다_ 38
양식과 자연산의 구분이 의미가 없는 굴_ 43
힌두교에서 이슬람으로 개종한 아들을 두었던 간디_ 47
조선의 왕비가 되려면 미모보다 관상_ 50
강태공이 낚은 것은 세월이 아니라 진짜 물고기_ 55
형벌 도구인 '칼'은 여성에게 씌우지 않았다_ 59
신문고는 백성이 아니라 귀족의 민원 해결 도구_ 62
발명왕만이 아니라 '마케팅의 귀재'였던 에디슨_ 67
오페라극장 고층 박스 석의 주된 용도는?_ 73
고려 시대까지 여성이 우위였다_ 77
사약을 마신 죄인이 바로 죽는 드라마는 틀렸다_ 81
조선 초에는 곤장을 칠 수 없었다_ 85

2 우연이라 쓰고 필연이라 읽는다

콘플레이크는 성욕 억제 음식?_ 92
제2차 세계대전이 없었다면 환타도 없었다_ 96
전투용 레이더 장비를 만들던 중 발명된 것은?_ 100
젊음을 되찾는 보톡스는 원래 사시 교정 치료에 쓰였다_ 104
기자들의 성급한 보도가 만들어낸 독일의 통일_ 107
우연이 개입한 발칸 반도의 인종청소_ 111
미국 철도 공사 사고로 알게 된 뇌의 진실_ 115
프랑스 혁명은 뜻밖의 역풍을 맞아 일어난 사건이다_ 118
루터의 종교개혁이 낳은 부산물_ 122
우연히 다가온 시련이 바꾸어놓은 운명_ 126
유배 가서 완성된 추사체와 세한도 | 정신지체아를 낳고 작가가 된 펄 벅

3 진짜 원조, 가짜 원조

"내일 세상이 망하더라도 오늘 사과나무를 심겠다"는 말의 원조는?_ 140
우리말에서 일본식 표현을 빼면 대화가 힘들다_ 144
우리의 전통술 소주는 아랍 술이었다_ 149
씨 없는 수박을 만든 사람은 우장춘 박사가 아니다_ 154
제너는 종두법의 창시자가 아니다_ 159
'적자생존'은 다윈의 작품이 아니다_ 164
남대문을 '국보 1호'로 정한 것은 누구일까?_ 168
"여성은 만들어지는 것이다"의 저작권자는?_ 173
아프리카 노예무역은 아랍이 먼저 했다_ 178
인종 차별은 히틀러보다 미국이 먼저였다_ 181

4 사소하지만 유쾌한 뜻밖의 상식

배트맨의 '조커'는 위대한 소설가 덕분에 생긴 캐릭터_ 190
징크스는 새 이름에서 나왔다_ 193
카푸치노는 가톨릭 수도사의 옷에서 나온 명칭_ 197
중세까지 유럽 귀족은 손으로 음식을 먹었다_ 201
방사성 물질 '라듐'은 한때 만병통치약으로 여겨졌다_ 206
폼페이 유적 발굴이 늦어진 것은 그림 때문이다_ 210
전쟁으로 파괴된 바르샤바는 그림을 통해 복원됐다_ 214
《유토피아》는 사회주의 교과서인가_ 218
남자와 여자는 어떻게 다른가_ 224
노인의 '나이 기준'은 언제부터 있었을까?_ 228

5 세상은 괴짜가 바꾼다

나이팅게일은 백의의 천사라기보다 냉정한 행정가였다_ 236
역사의 진정한 반항아, 《홍길동전》의 허균_ 241
정신병자는 만들어질 수 있다_ 245
매혹적 그림의 비밀을 풀다_ 249
광기를 예술로 만든 천재 화가들_ 253
'Guy'는 저항을 상징하는 인물에서 나온 표현_ 258
미켈란젤로는 위작으로 명성을 얻기 시작했다_ 263
프로이센이 강성해진 것은 섹스 장려 덕분이다_ 267

6 상식에 배반당하다

이들은 사실, 색마였다_ 276
금욕을 지키기 위해 기상천외한 실험을 했던 간디 | 이중적인 삶을 살았던 마틴 루터 킹
기적의 치료제 '페니실린' 발견의 뒷이야기_ 284
파스퇴르는 1세대 황우석이었다?_ 290
광해군은 한 여인 탓에 알고도 역모를 당했다_ 295
공정무역은 과연 공정한가_ 300
테레사 수녀는 신의 존재를 의심했다_ 304
혈액형별 성격 판정법을 믿을 것인가_ 308
다수결이 항상 옳은 것은 아니다_ 313
지옥으로 가는 길은 '선의'로 포장되어 있다_ 317
민중을 위하려다 민중의 손에 죽은 로베스피에르 | 과연 누구를 위한 제도인가
시민을 개조하려다 폭군이 된 칼뱅
네덜란드 댐 구멍을 막은 소년 이야기는 사실일까?_ 326
록펠러는 자선가 이전에 가혹한 자본가였다_ 330
두 얼굴의 지식인, 장 자크 루소_ 335
여성 해방을 외치면서 독립적 여성을 싫어한 입센_ 340
시몬 드 보부아르도 암고양이였다_ 345
《닥터 지바고》는 CIA 덕분에 노벨상을 받았다_ 349
그들은 사실, 사회주의자였다_ 353
마음속의 눈과 귀로 현실을 직시한 헬렌 켈러 | 과학과 정치로 양분된 삶을 살았던 아인슈타인
애덤 스미스의 《국부론》은 자본주의 찬양서일까?_ 362
《1984》와 《동물농장》은 우리나라에서 반공 도서였다_ 368
19세기 발레리나는 부유층의 전유물이었다_ 373

나오며_ 377

상식이란 특정 시대의 사람들에게
통용되는 평균적인 생각이나 사고방식이다.
결국 진리와는 관계없이 상황이나 시대가 변하면 그에 맞춰 상식도 변한다.

상식은

/

믿을 게
못 된다

시작하며

상식(常識, common sense)이란 동시대에 일반적으로 가져야 할 판단력이나 지식을 말한다. 다시 말해 어떤 특정 시대의 사람들에게 통용되는 평균적인 생각이나 사고방식이다. 조선 시대는 삼종지도(三從之道)가 상식이었으나, 지금은 케케묵은 유물로 여겨지는 것과 같은 이치다. 이처럼 상황이나 시대가 변하면 그에 맞춰 상식도 변한다. 결국 상식이란 진리와 달리 유통기한이 있는 셈이다.

문제는 그 상식의 제조자나 유통기한을 정확히 알 수 없다는 점이다. 어떤 사실을 여러 사람이 입에 올리고, 다수가 타당하다고 생각하면 그 사실이 거짓으로 드러나기 직전까지 상식으로 통하기 때문이다. 다시 말하면 상식이란 그저 다수가 공유하는 생각이나 사고를 의미할 뿐이다. 어떤 의미에서 상식은 사실과 전혀 다르거나 사실과 상관없을 수도 있다는 말이다. '신문에 났더라'라는 마술 같은 말 한마디로 어떤 소식이 기정사실화되기도 하지만 실제로 그 기사가 오보(誤報)일 수도 있다는 점을 고려해야 하는 것과 같다.

그러니까 상식을 대하는 태도도 이제는 달라져야 한다. 상식이라고 알려진 것은 다수의 입을 거치는 가운데 굳어진 일반 정보이기 때문이다. 지금부터 일반적으로 알려진 바와 달리 전혀 다른 의미이거나, 사실과는 상관없는 일이었던 상식들을 살펴보려고 한다. 원래 의미가 무엇인지 알고도 지금의 의미를 그대로 사용할지는 독자의 몫이다.

 상식은 믿을 게 못 된다

한글 띄어쓰기는 서양 선교사가 창안했다

훈민정음 창제 당시 한글 표기는 세로쓰기였다. 글자가 모두 붙어 있는 형태로 책에 적어내려간 것은 정사각 모양의 틀에 한 글자씩 넣는 방식을 따랐기 때문이다. 이는 한문쓰기와 방식이 같다. 띄어쓰기를 전혀 하지 않았다는 이야기다.

그렇다면 지금처럼 띄어쓰기를 한 것은 언제부터일까? 처음 띄어쓰기의 흔적이 나타난 것은 1877년에 출판된 한 책자에서였다. 훈민정음 창제(1443년) 이후 434년이 지난, 그것도 외국인이 지은 책이었다.

책 이름은 중국 상하이에서 출판된 97쪽(본문 기준)짜리 《한국어 첫걸음(A Corean Primer)》이다. 저자는 존 로스(John Ross, 한국명 라요한, 1842~1915)로, 스코틀랜드장로교회연합선교회 소속의 선교사였다. 그는 당시 조선이 아닌 만주에 파견되어 선교 활동을 하고 있었다.

그런 그가 한글을 익히는 과정에는 조선 상인들의 역할이 컸다. 선교사로서 조선에 기독교를 전파할 임무를 맡은 그는 한국어 학습에 주목했다. 한국인들이 기독교 교리를 제대로 익히려면 외국인 선교사들이 한국말을 해야 전도가 가능하다고 생각한 것이다.

1년 만에 중국어를 익혀 중국어로 설교를 할 정도였던 것을 보면 그는 언어 감각이 뛰어났던 모양이다. 조선인 약재상 이응찬으로부터 한글을 배우기 시작한 지 1년 만에 이 책을 발간해낸 것만 봐도 그의 언어 감각을 알 수 있다. 그는 누가, 요한, 마태, 마가복음 순으로 성경을 번역하다 1911년에는 구약을 포함한 《예수성교젼셔》를 발간해 선교사들에게 전국에서 팔게 했다. 그는 스코틀랜드로 돌아간 뒤 영어로 한국사를 펴낼 정도로 조선에 대해 관심을 갖고 있었다.

그는 《한국어 첫걸음》에 이렇게 적었다. "한국어 알파벳은 너무나 아름답고 간결해서 30분이면 글자를 충분히 습득할 수 있다."

《한국어 첫걸음》 1장 도서관(Library) 편을 보면 "ㄴㆍㅣ 되션말 보이고쟈 한다(내가 조선말을 배우고자 한다)"라고 띄어 쓰고 그 밑에 한글 발음을 영어 알파벳으로 옮겨놓았다. 또 그 밑에 "I Corean (to) learn want"라고 적었다. 구절별로 나누어 의미가 정확히 전달되도록 한 것이다. "되션말 보이기 쉽다(조선말 배우기 쉽다)"는 표현도 보인다.

13장 걷기(Walking) 편에는 "너를 밋디 못하갓다(너를 따라가지 못하겠다)", "걸어왓슴메(걸어왔다)", "팔습 오리 감메(85리를 갔다)" 등의 용례가 보인다. 이북식이 다수 포함되어 있는 것은 이북 의주 출신인 이응찬을 통해 한글을 배웠기 때문일 것이다. 책은 마지막 장 영혼(Soul) 편까지 총 32장으로 구성되어 있다. 한글을 빨리 배우기 위해서였겠지만, 띄어쓰기는 영어식 띄어쓰기를 원용했다는 해석도 있다.

이후 띄어쓰기가 보이는 문헌은 박영효의《사화기략(使和記略)》과〈한성주보(漢城周報)〉였다. 이때까지는 불규칙적으로 문장 단위로 띄어 썼는데〈독립신문〉과〈매일신문〉에 이르면 어구 단위로 띄어쓰기가 본격화된다. 이어 정기간행물로는 1896년 주시경, 서재필 선생과 허버드 등이 주도한〈독립신문〉이 띄

▲
스코틀랜드 출신 선교사 존 로스가 만든 한글 교본. 사진은 13장 걷기 편이다.

어쓰기를 처음 사용했다. 1920년에 창간된 〈조선일보〉와 〈동아일보〉는 1933년 조선어학회가 《한글 맞춤법 통일안》을 제정 공표하기 전까지 띄어쓰기를 거의 하지 않았다. 이 맞춤법 통일안 이후 우리나라에서 띄어쓰기가 완전히 굳어졌다고 할 수 있다.

우리말은 표의문자(表意文字, 글자의 뜻을 표기하는 문자)인 한문과 달리 표음문자(表音文字, 글자의 음을 표기하는 문자)이기 때문에 말뜻을 정확히 전달하려면 띄어쓰기가 필요하다. 띄어쓰기를 어떻게 하느냐에 따라 문장은 완전히 다른 뜻이 되기 때문이다. 예를 들면 '아버지가 방에 들어가셨다'와 '아버지 가방에 들어가셨다'는 문장이 그렇다.

이러한 띄어쓰기를 우리나라 사람이 아닌 외국인이 생각해 냈다는 것을 보면 역시 언어는 편의성이 중요하다는 생각이 든다. 한글을 띄어 쓰지 않고 붙여 써도 의미가 통하는 데 아무런 불편이 없던 우리는 띄어쓰기를 생각하지 못했다. 얼마든지 말뜻을 구분할 수 있었기 때문이지만, 외국인은 그렇지 않았다. 역시 필요는 발명의 어머니다.

《걸리버 여행기》는 동화가 아니다

거인국, 소인국, 야후, 라퓨타는 《걸리버 여행기(Gulliver's Travels)》에 등장해서 우리에게도 친숙한 단어들이다. 야후는 말이 지배하는 나라에서 노동력을 제공하는 하층 인간 종족을 뜻하는 단어이고, 날아다니는 나라로 그려지는 라퓨타는 일본 애니메이션의 거장 미야자키 하야오 감독의 〈천공의 성 라퓨타(天空の城ラピュタ)〉에도 쓰여 익숙한 단어다.

《걸리버 여행기》는 어린 시절 읽어보지 않은 사람이 없을 정도로 유명한 동화로 기억하는 사람이 많다. 영화로도 숱하게 만들어져 판타지 장르에서는 빼놓을 수 없는 소재이기도 하다.

하지만 작가 조나단 스위프트(Jonathan Swift, 1667~1745)가 지금 이 책이 동화로 읽히고 있는 사실을 안다면 기절초풍할 것이다. 원래 의회를 비판한 정치 소설로 쓰여졌기 때문이다. 처음 등장했을 때는 체제부정적이라는 이유로 인쇄 금지, 판매 금지 조치를 당할 정도였다. 책 내용도 그 얼마 전 출간된 《로빈슨 크루소(The Life and Strange Surprising Adventures of Robinson Crusoe of York)》로 인해 여행기 형태의 소설들이 바람을 일으키는 분위기여서 여행기 형식을 빌렸지만, 왕정 체제와 인간 세계에 대한 비판이 주류였다. 그는 성공회 성직자 신분으로 영국의 식민지였던 아일랜드의 입장을 두둔하는 애국지사로 간주되는 인물이었다. 이 책으로 아일랜드의 비참한 현실과 영국을 은유적으로 고발한 것이다.

이 소설이 등장한 1726년 당시 영국 의회는 보수적인 토리당과 진보적인 휘그당으로 양분되어 있었다. 국교는 성공회였으나 두 당은 종교적으로 가톨릭(토리)과 청교도(휘그)에 심정적 지지를 보내고 있었다. 그런 와중에 성공회 성직자인 스위프트가 이런 책을 썼으니 다분히 양 당의 정책과 정치 상황을 빗대었다는 소리를 들을 만했다.

그 파장을 우려해서였는지 스위프트는 책 출간을 위해 전면에 나서지 않았다. 대신 걸리버 선장과 그 사촌인 심프슨이라

❶ 상식은 믿을 게 못 된다

는 가공인물을 내세웠다. 책에도 걸리버 선장이 심프슨에게 출간을 부탁하는 내용의 편지를 넣었다. 또 출판업자에게 심프슨이 보내는 것처럼 편지를 보내서는 "책을 출간한다면 200파운드를 보내고, 아니면 원고를 돌려달라"고 요구했다.

▲
영국 런던에서 발간된 《걸리버 여행기》 초판본 표지.

출판업자도 자극적인 내용 때문에 일부를 삭제하고 출판했다. 아일랜드 더블린에서 원본대로 출판한 것이 1735년이니까 스위프트가 책을 쓴 후로 원본이 출간되기까지 9년이나 걸린 것이다. 대체 원본은 어떤 내용이기에 그랬을까?

책은 총 4부로 구성되어 있다. 1부 소인국 릴리프트, 2부 거인국 브로딩낵, 3부 날아다니는 섬 라퓨타와 마법사의 나라 그럽덥드립, 4부 말의 나라 후이늠. 상상 속의 이 나라들은 영국 사회의 모순과 문제점을 비슷한 방식으로 안고 있다. 당시 영국 의회처럼 사소한 일(달걀의 어느 부분을 깨서 먹을 것이냐는 등)로 의회는 갈라져 있고, 영국 사회처럼 거인국과 소인국에서도 사람들의 추한 모습과 결점은 여과 없이 드러난다. 그의 상상력은 동화적이지만 표현과 문장들은 결코 그렇지 않았다.

그의 풍자 태도가 얼마나 신랄했는지는 다른 글을 통해서도 확인할 수 있다. 그는 《겸손한 제안(The Modest Proposal)》이

▲ 영국 삽화가인 제임스 길레이가 그린 1803년 작 《걸리버 여행기》의 삽화로, 걸리버가 거인국 브로딩낵의 왕과 만나는 장면이다. 미국 메트로폴리탄박물관 소장.

라는 에세이를 발표한 적이 있는데, 이런 내용이 들어 있다.

나는 겸손하게 제안합니다. 12만 명의 어린이 가운데 2만 명은 번식으로 남겨두고 이 중 남자아이는 4분의 1이면 충분합니다. 남은 10만 명은 한 살 정도 됐을 때 지체 높은 사람들이 사 가도록 경매에 부치면 될 것입니다. 아이들의 어머니에게 마지막 달에 젖을 충분히 물려서 살이 찌게 하도록 충고해야 할 것입니다. 친구들을 초대한 식탁에는 아이 하나만 요리해도 두 접시를 충분히 만들 수 있습니다. 가족끼리 식사를 할 때는 아이의 4분의 1만 요리하면서 후추와 소금을 조금 쳐 두었다가 겨울에는 4일째 되는 날 삶아 먹으면 아주 좋을 것입니다.

아일랜드의 극심한 가난을 타개하는 방법으로 아이를 고기로 내다 팔면, 부모는 돈을 벌 것이고 정부는 골칫덩이를 없애는 것이니 일거양득 아니냐는 비아냥이다.

《걸리버 여행기》에 쓴 표현들도 당시 어떻게 받아들여졌을지 알 수 있을 것이다. 그런 《걸리버 여행기》가 지금은 동화로 읽히고 있다는 것은 아이러니가 아닐 수 없다.

'마지노선'은 최후의 보루가 아니다

흔히들 "더 이상 물러날 곳 없는 A팀은 이번 승부에 마지노선을 그었다", "내가 할 수 있는 마지노선은 여기까지야"라는 말을 한다. '마지노선'은 협상이나 대결에서 물러날 수 있는 마지막 지점을 의미할 때 쓴다. 보통 '최후의 보루(작은 성곽)'와 같은 의미로 받아들인다.

그런데 이 말이 통용되게 한 사람인 프랑스 국방 장관 앙드레 마지노(Andre Maginot, 1877~1932)가 요즈음 우리가 마지노선의 의미를 이렇게 쓰고 있는 것을 들었다면 어리둥절해 할 것이다. 그는 최후의 보루가 아니라, '최전방'을 뜻하는 의미로 마지노 전선(戰線)을 그었기 때문이다.

때는 제1차 세계대전 중인 1914년 9월로 거슬러 올라간다. 프랑스와 독일이 맞닥뜨린 서부 전선에서 독일의 진격이 프랑스의 반격에 막혀 주춤한 상황. 프랑스는 독일과 맞닿은 전선을 따라 진지를 구축하기 시작했다. 양측의 참호 사이는 어느 쪽이 공격하든, 상대방 진지에서 날아온 포탄과 총탄으로 전사한 군인들로 가득했다. 그러면서 상대의 공격에도 버틸 수만 있다면 종국에 승리한다는 방어 우선의 관념이 퍼졌다. 제1차 세계대전이 끝난 후에 이런 생각은 프랑스 내에 더욱 굳건히 자리를 잡는다. 진지, 참호를 더욱 탄탄하게 건설하는 것이 승리의 관건이라는 식으로. 이에 국방 정책은 거대한 장벽을 쌓아 국경을 완전히 차단하는 쪽으로 나아간다. 당시 드골 대령(훗날 대통령이 되는 드골이다)은 미래의 전쟁은 이런 진지전이 아니라 전차 부대와 공군이 중심이 되는 기동전*이 될 것이라고 주장했으나 무시되고 말았다.**

이후 마지노 국방 장관이 1927년부터 국경을 따라 스위스에서 북해에 이르기까지 무려 750km에 걸쳐 장벽을 쌓기 시작했다. 중간중간에는 거점처럼 거대한 요새를 만들었다. 장벽 아래에는 요새 사이를 연결하는 지하 통로가 있었다. 각 요새는 자급자족이 가능하도록 해서 적에 포위되더라도 장기간

저항할 수 있었다.

독일에 나치 정권이 들어서자 프랑스는 방어선 구축에 더욱 매진했다. 가장 먼저 1936년 프랑스와 독일이 맞닿은 국경 일대 350km 구간을 완공했다. 이 구간에는 142개의 요새와 352개의 포대, 5,000여 개의 벙커가 설치됐다. 요새 외벽은 포격에도 끄떡없을 정도로 견고했다. 가장 얇은 콘크리트 벽 두께가 3.5m에 달했다. 요새 앞에 독일군이 나타날 때를 대비해 각종 장애물과 중장거리 화포를 준비했다. 또 전력 공급, 급수 및 배수 시설, 통신 시설 등을 설치하느라 당시 화폐로 160억 프랑이라는 거금이 투입됐다(1935년 한 해 동안 영국과의 교역을 통한 프랑스의 총 수입액이 204억 프랑이었다).

그런데 마지노선은 룩셈부르크 부근에는 설치되지 않았다. 요새가 아니라 진지 같은 간단한 시설만 설치됐다. 중립국인 벨기에가 제1차 세계대전 때 프랑스와 같은 편이어서 그 옆에 있는 작은 나라에까지 요새를 설치할 것 있느냐는 생각에다, 비용 부담도 한몫했다.

그러던 1939년 10월, 독일이 '전격전'으로 폴란드를 침공해 한 달 만에 함락했다. 제2차 세계대전이 발발한 것이다. 앞서 1939년 9월에 프랑스는 독일에 선전 포고를 한 상태였다. 그렇지만 프랑스, 독일은 서로 공격을 주저하고 있었다. 프랑스

▶
❶ 마지노선 전방에 소규모 독일군 포진.
❷ 프랑스군은 벨기에 북쪽 평지에 주둔하며 마지노선을 우회해 침공할 독일군에 대비.
❸ 독일군은 허를 찌르면서 아르덴 고원을 통해 전차로 전격전을 펴 프랑스 침공.

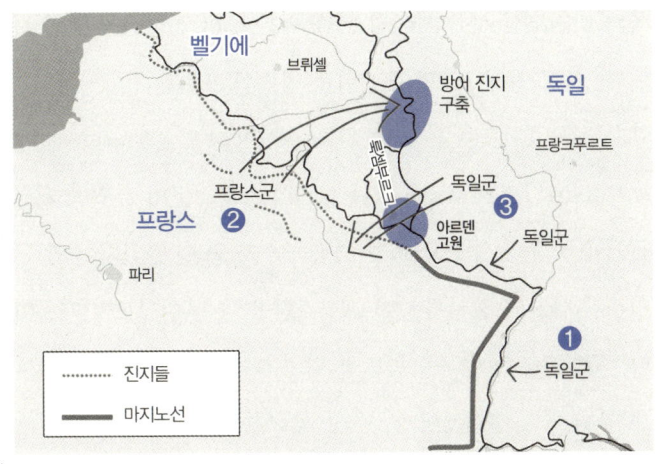

는 독일이 먼저 공격하지 않고 있다는 이유를, 독일은 프랑스의 요새 등 전쟁 준비 상태가 철저해 설불리 선공했다가 자칫 피해가 커질 수 있다는 이유를 들었다.

프랑스는 독일이 마지노선이 설치되어 있지 않은 곳을 통해 침공해오리라고 예상하고 벨기에 북쪽 전선에 부대를 대거 배치해 대기하고 있었다. 사태가 급변한 것은 1940년 5월 들어서였다. 독일이 마지노선의 북쪽 끝이자 벨기에, 룩셈부르크 국경의 남쪽 시작점인 아르덴 고원 지대로 기갑부대를 보낸 것이다. 아르덴 고원은 숲이어서 바퀴 달린 도구가 지나가기는 불가능할 것으로 여겨지던 곳이었다. 그런데 벨기에 남

❶ 상식은 믿을 게 못 된다

쪽과 마지노선 북쪽 사이의 허를 찌른 우회 전격전을 펼친 것이다. 이로 인해 100만의 연합군 병력이 포위됐다(이 작전을 처칠은 낫질하듯이 전차를 진군시켰다는 뜻에서 낫질 작전 sickle-cut이라고 불렀다). 마지노선에 있던 요새의 프랑스군이 유일한 지원군인데, 그들은 밖으로 나가 연합군을 도울 수 없었다. 독일군 일부가 마지노 전선에 남아 프랑스군을 계속 위협했기 때문이다. 독일군은 연합군을 궤멸한 뒤 프랑스를 침공했고, 마지노선 앞이 아니라 뒤에서(즉, 프랑스 영토 쪽에서) 마지노선 상의 요새를 공격하는 협공 체제로 돌입했다. 프랑스군은 결국 저항을 포기하고 독일군에 항복하고 말았다.

이 과정을 놓고 보면 마지노선은 최전선에서 적을 방어하는 요새를 구축하는 것이 목적이었음을 알 수 있다. 하지만 결과는 전혀 달랐다. 별다른 힘도 써보지 못하고 독일의 전술에 밀려 무용지물로 전락한 것이다(독일 전술이 아니었어도 이 요새들은 건설 후 얼마 지나지 않아 무용지물로 변했다는 지적도 있다. 지반이 무른 곳에 거대 콘크리트 덩어리를 얹어 놓은 양상이어서 지반 침하로 요새 내부에 습기가 차고 물이 고여 지하 벙커는 거의 사용할 수 없는 지경에 이르렀다는 것이다. 습기로 인해 대포는 녹이 슬고, 각종 질병이 발생해 병사들이 요

독일의 공격을 방어하기 위해 마지노선에는 약 5,000개의 벙커가 설치됐다.

30

▲
1944년 프랑스 북동쪽 호흐월드(Hochwald) 지역의 벙커에 미군들이 진주해 살펴보고 있다.

새 밖에서 기거하면서 근무 때만 요새 안으로 들어가는 상황이었다고 한다).

독일군이 마지노선을 우회해서 다른 부대를 먼저 쓸어버리는 바람에 마지막으로 남은 마지노선 상의 요새들이 '최후의 보루'로 인식됐는지 모르겠다. 그렇다 해도 애당초 요새들의 역할이나 용도는, 마지막까지 남아 전선을 지키기 위한 것이 아니라 전쟁 초기에 적의 침입을 원천적으로 봉쇄하려는 것이었다는 점은 달라지지 않는다. 결국 정작 필요할 때 제 역할을 못 하는 애물단지 정도의 의미로 쓰여야 정확할 것 같다.

---

* 전차를 처음 발명한 나라는 영국이다. 제1차 세계대전이 끝나고 영국은 전차 300대로 전차 군단(9개 여단)을 편성했는데 노동당 정권이 부대를 4개 대대로 축소했다. 제2차 세계대전 때 영국군은 경전차 200대, 중전차 117대, 보병엄호전차 90대를 보유하고 있었다. 당시 영국의 장군이었던 풀러는 《전격전의 기초이론(The Foundations of the Science of War)》이란 책을 써서 미래의 전쟁은 전차가 주도하는 기동전이 될 것이라고 예견했다. 이 책을 탐독한 것은 영국군이 아니라 독일군이었다. 여기에 독일의 구데리안 대위가 전차를 연구하면서 연합군이 전차를 갖고도 결정적으로 전쟁을 주도하지 못한 이유를, 기동력을 말에 의존하는 바람에 보병 등의 지원 부대가 전차와 협동 작전을 수행할 수 없었던 점을 꼽았다. 히틀러는 구데리안의 연구에 관심을 표명하면서 기계화사단을 창설했다. 특히 히틀러는 아르덴 고원 침공작전을 설계한 에리히 폰 만슈타인 중장의 아이디어가 무모하다고 다른 전선으로 배치시킨 것을 되돌리고 작전을 강행했다.

** 드골 대령의 주장은 제2차 세계대전이 발발해 독일이 폴란드를 침공하면서 사실로 드러났다. 전격적으로 폴란드를 침공한 독일군을 본 프랑스는 드골을 독일의 프랑스 침공 하루 전에야 기갑 사단장으로 임명하지만 이미 늦은 상황이었다.

공명정대와 정론직필의 상징
퓰리처는 '옐로 저널리즘'의 창시자

여성들의 벗은 사진과 연예인의 사생활 이야기 같은 기삿거리로 가득한 신문을 흔히 '옐로 페이퍼(yellow paper)'라고 부른다. '선정적'인 뉴스를 주로 싣는다는 의미로 쓰이는 용어다. 선정적이라는 단어의 사전적 의미는 욕정을 불러일으킨다는 것으로, 몹시 가볍고 질이 낮으며 천박한 수준을 뜻한다.

이런 신문은 흥밋거리 위주의 기사로 채워져 있어서 정보의 정확도나 수준이 낮고, 믿거나 말거나 하는 종류의 것들이 많다. 정확한 정보 전달이나 사회 변화의 흐름을 비판적 시각에서 바라보는 정론(正論)보다는 그저 거짓말을 해서라도 신문을

▲
퓰리처가 노후에 미국 컬럼비아 대학에 거액을 헌사함으로써 미국의 언론 문필 분야에서 가장 권위 있는 상인 퓰리처상이 만들어졌다.

많이 팔겠다는 장사꾼의 의지가 더 돋보이는 신문이라 할 수 있다.

오늘날 정론직필(正論直筆)의 대명사로 불리는 미국의 신문왕 조지프 퓰리처(Joseph Pulitzer, 1847~1911)도 처음에는 이런 신문을 만들었다. 자신의 이름을 따서 매년 최고의 문필 활동을 한 언론인과 작가에게 주는 '퓰리처상'을 만든 인물이었다는 것을 상상하기 어려울 정도다. 매년 4월이면 미국 아이비리그의 하나인 컬럼비아 대학의 저널리즘 스쿨에서 미국 내 언론, 문학, 예술 분야의 최고 영예를 가진 퓰리처상을 시상한다. 퓰리처가 1903년 유언을 통해 200만 달러를 컬럼비아 대학에 기부한 것이 출발이다. 퓰리처의 이런 행동은 처음 신문을 출범시킬 때와는 판이하다. 죽을 때가 돼서 전혀 다른 사람이 된 덕분이다.

유대인계 헝가리 출신인 퓰리처는 남다른 감각을 가지고 있었다. 재벌과 귀족을 극도로 혐오하면서도, 그들의 소식을 듣고 싶어 하는 여성 중심의 독자들에게 원하는 정보를 가져다 줄 줄 알았다. 말 그대로 대중이 뭘 원하는지 그는 정확히 꿰뚫고 있었다.

그가 운영하는 〈뉴욕월드(New York World)〉는 그야말로 흥미 위주의 보도를 했다. 그는 "재미없는 신문은 죄악이다"라고까지 했다. 그 논리에 따라 살인 사건이 나면 사건 현장을 세밀하게 묘사했다. 살인에 이용된 도구와 현장 스케치는 물론, 심지어 살인 방법까지 일일이 나열했다. 지금 같으면 독자나 시민 단체의 공격을 받을 일이지만, 당시에는 독자들이 탐정이라도 된 것처럼 그런 정보를 읽고 싶어 했다. 이런 기사에 피가 튀는 잔혹한 현장을 묘사하는 그림이 빠질 리가 없다. 퓰리처는 잔인한 장면이라도 흥밋거리가 된다 싶으면 여과 없이 실었다. 마치 신문을 많이 팔기 위해서라면 악마에게 영혼이라도 팔 기세였다. 그러면서 빈번히 "선정적인 신문이 고결한 사회적 목적에 기여할 수 있다"고 떠들고 다녔다.

그렇게 재미를 좇는 와중에 그는 요즘 기자들이 변장해서 현장의 실태를 고발하는 '탐사 보도'의 원형을 도입하기도 했다. '넬리 블라이(Nellie Bly)'라는 필명으로 활동했던 엘리자베스 제인 코크레인이라는 여기자가 그 첫 위업을 맡아 필명을 휘날렸다. 그녀는 정신병자로 가장해 정신병원에 입원해서는 내부의 인권 유린 상황을 전했고, 절도 혐의로 일부러 교도소에 수감되어 교정(矯正) 실태를 고발하기도 했다. 그런 보도로 정신병원에서 인권 침해 요소가 사라지게 하거나 여자 교도소에 여성 간수 제도가 생기게 하는 데 기여했다.

말 그대로 재미있는 신문을 위해서는 무엇이든지 할 준비가 되어 있던 퓰리처 앞에 맞수가 나타나는 데는 오랜 시간이 걸리지 않았다. 퓰리처가 승승장구하며 신문 판매 부수를 쑥쑥 올리고 있는 것을 보고 배 아파하던 윌리엄 랜돌프 허스트(William Randolph Hearst, 1863~1951)였다. 그는 퓰리처의 〈뉴욕월드〉에서 일하면서 보고 배운 대로 했다. 아니, 한술 더 떴다.

〈뉴욕월드〉 기자로 일하다 나와 〈샌프란시스코 이그재미너(San Francisco Examiner)〉라는 신문사를 경영하면서 재미를 본 그는 1896년 〈뉴욕저널(New York Journal)〉을 인수했다. 그리고 그가 한 첫 작업이 〈뉴욕월드〉 기자와 만화가 등의 인력을 돈을 얹어주고 대거 빼내오는 것이었다. 심지어 〈뉴욕월드〉 내의 정보를 알아내기 위해 스파이를 심어놓기도 했다. 본격적인 경쟁은 퓰리처가 창간한 〈선데이월드(Sunday World)〉와 허스트가 이에 맞서 창간한 〈선데이저널(Sunday Journal)〉이 동시에 인기 만화를 실으면서였다. 〈선데이월드〉에서 〈노란 꼬마(yellow kid)〉를 연재하던 만화가가 〈선데이저널〉로 옮겨 새로운 연재를 시작하자, 퓰리처는 다른 만화가를 고용해서 같은 이름으로 만화를 계속 실었던 것이다. 여기서 나온 이름이 바로 '옐로 저널리즘(황색 언론)'이다.

두 신문의 경쟁은 다른 신문에도 영향을 미쳤다. 다른 신문들도 두 신문의 취재 방식과 보도 경향을 따라 했다. 이제 신문은 본격적으로 흥미만 좇는 상업주의의 길로 들어선 셈이다.

그런데 어떻게 지금의 퓰리처상이 생긴 것일까? 퓰리처는 만년에 실명하게 되었고 그 뒤 전혀 다른 사람이 됐다. 대오각성(大悟覺醒)했다고밖에는 설명할 길이 없다. 뒤늦게 자신이 언론 상황을 실추시킨 것을 크게 후회하고 반성했다고 한다. 그래서 그가 죽기 10년 전인 1900년 초에는 〈뉴욕월드〉가 옐로 저널리즘의 길을 버리고 정론의 길을 걷기 시작했다. 덕분에 지금 〈뉴욕타임스(New York Times)〉가 듣는 이야기인 '신문의 신문'이라는 이야기를 〈뉴욕월드〉가 그때 들었다.

▲
옐로 저널리즘이라는 용어의 유래가 된 노란 꼬마는 당시 인기 있던 만화의 캐릭터였다.

퓰리처가 거금을 기부해서 컬럼비아 대학에 저널리즘 스쿨을 설립함으로써 대학 수준의 교육이 이뤄지게 한 것이나 퓰리처상을 만든 것도 다 그즈음에 유언을 통해 한 일이다(퓰리처상 시상은 1917년부터 이뤄지기 시작한다).

그의 자서전에는 그의 바뀐 언론관이 나타난다. 항상 개혁을 위해 싸우고, 부패를 묵인하지 말 것을 기자들에게 요구했다. 특정 정파에 소속되지 말고 특권 계층의 기득권에 반대하라는 요구도 했다. 가난한 자들에 대한 연민을 가지고, 다수의 복지를 위해 노력하라는 말도 아끼지 않았다.

"단순히 뉴스를 인쇄하는 것만으로 만족해서는 안 된다. 항상 철저하게 독립적이어야 한다." 이 문구는 요즘에도 적용된다. 신문 산업이 점차 거대 광고주에 매달리는 현상이 벌어질 것을 그때 이미 짐작하고 있었는지 모른다.

사람이 이렇게 달라질 수 있을까 싶을 정도로 그는 말년에 전혀 다른 인생을 살았다. 그로 인해 그의 이름은 지금까지도 언론사에 남아 있다. 그렇다면 허스트는? 그냥 흥미 보도 위주의 길을 계속 걸어갔고, 그 결과 지금 아무도 기억하지 못하는 존재가 됐다.

대기만성은 '큰 그릇은 만들어지지 않는다'는 뜻이다

중국 노자의 사상을 무위(無爲) 사상이라고 한다. '아무것도 하지 않는다.' 말 자체가 뭔가 빈 것 같고, 허허로와서 일반인이 좀처럼 이해하기 힘든 사상이다. 실제로 노자의 책에는 상식을 뛰어넘어 헛소리에 가깝다고 느낄 법한 이야기가 다수 들어 있다.

예를 들어 노자는 '있다'는 것은 '없다'는 것을 통해 알 수 있다고 이야기한다. 그의 사상을 집약한 것으로 평가되는 《도덕경(道德經)》 11장에 나오는 '그릇과 방'의 비유가 그렇다. 흙으로 그릇을 만들지만, 그릇을 쓸모 있게 하는 것은 그릇 속의 공간이다. 방을 예로 들면, 방을 쓸모 있게 하는 것은 그 안의 텅 빈 공간이다. 방에 물건이 가득 쌓이면 더 이상 방이 아니다. 그릇의 경우도 마찬가지다. 그릇이 가득 차면 더 이상 그릇이 아니라는 명제로 풀이할 수 있다. 물건을 담을 공간이 없으므로 그릇이나 방으로써 기능할 수 없기 때문이다. 이는 만물은 상대적이라는 뜻이기도 하다. 그릇이 물건을 담는 제 역할을 했는데도 그릇이 아니라고 말한다면 잘못이다. 이게 일반적인 상식이다. 하지만 노자는 그릇의 기능과 작용에 주목했다. 물건이 가득 차 더 이상 다른 물건을 담을 수 없는(다시 말해 제 역할을 더 이상 하지 못하는) 상태에 놓인 그릇은 그릇으로 부르기 어렵다는 말이다. 그럼 이미 물건을 담고 있는 상황은 무엇이라고 해야 하느냐고 묻는다면, 그건 완성된 것이므로 그릇의 기능은 더 이상 하지 못한다고 설명할 수 있다는 것이다.

《도덕경》의 1장 첫머리에 나오는 "도가도 비상도, 명가명 비상명(道可道 非常道, 名可名 非常名)"의 명제도 마찬가지다. '도를 도라고 말하면 더 이상 도가 아니고, 명을 명이라고 말하면 더 이상 명이 아니다.' 도대체 무슨 말일까? 추상적인 말이지만, 앞서 언급한 맥락에 따라 풀이하면 '도를 말로 표현해버리면 원래의 그러한 도가 아니다'라는 의미가 된다. 하나의 개념으로 어떤 사물을 묶어놓으면 그 사물이 가진 다양한 기능과 성질을 해치는 꼴이 된다는 것을 말하고 있다. 특히 부정확한 '언어'로 정의했을 때 더욱 그렇다. 물론 《도덕경》이 판본에 따라 다른 표기를 하고 있기 때문에 '도가도 비상도'가 아니라 '도가도 비항(恒)도'라고 적은 판본을 따라서 '도란 법도 삼아 따를 수는 있어도 영원한 도는 아니다'라고 풀이하는 경우도 있다*. 영원히 변하지 않는 것은 없음을 역설했다는 것이다. 이처럼 《도덕경》에 대한 풀이는 다양하다.

이 연장선에서 노자의 말 중 '대기만성(大器晩成)'을 보자. 《도덕경》 41장에 나오는 표현이다. 이 말은 '큰 그릇은 늦게 이루어진다'고 전해지면서 사람이 성장 과정에서 좀 더디고 늦더라도 결국 뭔가를 이뤄낼 수 있다는 교훈적인 내용으로 널리 쓰인다. 그러나 이 문구가 들어 있는 《도덕경》 41장 전체를 보면 그렇게 해석해서는 안 된다는 것을 알 수 있다.

···(중략)···

大方無隅(대방무우) – 크게 네모진 것은 모서리가 없으며

大器晩成(대기만성) – 큰 그릇은 이루어지지 ___?

大音希聲(대음희성) – 큰 소리는 소리가 나지 않으며

大象無形(대상무형) – 큰 형상은 형체가 없다

노자, 《도덕경》 41장

대기만성이 나오는 앞뒤 문장을 보면 이렇다. '밝은 도는 어두운 듯하며, 나아가는 도는 물러서는 듯하며, 평이한 도는 어그러져 있는 것 같으며, 최상의 덕은 골짜기처럼 깊으며, 아주 흰 것은 더러운 것 같으며, 큰 덕은 부족한 것 같으며, 강건한 덕은 나태한 것 같으며, 질박한 덕은 텅 빈 것 같다. 크게 네모진 것은 모서리가 없으며(大方無隅), 대기만성, 큰 소리는 소리가 나지 않으며(大音希聲), 큰 형상은 형체가 없다(大象無形).' 대기만성이 나온 부분의 앞뒤 문장은 모두 '~한 것은 ~가 없다, 혹은 ~가 아니다'이다. 그런데 대기만성만 늦게 이뤄진다고 풀이하는 것은 '晩(늦을 만)'을 잘못 해석한 데 따른 결과라는 것이다. 실제로 《도덕경》의 판본 중에는 '晩'이 아니라 '免(면)'으로 되어 있는 것이 많다. 면세(免稅, 세금을 내지 않도록 해줌)처럼 부정하는 뜻을 가진 한자다.

결국 대기만성도 '큰 그릇은 이뤄지지 않는다'라고 해야 하거나 '큰 그릇은 이뤄진 형체가 없다'라고 풀이해야 한다는 것이다. 논리적으로도 큰 그릇이 만들어지는 순간 그 그릇은 더 이상 큰 그릇이 아니게 된다. 왜냐하면 더 큰 그릇이 만들어질 테니까. 얼핏 그리스의 소피스트(Sophist)**와 같은 순환논리에 빠지는 것 같은 인상을 받지만 노자의 무위 사상이라면 이해 못 할 바 아니다.

이런 해석대로라면 대기만성은 늦되는 아이들에게 희망을 불어넣어주는 말로 활용할 수 없게 된다. 어차피 안 될 놈은 안 된다, 혹은 언제 될지 모른다는 뜻으로도 해석할 수 있으니까 말이다.

하지만 본뜻이 다르다고 해도 대기만성의 연원만 안다면, 교훈적 의미로 쓴다고 해서 크게 잘못된 것은 아닐 것이다. 노자의 생각도 그렇지 않을까?

---

* 문성재, 《처음부터 새로 읽는 노자 도덕경》, 책미래, 2014년, p.49~62.
** 그리스 철학자들을 말한다. 논리적 정치(정확하고 치밀함)함에 치중한 나머지 현상이나 사실과 다른 논리를 펴서 궤변론자로도 불린다. 예를 들어 그들은 과녁을 향해 날아가는 화살은 결코 과녁에 닿지 않는다는 주장을 편다. 화살은 과녁을 향해 날아가면서 화살촉과 과녁 사이의 공간을 좁혀가는데, 무한대로 좁혀갈 뿐 과녁에 박히지 않는다는 것이다. 그러나 현실은 화살이 과녁에 박히는 것으로 나타난다.

양식과 자연산의 구분이 의미가 없는 굴

석화(石花), 카사노바, 진묵 스님, 아연. 이 4가지 단어의 공통점은 무엇일까? 답은 '굴'이다.

굴을 석화라고 부른 사람은 조선 중기 때 스님인 진묵(震默, 1562~1633)이었다. 그는 여러 기행(奇行)과 불가사의한 신통력을 보였다고 해서 유명하다. 호남 지역 사찰에서 주로 수행해 온 그에 관한 일화가 많다. 술을 좋아했는데, 술이라고 부르기 겸연쩍어 곡차(穀茶)라고 부르며 마셨다고 한다. 또 석화라는 말은 진묵이 김제 망해사에 있을 때 나왔다. 절이 바닷가 근처에 있어서 식량이 떨어지면 바닷가 바위에 붙은 굴을 채집해서 먹었는데 이를 본 사람이 "스님이 육식하느냐!"고 따지자 "이건 석화이지 굴이 아니다"라고 말해서 퍼지게 됐다고 한다.

18세기 베니스의 외교관이자 스파이였던 조반니 카사노바(Giovanni Casanova, 1725~1798)가 굴을 매일 50개씩 먹은 것은 유명한 이야기다. 카사노바는 자신의 자서전(무려 12권짜리다. 국내에는 《불멸의 유혹(History of My Life)》이라는 이름으로 1권짜리로 번역되어 있다)에서 평생 122명의 여성을 상대했다고 썼다. 그는 "여성을 위해 태어난 나는 늘 사랑했고 사랑을 쟁취하기 위해 내 전부를 걸었다"고도 했다. 덕분에 카사노바라는 이름은 '난봉꾼', '바람둥이'와 동의어가 됐다. 이후 수많은 에로영화와 소설의 소재가 됐음은 물론이다. 카사노바가 굴에 남성의 정자 생성을 촉진하는 아연이 풍부하게 들어 있는 것을 어떻게 알았는지는 밝혀진 바가 없다. 다만 해상 도시였던 베니스에 굴이 풍부하게 유통됐고, 그것을 먹으면서 경험으로 굴의 효능을 알게 되지 않았을까 하는 추측을 한다.

이처럼 굴은 '바다의 우유'라는 말을 들을 정도로 영양이 풍부한 음식이다. 석화가 인위적인 힘이 가해지지 않은 상태로 자생한 굴이라면, 요즘은 생산량을 맞추느라 굴을 양식하는 경우가 많다. 흔히 자연산 굴은 몸통이 작고 비교적 검으며 고소한 맛이 더하다고 알려져 있다. 반대로 양식 굴은 몸통이 크며 비교적 희지만 풍미가 덜하다고들 한다. 자연산 굴은 주로 충청도 등 서해안 지역에서 나오고, 양식 굴은 남해안 지역에서 나온다는 것도 일반화된 이야기다.

그런데 굴 생산업자들의 말은 좀 다르다. 굴과 조개 등 어패류에 관한 한 양식(산)과 자연산의 구분이 무의미하다는 것이다. 양식이라고 할 때는 인위적으로 조성된 환경에서 각종 사료와 의약품을 투입하고 꾸준히 가꾼 경우를 일컫는다. 양식 굴은 갯벌이나 바다에 나무 기둥을 세우거나 줄을 달고 종패를 뿌려 키워낸다. 그러니까 인공적으로 환경을 조성하는 것은 맞다. 다만 그 이후 사람이 사료나 항생제를 뿌리고 돌보는 등의 힘을 가하지 않기 때문에 양식이라고 부르기 어렵다는 이야기다. 그저 자기들이 알아서 자라는데 바닷물에서 유기물을 많이 먹고 자란 굴은 크고 통통하며, 그렇지 못한 굴은 왜소할 뿐이다. 조수 간만의 차가 적어 1년 내내 바닷물 속에서 자라는 통영 앞바다의 굴과, 썰물과 민물의 간조차가 커서 하루에도 몇 번씩 물이 빠져나가는 서해안에서 자라는 굴의 크기가 다른 이유다. 잘 먹고 자라는 굴과 그렇지 못한 굴의 차이일 뿐 굴의 품종 자체가 다르지는 않다는 것이다.

앞서 나왔듯이 바위에 붙어 있는 석화는 사람이 바위 위에서 일부러 굴을 키울 리가 없으니 양식이 아니다. 그저 물속에서 떠돌던 포자가 바위 위에 정착해서 큰 것이다. 그 포자가 사람이 만든 줄 위의 종패에 내려앉아서 크면 양식으로 간주하는 식이다. 이처럼 국내에서 생산되는 (양식으로 치는) 굴의 72.6%는 남해안에서, 21%는 서해안에서 나온다. 이 역시 조수간만의 차이로 인한 생산량의 차이이다.

굴은 식용말고 약재로도 쓰인다. 모려(牡蠣)라는 이름의 약재다. 이는 굴 껍데기를 해수에 담가 끓여낸 후 불에 구워 가루를 낸 것이다. 이 약재는 자궁 출혈, 현기증, 조루, 낭습증, 골다공증 치료에 쓰이며 도한증(자면서 땀을 많이 흘리는 증세) 등 지나치게 땀을 흘릴 때, 대소변이 과하게 많은 경우에도 사용된다.

굴은 흔히 5~8월 사이는 먹어서는 안 된다고 알려졌다. 우리 옛말에 '보리가 패면 굴을 먹지 마라'고 했고, 일본 속담에도 '벚꽃이 지면 굴을 멀리하라'는 이야기가 있다. 영미권에서는 R자가 들어있지 않은 달(May, June, July, August)에는 굴을 먹지 않는다고 한다. 그 이유는 5~6월이 굴의 산란기이기 때문이다. 굴이 알을 보호하기 위해 몸에 독소를 지니게 되는 데다 산란이 끝나고 난 뒤에는 몸에 영양분이 빠져나가 맛이 형편없어지는 탓이다.

힌두교에서 이슬람으로 개종한 아들을 두었던 간디

아버지가 역사에 길이 남을 업적을 남겼다고 해서 그 자식들까지 훌륭하라는 법은 없다. 아버지 중 다수는 아들의 못난 행동 때문에 상처받고 눈물을 흘린다. 크게 내색하지 않을 뿐이다. 일본 작가 모리시타 겐지(森下賢一, 1931~)는 《위대한 남자들도 자식 때문에 울었다(不肖の息子)》라는 책을 썼다. 물론 제목은 출판사가 단 것일 테지만, 그만큼 자식은 뜻대로 되지 않는다는 말이다.

마하트마 간디(Mahatma Gandhi, 1869~1948)도 장남인 하릴랄 간디(Harilal Gandhi, 1888~1948) 때문에 속깨나 썩었다. 영

국 유학을 보내달라는 하릴랄의 청을 거절하면서 부자간의 의리가 깨진 것이 사달의 시작이었다.

하릴랄은 아버지처럼 변호사가 되는 것이 꿈이었다. 영국에 유학을 가서 법률 공부를 하고 싶었던 것이다. 하지만 간디는 끝내 반대했다. 당시 그는 영국의 인도 식민 지배에 맞서 싸우고 있었다. 영국에 가서 서구식 교육을 받는 것이 인도 독립에 도움이 되지 않는다고 판단한 것이다.

▲
간디의 아내 카스투르바와 자녀들. 맨 왼쪽이 하릴랄 간디다.

이에 반발한 하릴랄은 1911년 끝내 가족과 절연하고 만다. 그러고는 홧김인지 이슬람으로 개종했다. 이름도 압둘라 간디로 개명했다. 나중에 힌두교로 돌아오기는 하지만 이로 인해 다른 가족들이 받은 충격은 엄청났다. 이런 아들의 일탈에도 정작 간디는 아무런 흔들림이 없었다. 그는 종교는 무엇이 됐건 서로 맥이 통하는 하나라고 생각했기 때문이었다. 이런 반항에도 아버지가 고통을 받지 않자 하릴랄은 자포자기하는 심정으로 알코올중독자가 됐다.

심지어 하릴랄은 자신의 어린 딸을 성폭행했다는 의혹도 받았다. 간디는 1935년 6월 하릴랄에게 보낸 분노에 가득 찬 편지에서 이렇게 썼다.

48

너는 너의 문제가 나에게는 나라의 독립보다 더 어렵다는 것을 알아야 한다. 마누(하릴랄의 딸)는 나에게 너에 관해 수많은 위험한 사안을 이야기했다. 마누가 8살이 되기도 전에 네가 그 아이를 강간했다는 것도 말했다. 그것도 수술을 받아야 할 정도로 다치게 말이다.

간디가 구자라티 지방에 체류할 때 이 편지를 썼는데, 당시 손녀 마누와 함께 살고 있었다. 이 편지는 다른 가족 손에 있다가 2014년 6월 영국 경매시장에 나와 세상에 알려졌다.

간디가 쓴 또 다른 편지에는 "네가 여전히 술과 방탕에 찌들어 살고 있는지 알고 싶다. 그게 사실이라면 어떤 식으로든 네가 술에 의존하기보다 차라리 죽는 게 낫다고 생각한다"라고 적혀 있기도 했다.

두 사람의 불화는 훗날 영화의 소재가 됐다. 부자간 불화의 과정, 이로 인해 고통을 겪는 어머니의 심정을 담은 〈간디, 나의 아버지(Gandhi, My Father)〉라는 영화가 2007년 개봉됐다.

하릴랄은 아버지 간디의 장례식장에 참석했지만 대부분 그를 못 알아봤다고 한다. 그는 결국 알코올중독으로 인한 간경화로 사망했다. 위대한 아버지 밑에서 곁가지로 자란 아들이 할 일은 세상을 한탄하며, 스스로 모자람을 비관하면서 술에 의존하는 것이었나 보다.

조선의 왕비가 되려면 미모보다 관상

사극 드라마를 보면 조선 시대의 왕비는 모두 미인으로 나온다. 드라마야 시청자들의 눈길을 끌어야 하니까 그렇다 치고 실제로도 미인이었을까? 그렇지만은 않았다는 추론을 할 수 있는 증거가 있다. 《조선왕조실록(朝鮮王朝實錄)》에 나오는 왕비 간택(여럿 가운데 골라냄) 때의 외모 기준이다. 그 기준이 오늘날과는 영 딴판이다.

외모를 따지는 것은 왕비 간택 제도가 수립된 과정에서 나온다. 간택 제도가 생긴 연유부터 보자. 실학자 이익(李瀷, 1681~1763)의 《성호사설(星湖僿說)》*에 그에 관한 설명이 있다.

50

조선 초 태종이 이속이란 사람과 사돈을 맺으려고 사람을 보냈는데 바둑을 두던 이속이 바둑을 끝까지 두고 난 후 왕의 사절을 만나서는 태종의 제안을 그 자리에서 거절해버렸다. 왕실과 결혼하기 싫다는 것이었다. 이를 들은 태종은 왕실이 무시당했다고 생각해 격노했고, 이속의 집을 몰수한 뒤 그 자녀들에게는 금혼령을 내렸다. 이어 "향후 왕실의 배우자가 될 후보들을 불러 심사하라"라고 명했다.

고려 시대와 조선 시대 태종 때까지 왕실과의 혼사는 양반 집안에 인기가 없었다. 정치적 이유(왕비 집안이라고 함부로 권력을 휘두르다 멸문을 당한 집안이 있었다)나 경제적 이유(여러 종류의 한복을 지어 입혀서 궁에 들여보내야 하므로 금전적 부담이 컸다) 등으로 왕실과 혼사를 꺼리는 풍토가 있었다. 딸을 숨기다가 발각되어 곤욕을 치른 집안까지 있을 정도였다.

결국 간택 시기가 되면 전국에 7~30세 사이의 미혼 여성에 대한 금혼령이 내려지게 됐다.

간택할 때의 과정은 초간택-재간택-삼간택의 순으로 진행된다. 초간택에서는 약 30~40명의 후보를 죽 늘어세운 뒤 발뒤편에는 왕과 왕비가, 앞에는 궁녀 등 궁 사람들이 후보들의 용모와 행동거지를 살폈다. 절을 하게 해서 가풍을 보고, 다과를 내와 먹는 모습과 태도를 통해 집안 예절 교육을 보았다.

왕비 간택 순서

초간택: 30~40명의 후보를 놓고 행동거지를 심사 평가해 7~8명으로 추림 ➡ 재간택: 인물 됨됨이와 인성을 평가해 후보를 3~4명으로 압축 ➡ 삼간택: 왕과 왕비가 최종 1명을 선발

  외모도 중요한 판단 기준의 하나였다. 미모가 아니라 일종의 관상을 봤다. 《조선왕조실록》을 보면 우선 키는 크지 않아야 했다. 이마와 머릿결 사이의 선이 갈매기 모양(M자 모양)이 아닌 둥근 모양이어야 했다. 눈은 쌍꺼풀이 지면 안 되고, 눈꼬리가 약간 처져야 했다. 눈이 크고 넓으면 재물복이 없다고 본 것이다.

  코는 끝이 뾰족 나오지 않은 둥근 모양에 입술은 얇아야 했고 목도 길지 않아야 했다. 손발은 작은 반면 엉덩이는 커야 했다. 다만 피부는 희고 고와야 했다. 게다가 가슴이 작고 턱도 주걱턱이어야 했다. 가슴이 크면 무식하다는 소리를 들었고, 주걱턱은 성품이 착하다는 징표로 받아들여졌기 때문이다.

  목이 두꺼우면 안 되는데 이는 처녀가 아닐 가능성이 있다는 해석 탓이었다. 양미간이 좁아서도 안 되었다. 이는 남자를 밝힐 우려가 있다는 판단이 근거였다. 게다가 입술이 자색(紫色,

검붉은 색)이어서도 안 되었다. 건강하지 않아서 출산에 지장을 줄 우려가 있기 때문이라는 이유에서다. 실제로 심장병이 있는 사람은 피가 잘 돌지 않아 입술이 자색인 경우가 많은데 이걸 보면 이는 어느 정도 일리가 있는 관상법이었다.

이런 기준은 아름다운 외모보다는 인자하고 어진 호감형 인상을 가진 사람을 뽑는 데 맞춰져 있다. 성종의 왕비인 정현왕후는 연산군을 내쫓는 중종반정 때 중종을 옹립하는 것을 승낙한 인물로, 중종 1년 때 중종의 왕비를 간택하는 데 이런 기준을 적용했다. 정현왕후는 중종의 왕비였던 단경왕후가 폐위된 뒤(아버지 신 씨가 중종반정을 반대한 것이 빌미가 됐다) 새 며느리를 뽑을 때 "얌전하고 착한 것이 제일"이라는 가이드라인을 제시했다. 조선 시대에 왕비에 대한 평가는 인자함과 지성이 우선이고 미모는 나중이었던 셈이다.

사실 미모 때문에 왕의 총애가 쏠리면 여러 문제가 생길 수 있기 때문에도 그랬을 것이다. 삼간택까지 이른 3명 중 탈락한 두 사람은 궁 밖으로 나가지 못하고 후궁으로 들어앉게 되는 수가 많았는데 실제로 미모의 후궁에게 왕의 애정이 쏠린 나머지 분란이 일어나기도 했던 탓이다.

당시에는 이 기준이 정설로 받아들여져 중전, 세자비 간택 때는 물론 민간에도 널리 퍼졌다. 일반 가정에서도 며느리를 들일 때 적용했다고 한다. 그 기준들은 지금 생각하면 비과학적인 것들이다. 그리고 오늘날 미(美)에 대한 기준도 달라졌다. 이렇게 세상은 자꾸 변한다. 세상을 한 가지 잣대로만 바라봐서는 안 되는 이유이기도 하다.

---

* 이익의 호인 성호(星湖)에 '매우 가늘고 작은 논설'이라는 뜻의 사설을 붙인 제목이다. 이익은 40세 즈음에 책을 읽다가 흥미롭거나 깨닫는 일이 생기면 메모를 해두었는데, 그가 80세에 이르자 집안 조카들이 책으로 정리했다. 여러 필사본이 있으며, 1915년 조선고서간행회에서 제자 안정복이 정리한 책인 《성호사설유선(星湖僿說類選)》을 먼저 2권으로 인쇄했다. 이어 1929년 정인보 선생이 출판했고, 1967년 이익의 조카의 후손이 소장한 30책 원본을 상·하 2권으로 출판했다.
성호사설은 천지문(天地門)·만물문(萬物門)·인사문(人事門)·경사문(經史門)·시문문(詩文門)의 다섯 가지 문(門)으로 분류된 장(章)에 총 3,007편의 항목이 실려 있다. 이 중 국혼 간택 항목에서 태종과 이속의 사연이 소개되어 있다. 또 간택으로 부마(왕의 사위)를 삼는 경우를 지적하면서 이익은 비판적인 태도를 취했다. 공주가 간택으로 결정된 남편을 무시할 가능성이 높다고 본 것이다.

강태공이 낚은 것은 세월이 아니라 진짜 물고기

흔히 낚시꾼을 '강태공'이라고 한다. 고기잡이에는 정작 뜻이 없고 세월을 낚는 사람을 일컫는 표현으로도 쓰인다. '강태공이 세월 낚듯'이라는 표현이 있다.

강태공은 실존 인물이었다. 《사기(史記)》에는 강태공이 성은 강(姜)이고 이름은 상(尙)이라고 적혀 있다. 그가 살았던 BC 12세기 당시 중국 땅의 주된 세력은 은나라였다. 때는 청동기 시대로 은나라의 마지막 왕 주(紂)는 폭군이었다. 주왕(紂王, ?~BC 1046)은 주지육림(酒池肉林, 술로 채운 연못과 고기 안주를 매단 나무숲), 포락지형(炮烙之形, 불에 달군 인두로 지지는 형벌)이란 말을 후세에 널리 알린 인물이다. 사치와 향락을 위해 주지육림을 만드는 과정에서 백성들은 수탈을 당했다. 또 그런 왕에게 충언한 신하들에게는 포락지형이 떨어졌다. 그 학정이 얼마나 심했는지 알 만하다.

폭정을 못 견딘 백성들이 후에 주나라 문왕이 되는 서백창에게 몰려들었다. 폭군 주왕이 그런 서백창을 가만히 놔둘 리가 없다. 그를 가두고 핍박했다. 서백창에게는 충신들이 있어서 수년 뒤 주왕에게 뇌물을 바쳐 그를 빼냈다. 또한 주왕은 그에게 나라 서쪽을 맡겨 제후들을 통솔케 했다.

그렇게 지내던 서백창은 어느 날 위수 지역으로 사냥을 나가 그곳에서 낚싯대를 드리우고 있던 강상을 만나게 된다. 서백창과 강상은 인재를 골라내는 방법, 민심을 얻어 천하를 경륜하는 방법 등에 대해 대화를 나누었다. 이때 서백창은 강상을 '태공이 기다리던 사람'이라는 뜻의 태공망(太公望) 혹은 태공으로 불렀다. 강태공은 서백창에게 별자리의 움직임을 살펴 절기와 일기에 따라 씨를 뿌리고 수확하는 법을 가르치고, 주나라를 크게 융성하게 해 군사력을 강화했다.

강태공의 낚시 이야기는 정치적 출세를 도모하던 강태공이 서백창과 같은 제후를 만나기 위해 낚싯바늘이 없는 낚싯대를 걸쳐놓고 시늉만 하고 있었다는 해석에서 유래한다. 하지만

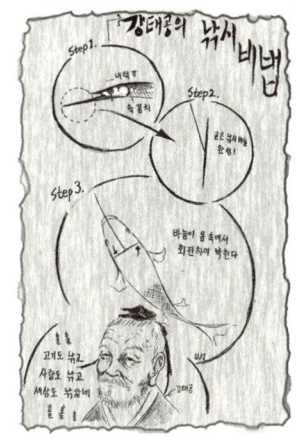

▲
일자 낚싯바늘의 가운데에 줄을 끼워 넣어 물고기가 바늘을 물면 바늘이 옆으로 돌아 빠져나오지 못하게 하는 원리다.

실제로는 낚싯바늘을 사용해 진짜로 낚시를 했다는 것이 정설이다. 대신 지금과 같은 갈고리형이 아니라 바늘 모양의 직침(곧은 낚싯바늘)을 사용했다는 것이다. 이 바늘은 학꽁치의 뾰족한 아래턱 주둥이 뼈를 떼어낸 뒤 그 뼈의 중간 부분을 낚싯줄로 묶은 형태였다. 곧은 낚싯바늘이 물고기의 입속으로 들어가면 안에서 가로로 회전해 몸통에 걸리는 방식으로 낚는 것이다. 물론 회전하지 않으면 그냥 도로 빠져나올 수도 있다. 그만큼 갈고리 낚싯바늘보다는 효율이 떨어질 수밖에 없다.

학꽁치의 다른 이름이 '강공어(姜公魚)'인 것도 여기서 유래한다. 강태공이 살던 시기는 청동기 때여서 철기는 아직 사용하지 않고 있었고, 당시의 낚싯바늘은 주로 동물 뼈로 만들어졌다. 이에 관해서는 다산 정약용 선생의 형인 정약전(丁若銓, 1758~1816) 선생이 쓴 《자산어보(玆山魚譜)》—현산어보(玄山魚譜)라고도 함—에도 나와 있다. 또 一자 형태의 낚싯바늘이 실제로 사용됐다는 기록은 중국 이시진의 《본초강목(本草綱目)》이나 조선 서유구의 《난호어목지(蘭湖漁牧志, 강물고기 55종과 바닷물고기 78종을 분류한 기술서)》에도 나온다.

강태공이 서백창을 만났을 때의 나이가 80세였다. 그때까지도 글만 읽던 강태공은 집안의 가장으로서는 젬병이었을 것이다. 생활고를 견디지 못해 부인 마 씨가 도망을 갔다니 짐작할 만하다. 생활고를 해결하려고 낚시를 했을 법하다. 이후 강태공이 문왕의 재상이 된 뒤 마 씨가 찾아왔다. 먹고살게 됐으니 다시 합치자는 것이었다. 이 말을 들은 강태공이 마 씨 부인에게 물을 길어오게 한 뒤 그 물을 땅에 쏟고는 다시 그릇에 주워담으라고 했다. 당연히 그릇에 다시 담을 수가 없었다. 여기서 나온 고사성어가 복수불반분(覆水不返盆)이다. 엎질러진 물은 그릇에 다시 담을 수 없다는 뜻으로, 있을 때 잘하라는 이야기다. 마 씨의 얄팍함도 문제지만 대책 없는 가장이었던 강태공도 잘한 것은 없다.

형벌 도구인 '칼'은 여성에게 씌우지 않았다

《춘향전(春香傳)》의 배경 시기는 조선 숙종 대다. 숙종은 17세기 말부터 18세기 초까지 재임했으니, 춘향전은 대략 조선 말기 때 나온 소설인 셈이다. 거기서 변 사또에게 수청 들기를 거부하는 춘향이 목에 칼을 쓰고 감옥에 갇히는 장면이 나온다. 시인 김영랑은 〈춘향〉이라는 시에서 이렇게 읊었다.

큰 칼 쓰고 옥(獄)에 든 춘향이는
제 마음이 그리도 독했던가 놀래었다
성문이 부서져도 이 악물고

사또를 노려보던 교만한 눈

…(이하 생략)…

 여기서 큰 칼을 쓴 춘향에 대한 묘사는 명백히 틀렸다. 왜냐하면 18세기 중엽 영조 대까지는 공식적으로 여자들에게 칼을 씌우지 않았기 때문이다. 영조는 1747년 당시 여자 죄수에게 불법적으로 칼을 씌우는 사례가 종종 있었음을 지적하고 원칙대로 할 것을 지시했다. 여기서 영조가 말한 원칙이란 조선 왕조의 법전인 《경국대전(經國大典)》에서 언급한 것을 말한다. 왕실의 친인척, 공신, 관리, 부녀자는 사형죄를 지어도 칼을 쓰지 않도록 한 것이다. 대신 이들에게는 철삭이라고 부르는 쇠줄로 몸을 묶었다. 칼은 평민이나 천민에게만 씌운 셈이다.

 영조가 이와 같이 지시했다는 것은 기록을 통해 확인할 수 있다. 현종에서 순조까지 형사 문제에 대한 여러 왕들의 지침을 모은 일종의 판례집인 《수교정례(受敎定例)》에 수록되어 있다. 이 책자는 19세기 전반에 편찬된 것으로 추정된다.

 이 기록들을 봐도 조선 후반까지 여자 죄수는 칼을 쓰지 않았다는 것을 알 수 있다. 구한말의 사진을 보면 여자 죄수가 다른 남자 죄수들과 달리 칼을 쓰지 않고 그 사이에 끼어 앉아 있는 모습이 보인다. 구한말까지 이 원칙이 어느 정도 잘 지켜졌

▲
구한말 남성 죄수들 사이에 칼을 쓰지 않은 여성 죄수가 앉아 있는 사진. 일본인이 찍은 사진으로 알려졌다.

다고 할 수 있는 증거물이다. 물론 변사또처럼 포악한 지방 관리가 횡포를 부려 지침을 어겼다면 그것은 또 다른 이야기다.

목에 씌우는 형구인 '칼'은 어원이 '갋'(출전《석보상절》)이다. 한자로는 '가(枷)'다. 칼은 중국의 영향을 받아 생긴 것으로 추정된다. 중국에 가, 장판(長板)과 같은 형구가 있었기 때문이다. 둘 다 두 개의 나무판을 합쳐서 목을 가두는 형식이다. 이 중 장판은 나무 한 판이 다른 판보다 길었다. 가는 두 판의 길이와 너비가 같아 정사각형에 가까웠다. 가가 우리나라에 와서 변형되어 사용된 것이다. 일반적으로 알려진 것처럼 길쭉한 모양이었다.

칼은 무게에 따라 크게 3종류가 있었다. 큰 칼, 작은 칼, 행차 칼이다. 이 중 사형수가 차는 것이 가장 무거워 1.4kg 정도였다. 행차 칼은 죄인을 이송할 때 쓰게 하는 칼이었다.

칼은 근대에 들어 사라진 형구다. 죄인도 인간 대접을 받아야 한다는 민주주의 정신이 전파되면서였다. 이런 것을 보면 전근대적인 봉건 시대에도 여성에 대한 최소한의 배려는 있었다는 것을 알 수 있다. 여성의 사회적 지위는 낮았으나, 죄인이라도 대우는 받은 셈이다.

신문고는 백성이 아니라 귀족의 민원 해결 도구

조선 시대에 억울한 일을 당한 백성이 왕에게 사건을 직접 알려 바로잡을 수 있도록 설치했다는 신문고(申聞鼓). 교과서에도 '민의(民意) 상달(上達)을 위한 민주적 제도장치'라고 소개되어 있다. '봉건 시대에 이런 민주적 제도가 있었다니!'라고 생각하게 된다. 그런데 실제로도 그랬을까?

  원래 신문고는 1401년(태종 원년) 7월에 등문고(登聞鼓)라는 이름으로 설치됐다. 중국의 진, 당, 송, 명 대에 같은 이름의 상소 제도가 있었는데 이를 본뜬 것이다. 조선 초기에는 백성들이 억울한 일이 있어도 임금 앞에 나아가 탄원하지 못하도록 관리들이 막았고, 탄원한 사람을 옥에 가두거나 주모자를 처벌하는 경우도 많았다. 그래서 지방 관리와 토호(지방의 권력자)를 누르고 왕권을 강화하려는 태종의 뜻을 읽은 신료들이 "송 태조가 등문고를 설치해 하정(아랫사람들의 민심)을 들었는데 지금까지 칭송이 자자하니 그에 의거하여 설치하심이 어떠한지"라고 건의해 시작됐다.

그런데 실제로 신문고가 민심을 듣는 도구로 활용됐는지에 대해서는 의문이 많다. 조선 성종 때 완성한 《경국대전》에 신문고 제도를 설명한 부분을 보면 설치 목적이 오늘날 알려진 것과 약간 다르다.

> 원통하고 억울한 일을 호소하는 자는 그 내용을 서울은 주장관(송사 · 인사 · 과거 등을 담당하는 사무관원)에게 올리고 지방은 관찰사에게 올린다. 그렇게 한 뒤에도 원통하고 억울한 일이 있으면 사헌부에 고하고 그리하고도 원통하고 억울한 일이 있으면 신문고를 친다(《경국대전》 형전 소원).

내용대로라면 억울한 일을 당했다고 해서 바로 신문고를 두드릴 수 있는 게 아니었다는 이야기다. 신문고를 치기 전에 주장관(혹은 관찰사)–사헌부를 거쳐야 했다. 또 소장을 올리려면 글로 써야 하는데 일반 백성이나 천민은 글을 알지 못하니 소장을 올릴 수가 없었다.

신문고를 치기 위한 절차

신 문 고

↑

사 헌 부

↑

주장관(서울), 관찰사(지방)

↑

민 원 인

  다른 방법은 글을 아는 사람에게 부탁하는 것인데 세상에 공짜가 없으니 가진 것 없는 백성들로서는 쉽지 않은 일이다. 신문고가 있는 곳도 대궐이어서 교통이 불편한 당시에 지방에서 며칠씩 생업을 놓고 올라오기는 어려웠을 것이다. 심지어 호소한 내용이 거짓으로 드러나면 신문고를 두드린 자를 처벌했다. 결국 신문고는 아무나 함부로 두드리지 못하는 북이었던 것이다.

  《태종실록(太宗實錄)》을 보면 태종 때 총 41건의 사례가 나오는데 신문고를 친 사람 중 천민은 1건에 그치고 나머지는 양반(90%)과 중인(7%)이었다고 한다*. 일반 백성은 근접하기 어려운 '그들만의 제도'였다는 방증이다.

처음 신문고의 기능은 청원, 상소, 고발 3가지였다. 사회적 차원의 청원이나 국가적 차원의 고발 등이 포함되어 지방의 관료나 귀족들이 중앙의 권력을 피해 세력화하는 것을 견제할 수 있었던 것이다. 그러다 세종 대인 1420년에 하극상 금지를 명시하면서 청원과 고발 기능이 사라진다. 이른바 '부민(部民)고소금지법'을 통해 개인적 억울함만을 호소하는 상소 기능만 남게 된 것이다. 표면적으로는 무고한 상소가 남발되어 이를 조사하는 과정에 행정력이 낭비된다는 것이 기능 축소 이유였다. 어찌됐건 이때부터 요즘 언론의 고발 장치와 같은 역할이 사라지면서 '민의 상달'은 사실상 실종되고 소수 지배층이 사적인 이익을 위해 이용하는 도구가 되고 말았다는 것이 정설이다.

결국 세조 때 시간을 알리는 누고(漏鼓)를 신문고로 잘못 알고 친 사건이 일어나면서 폐지됐다. 이후에도 이 제도는 복원과 폐지를 반복하다 유명무실해졌다.

하지만 이를 보완하는 제도가 조선 시대에 있었다. 억울한 일을 글로 써서 왕이나 높은 고관들이 행차할 때 올리는 '상언

(上言)' 제도와 글을 모르는 백성이 왕이나 고관들이 행차할 때 징을 쳐 억울함을 말로써 고하는 '격쟁(擊錚)' 제도다. 이 중 격쟁 제도는 신문고가 폐지된 세조 때 시작해 주로 하층민이 개인적인 억울함이 아니라 관리들의 불법 사실을 고소하는 데 쓰였다고 한다.

　신문고는 백성을 위한 제도로 시작했는지 몰라도 시행 과정에서 백성을 위한 제도로 운영되지는 않았다고 보는 것이 옳다. 봉건 시대에 일반 백성들을 생각하는 이만한 제도를 둔 것도 어디냐고 기준을 낮춰 잡으면 의미가 전혀 없는 것은 아닐 테지만 말이다.

---

* 김남돌, 〈조선 초기 신문고 운영과 영향〉, 안동대 교육대학원 석사 논문, 2005년, p.15.

발명왕만이 아니라 '마케팅의 귀재'였던 에디슨

"천재는 1%의 영감과, 99%의 노력으로 이루어진다(Genius is 1% inspiration and 99% perspiration)."

미국의 과학자 토머스 에디슨(Thomas Edison, 1847~1931)의 유명한 격언이다. 천재는 하루아침에 만들어지는 게 아니라 부단한 노력 끝에 탄생하는 존재라는 의미로, 어떤 일을 성취하려면 꾸준함이 중요하다는 것을 강조하는 말로 널리 알려졌다. 공부하지 않는 학생들에게, 혹은 일을 열심히 하지 않는 게으름뱅이들에 대한 경고의 문구로 사용되기도 한다. 에디슨은 강연과 인터뷰 등에서 여러 차례 이를 언급했지만, 그가 사망한 이듬해에 발간된 〈하퍼스 매거진(Harper's Magazine)〉 1932년 9월호에 등장한 표현은 이렇다(에디슨연구소의 연구원이 에디슨을 회고하며 그의 말을 인용했다).

None of my inventions came by accident. I see a worthwhile need to be met and I make trial after trial until it comes. What it boils down to is one per cent inspiration and ninety-nine per cent perspiration(내 발명 중 우연히 만들어진 것은 없다. 무언가 가치가 있는 필요성을 발견하면 그것을 위해 여러 차례 실험을 한다. 말하자면 1%의 영감과 99%의 땀이다).

하지만 에디슨이 이 말을 한 의도는 세간에 알려진 것과는 반대다. 노력은 그다음 문제고, 가장 앞세워야 할 부분은 '영감'이라는 것이다. 이를 근거로 이 격언을 다시 풀이하면 이렇게 된다. 1%의 영감이 없으면 노력해봐야 별 소용없다.

1929년 2월 에디슨이 82세 생일을 맞아 쓴 메모에는 이런 표현이 있다. "당신은 어떤 일에 인생을 바칠 것인가? 그것이 정해진다면, 그 일에 매진하라! 최초의 영감이 좋지 않으면 아무리 노력해도 신통한 결과를 얻지 못한다. 영감 없이 무조건 노력만 하는 사람은 쓸데없이 에너지만 낭비하는 것인데도 이

▲
1,000종이 넘는 특허를 보유한 에디슨은 오늘날 발명왕으로 불린다. 그중에서도 특히 중요한 것은 축음기, 전구, 영사기의 발명이다.

사실을 아는 사람이 그다지 많지 않다."

여기서 최초의 영감이라는 것은 자기 인생을 바칠 만한 대상이나 아이디어에 대한 열정, 비전을 뜻한다. '이 길로 가야겠다'는 처음의 아이디어나 방향 설정이 없으면 그다음에 잘못된 길을 아무리 열심히 가봐야 소용없다는 의미가 된다. 요즘 말로 '속도가 아니라 방향이다'가 되는 셈이다.

에디슨은 생전에 "내가 한 말을 다른 사람들이 잘못 해석해서 노력을 강조하는 쪽에 의미를 두었는데, 나는 그게 아니라 영감이 더 중요하다고 말한 것이었다"고 해명하기도 했다.

이에 못지않게 에디슨에 관해 잘 알려지지 않은 부분이 경쟁자였던 에디슨의 조수 니콜라 테슬라(Nikola Tesla, 1856~1943)와의 갈등이다. 에디슨은 '발명왕'이라는 명성에 맞지 않은 비열한 모습을 보이면서까지 테슬라를 압박한 것이다.

에디슨과 테슬라는 전기의 표준과 관련해 각각 직류(direct current)와 교류(altering current) 방식을 만들었다. 에디슨은 자신의 직류 방식이 교류 방식보다 훨씬 우월하다는 것을 입증하려고 애썼는데 그 방법이 가관이었다.

우선 에디슨은 교류 전기를 폄하하는 홍보 전단을 만들

어 뿌렸다. 1887년 만들어진 〈에디슨전기회사로부터의 경고(A Warning from the Edison Electric Company)〉라는 80여 쪽짜리 소책자에는 고압 교류 전선에 근접했을 때 발생할 수 있는 위험성을 경고하는 내용이 들어 있다. 거기에 고압 교류 전선에 감전된 사람들의 사례도 넣었다. 이게 논란이 되자 시카고전기클럽이 토론회를 열어 과학자들의 분석을 듣고자 했는데, 에디슨은 이 과학자들을 매수했다. 자기에게 유리한 발언을 하도록 말이다.

▲
테슬라가 고안한 교류 방식 전류의 이미지를 깎아내리기 위해 에디슨전기회사가 만든 선전 소책자 표지. 미국 컬럼비아 대학 소장.

또 에디슨은 교류 전기를 이용한 전기의자도 만들었다. 계기는 1887년 말 미국 뉴욕주 사형위원회가 에디슨에게 보낸 편지다. 사형수들이 교수형보다 품위 있게 죽음을 맞이할 수 있도록 전기를 사용할 수 있는지를 물어본 것이다. 에디슨은 "가장 빠르고 고통 없는 죽음은 전기로 가능한데, 가장 적합한 장치는 교류 장치다"라고 답했다. 대중에게 교류 전기는 사람을 죽이는 도구라는 인식을 심어 교류 전기 방식을 흠집 내려는 의도였다.

그리고 그는 이를 증명하기 위해서인지 뉴저지주에 있는 에디슨연구소 주변의 아이들로부터 애완동물을 사들였다. 한 마리당 25센트씩 주고 사들여서는 교류 전기로 죽이는 실험을 계속했다. 그는 기자들을 불러모아놓고 매주 토요일마다 1,000V의 교류 전압이 흐르는 금속판 위에 개와 고양이를 밀어 넣고 죽이는 시범을 보이기까지 했다. 오로지 그가 반대하는 교류 전기의 위험성을 알리려는 의도였다.

그즈음 뉴욕 남단 테마파크인 코니아일랜드에서 난동을 부려 사람 2명을 숨지게 한 코끼리를 전기로 공개 처형하기도 했다. 너무 잔인하다고 여론의 비판이 이어진 것은 당연하다.

문제는 에디슨이 만든 교류 전기 방식의 전기의자가 그다지 효과적(?)이지 않았다는 점이다. 대상은 1890년 8월에 내연녀를 도끼로 살해한 혐의로 사형 판결을 받은 윌리엄 케믈러였다. 그를 전기의자에 앉혀놓고 손을 소금물에 담근 뒤 그 물에 1,000V의 교류 전류를 8분 동안이나 흘려보냈으나 케믈러는 고통스러워할 뿐 죽지 않았다. 2,000V로 높인 끝에 목적을 달성(?)할 수 있었다.

결국 전기 표준화 선정에서 패한 것은 에디슨이었다*. 테슬라를 집요하게 공격했지만 교류가 오늘날 전기의 표준이 됐고, 직류는 현재 건전지 정도에 사용될 뿐이다. 게다가 테슬라는 교류 방식에 대한 특허권도 포기했다.

이런 과정 때문에 에디슨은 발명왕이라는 별칭 대신, 사업가 혹은 홍보전문가라는 별칭이 더 어울린다는 지적도 많이 받는다. 그만큼 요즘 말로 마케팅 혹은 세일즈를 잘했다는 뜻이다. 그렇다고 그가 발명한 110여 가지 물건들의 가치 자체가 사라지는 것은 아니다. 다만 한 인물을 볼 때 종합적으로 판단해야 한다는 사실만큼은 분명하다고 할 수 있다.

---

* 에디슨은 1887년 말 맨해튼 외곽 지역에 100개가 넘는 직류 발전소를 지었으나 전기는 반경 1마일밖에 전파되지 않았다. 전기 저항 때문이었다. 더 멀리 전기를 보내려면 전압이 높아야 하는데 구릿값이 비싸서 수지 타산이 맞지 않았다. 그러나 교류 발전소는 변압기를 이용하면 얼마나 멀던 발전소에서 전기를 보낼 수 있었다. 이것이 교류 전기가 승리한 요인이었다. 테슬라는 심지어 교류 전기의 특허를 공개해 자신은 아무런 이득도 보지 않았다. 하지만 오늘날 반도체의 발전 등으로 직류 전기의 전파가 어렵지 않은 상황이 되면서 직류 발전이 새롭게 조명되고 있다.

오페라극장 고층 박스 석의 주된 용도는?

우리나라 오페라하우스의 대표격인 서울 서초구 '예술의 전당'. 이곳도 내부 좌석은 다른 나라들과 같이 무대 정면의 좌석들과 위층의 양옆을 둘러싼 말발굽 모양의 U자 형태 좌석들로 구성된다.

오늘날 일등석은 당연히 무대 바로 앞자리다. 좌우 벽면에 있는 U자 형태 좌석은 무대를 옆에서 봐야 하니 관람하기에는 무대 앞자리만 못하다. 그런데 오페라극장이 처음 등장했던 17세기 초 유럽에서는 오늘날과 사정이 많이 달랐다. 신분 사회였던 당시에도 공중(公衆) 오페라극장은 신분과 관계없이 돈을 내면 누구나 들어갈 수 있는 극장이었다. 대신 좌석은 귀족 석과 평민 석으로 구분되어 있었다. 이 중 평민 석은 무대 앞 좌석으로, 이등석이었다. 귀족들은 말발굽 모양의 U자 형태인 박스 석(2, 3층 좌석)에 앉았다. 이곳이 일등석이었다. 귀족들은 이 박스 석을 극장 측에 돈을 내고 소유했다. 분양을 받듯이 지정석으로 삼았고 그것이 과시되는 세태였다. 오늘날 콘도 회원권을 갖는 것처럼 말이다.

프랑스의 경우 18세기 말에 가장 싼 박스 석 연간 회비는 노동자 1년 수입의 3배나 됐다. 19세기 말 미국 뉴욕에는 4,600석 규모의 '아카데미 오브 뮤직'이라는 공연장이 있는데도 '메트로폴리탄 오페라'가 신축됐다. 이유는 아카데미 오브 뮤직의 박스 석을 몇몇 유명 가문이 독점했기 때문이다. 그 공연장에서는 더 이상 박스 석을 가질 수 없었던 모건, 반더빌트 등의 가문은 메트로폴리탄 오페라극장 건축비를 부담하면서 박스 석을 다수 확보했다.

특이한 것은 이 박스 석의 주된 용도가 '무대 관람'이 아니었다는 점이다. 박스 석은 일종의 사교 장소였다. 프랑스 화가 르누아르나 로트레크가 각각 그린 〈박스 석(The Theater Box)〉, 〈박스 석에서의 저녁(A Box at the Theater)〉이라는 제목의 그림을 보면 당시의 풍속을 알 수 있다. 풍경 속 남녀는

▲
1874년 르누아르가
그린 유화 작품
〈박스 석〉. 런던대 코톨
드미술관 소장.

무대 관람과는 동떨어진 행위에 몰두해 있다. 르누아르의 그림을 보면 남자는 무대가 아닌 다른 박스 석의 여자들을 보려고 쌍안경을 들고, 여자는 남의 시선을 즐기며 고고한 자세를 취한다.

박스 석은 이성을 꾀는 장소이기도 했다. 그러자면 좌석이 돌출해서, 앉아 있는 모습이 다른 사람들에게 잘 보여야 한다. 박스 석은 공연 중에도 얼마든지 드나들 수 있었고, 옆자리의 사람과 대화를 나누거나 술을 마시고 노래를 부를 수도 있었다. 사교 장소인 만큼 박스 석에 앉아 무대 위에서 벌어지는 음악이나 공연에 관심을 두는 것은 옆자리 손님에 대한 결례로까지 여겨졌다. 옆 사람을 무시하거나, 관심 없어 하는 태도로 받아들여진 것이다.

파리 오페라극장의 경우 무대를 둘러싼 6개의 박스 석에 앉으면 실내를 밝히는 환한 등불 때문에 무대를 잘 볼 수 없었다. 반면 그 등불로 인해 다른 관객들이 박스 석의 관객을 잘 볼 수 있었다. 덕분에 평민 관객들은 무대보다는 화려한 치장을 하고 박스 석에 앉은 귀족들을 구경하는 데 열을 올리기도 했다. 역저 《유럽문화사(The Culture of the Europeans)》의 저자인 도널드 사순은 "(박스 석)관객들이 바로 쇼였다. 18세기 오페라는 하나의 사회적 행사로 보아야 한다. 관객은 공연의 일부였다"라고 적었다.

18세기에 오면 박스 석에 앉은 귀족들의 권위는 더해졌다. 귀족들의 공연에 대한 반응이 그 공연의 평가와 직결됐다. 1층에 앉은 평민 관객들은 귀족의 반응을 보고 그 공연이 좋았는지 나빴는지를 판단했다. 귀족이 박수를 치면 따라 박수를 쳤다. 귀족이 박수를 치지 않으면 얼마든지 야유를 퍼부어도 괜찮았다. 심지어 당시의 예의범절 책자에는 공연을 보다가 귀족들보다 먼저 좋고 나쁨을 표현하는 것이 잘못된 행동이라고 가르치기조차 했다.

▲
헝가리 부다페스트 오페라하우스의 박스 석.

파리 오페라극장에서 이 박스 석이 사라진 것은 프랑스 혁명 이후의 일이다. 혁명으로 부르주아인 중산층 사업가와 평민들이 득세하면서 평민 관객이 관람의 중심이 됐다. 혁명의 핵심 세력인 자코뱅파는 박스 석을 철거하고 무대를 정면으로 바라보는 자리에 앉았다.

지금도 여러 공연장에서 박스 석은 존재하지만, 성격이 달라졌다. 무대 앞좌석에 일등석을 내주고, 공연 관람을 위해서라면 무대가 잘 보이지 않는 불편을 감내하겠다는 관객들을 위한 이등석이 됐다. 상식도 세태에 따라 얼마든지 달라진다는 증거다.

고려 시대까지 여성이 우위였다

조선 초기 법전인《경국대전》에 이런 글귀가 나온다. "관비(官婢)에게 산기(産氣)가 보이면 한 달 휴가를 주고 출산 후엔 본인 50일, 남편 15일씩의 휴가를 주라." 오늘날 있는 산전 후 휴가가 이 시대에 있었다는 것이 믿어지지 않지만 엄연히 기록에 남아 있다. 이를 보면 조선조 초기까지 여성의 지위가 생각보다 그렇게 열악했던 것만은 아닌 모양이다.

1504년(연산군 10년) 강원도 강릉 외가에서 태어난 신사임당이 대표적인 예다. 당시에는 아들이 없는 집에서는 딸이 아들 노릇을 하는 '아들잡이'라는 풍습이 있었고, 신사임당의 어머니가 바로 그 아들잡이로 결혼 후에도 친정에 머물렀다. 이어 19세에 혼인을 한 신사임당은 어머니와 마찬가지로 아들잡이로 남편의 동의 아래 서울 시집에 가지 않고 강릉 친정에 머물렀다. 결혼 몇 달 뒤 아버지가 세상을 떠나자 친정에서 삼년상을 마쳤고, 셋째 아들 율곡 이이도 강릉에서 낳았다. 시집살이에 그렇게 매여 지내지 않았다는 이야기다. 딸이 결혼하면 출가외인(出嫁外人)이라고 해서 남으로 보는 풍습은 한참 뒤에나 생긴 일이었던 셈이다. 조선 중기에 성리학이 통치 철학으로 자리 잡으면서 칠거지악(七去之惡)이나 삼종지도와 같은 여성의 지위를 낮추는 굴레가 생기기 전까지는 이렇게 여성에 대한 대접이 사뭇 달랐다.

그렇다면 성리학이 주류가 아니었던 고려 시대에는 남녀의 위상이 조선 시대와 다르지 않았을까? 실제로 여성의 지위가 조선 중기 이후보다는 더 나았다. 예를 들면 남편이 죽고 나면 아내가 그 집의 호주(戶主)가 되는 일이 많았다. 당연히 호적에 이름을 올릴 때도 남녀를 구분하지 않고 연장자순으로 기록했다. 이런 맥락에서 여성에게도 재산이 상속됐다. 출가한 딸도 마찬가지로 상속을 받았다(재산 분할 기록인 율곡 선생 분재기를 보면 조선 중기까지는 고려 때와 마찬가지로 자녀에게 재산을 똑같이 상속하고 출가한 딸에게도 상속분을 나눠줬다는 기록이 나온다).

딸이 출가할 때 가져간 노비나 재산은 그 딸의 소유로, 남편이 함부로 손대지 못했다는 기록도 있다. 호주가 가족의 구성을 적어 관에 신고하던 문서인 '호구단자' 기록에 그렇게 되어 있다. 여자가 데려온 노비는 이혼할 경우 다시 데려갈 수 있었고, 자식 없이 여자가 죽으면 그 노비는 친정으로 귀속됐다. 이는 결혼과 관련해서는 남자의 지위가 상대적으로 약했다는 증거도 된다. '장가간다'는 말이 어원적으로 '장인(丈人)의 집에 간다'는 의미고 남자아이를 뜻하는 '머슴아'는 머슴 사는 아이, 여자아이를 뜻하는 '계집아'는 '제 집 아이(자기 집 아이)'인 것을 볼 때 고구려 시절 데릴사위 제도의 흔적이 남아 있다고 할 수 있기 때문이다.

이혼도 여성의 요구에 따라 할 수 있었고, 재가(재혼)도 얼마든지 가능했다. 조상에 대한 제사도 출가 여부와 상관없이 아들·딸, 친손·외손이 구분 없이 돌아가며 지냈다. 고려는 불교 국가였기 때문에 절에 얼마의 돈을 주고 제를 올려달라는 것이 상례였는데 이렇게 집안 식구들이 돌아가며 제를 올려서 '윤회봉사(輪回奉祀)'라는 말이 생겼다. 조선 시대에 일반화되는 유교식 제사처럼 아들만이 지낼 수 있는 게 아니었던 것이다. 이 모든 것이 바뀌는 것은 조선이 성리학을 국가 통치 윤리로 삼고, 《주자가례(朱子家禮)》를 규범으로 삼으면서였다(《주자가

례〉는 송나라 때 만들어진 예의규범 책인데, 가족 관계를 정립하는 등의 장점에도 불구하고 조선의 현실과 잘 맞지 않아 조선 사회를 후퇴시켰다는 평도 있다).

그렇다 해도 귀족이 아닌 여성이 관직에 나서는 일은 없었다. 그 시절, 여성의 지위는 상당했으나 사회 진출과 관련해서는 남녀평등이라고 할 만한 상황이 아니었다는 뜻이다.

사약을 마신 죄인이 바로 죽는 드라마는 틀렸다

사극 드라마에서 익숙한 장면 중 하나가 사약을 받은 죄인이 사발에 든 검은색 액체를 마신 뒤 피를 토하며 죽는 장면이다. 실제로 그랬을까? 답은 '그렇지 않다'이다.

사약은 사약(死藥)이 아니라 사약(賜藥)이었다. 왕족이나 사대부가 죄를 지었을 때 임금이 내리는(내릴 賜) 극약을 마시고 죽게 하는 사형 제도다. 약을 제조한 곳도 궁중 내 의국인 내의원에서 했다. 하지만 이는 형전(형조의 업무를 규정한 육전의 하나인 법전)에는 규정되어 있지 않은 법외형이었다. 조선 시대에는 교수(목을 매답)와 참수(목을 자름)만 공식적인 사형 방식으로 인정했다. 이와 달리 왕족과 사대부에게 사약을 내린 것은 지체가 높은 신분이라서 죽더라도 신체 형태가 유지되게끔 하려는 의도였다.

사약을 받은 죄인은 의관(남자가 정식으로 갖추어 입는 옷차림)을 갖춘 후 궁궐을 향해 네 번 절하고 사약을 마셨다. 유교에서 가르치는 대로 군신의 예를 다하는 것이다.

사약의 재료는 정확히 알려지지 않았다. 제조법이 비밀이어서 공식 기록이 남아 있지 않다. 광물인 비상이나 독초인 부자, 천남성이 주로 쓰였을 것으로 보는 학자들이 많다. 부자는 심 정지, 호흡 곤란, 신경 마비 등을 야기하는 맹독성 물질이다. 비상도 많이 먹으면 중추신경이 마비되어 사망하게 되는 독극물이다.

다만, 이 약은 그걸 마시는 사람에 따라 효과가 다르게 나타났다. 약을 오래 끓인다든지, 재료가 너무 적다든지 하는 식으로 조제하면 독이 효과를 내지 못하는 경우도 있었다. 실제로 천남성은 독성을 제거하면 가래를 없애는 약제로도 쓰인다고 한다.

그렇다면 사약을 마신 후 왜 즉시 죽는 것이 불가능할까? 한의학계에서는 일단 '탕약'으로 만들어진 사약을 마시기 때문이라고 설명한다. 액체가 사람 몸속에서 흡수되려면 위장이나 소장을 통해야 한다. 그게 최소한 30분~1시간 정도의 시간을 필요로 한다. 게다가 위산을 통해 독성분이 중화되고, 간에서 효소가 독을 일부라도 제거한다. 처음 마실 때보다 독성분이 줄어들어 사람이 죽기까지 시간이 더 걸릴 수밖에 없는 환경이 되는 것이다.

기록에 남아 있는 몇 가지 사례를 보자. 우암 송시열은 숙종 대인 1689년, 장희빈의 소생(훗날 경종)을 세자로 책봉하는 것에 반대했다가 제주도로 유배됐다. 다시 한양으로 압송되던 중 정읍에서 사약을 받았을 때 두 잔이나 마셨다고 한다. 그것도 입천장을 긁어내고 약을 마셨다는 이야기가 있다. 흡수를 빠르게 해 약이 잘 듣게 하기 위해서였다는 것이다.

빨리 죽게 하려고 별별 방법이 다 동원됐다. 단종은 세조로부터 사약을 받은 뒤 불을 땐 온돌방에 누워 있다가 죽어갔다는 야사(野史)가 전해진다. 열로 약 기운이 빨리 퍼지게 하기 위한 것이었다는 이야기다.

《조선왕조실록》에 기록된 조광조가 사약 받는 장면을 보면 조광조가 사약을 마셔도 숨이 끊어지지 않자 나졸들이 달려들어 목을 조르려 했다. 조광조는 "성상께서 이 머리를 보전하려 사약을 내렸는데, 너희가 이러느냐!"라며 독한 술을 더 마시고 죽었다. 사약을 마시자마자 금세 죽기는 힘들었다는 이야기다.

문인인 금호 임형수도 마찬가지였다. 그는 1547년(명종 2년) 양재역벽서사건(조정을 비난하는 내용의 벽서사건)으로 사약을 받았다. 을사사화의 도화선이 된 이 사건으로 제주 목사(정3품 외직 문관)에서 쫓겨나 나주로 귀양을 간 상태였다. 그의 나이 43세. 을사사화 때 화를 당한 인물들의 전기를 모아 엮은 책인 《을사전문록(乙巳傳聞錄, 일명 유분록 幽憤錄)》에는 그가 사약이 든 술을 열여섯 잔이나 마시고도 죽지 않았다고 기록되어 있다. 종이 울면서 안주를 내오는 일이 벌어졌는데, 그는 "누가 내린 것인데 안주를 먹겠느냐!"면서 안주도 먹지 않고 두 잔을 더 마셨다. 그러고도 죽지 않자 결국 관리들이 목을 졸라 죽였다. 《조선왕조실록》에 기록된 죽기 전 장면을 보면 임형수는 10살 아들을 불러 "내가 나쁜 일을 한 적이 없는데 여기에 이르렀다. 너는 과거에 응시하지 말라"고 했다고 한다. 아들이 울며 나가려니 다시 불러 "무과라면 응시할 만하면 하고, 문과는 응시하지 말라"고 유언을 남겼다. 약을 마시기 직전에는 의금부 서리에게 "자네도 한 잔 할 텐가?"라고 농을 던졌다.

이제 사약은 우리나라에서 사라졌다. 미국에서는 최근 주에 따라 약물 주사를 통한 사형 제도가 시행되고 있다. 시대는 돌고 도는 것일까?

조선 초에는 곤장을 칠 수 없었다

곤형은 조선 중기인 영조 시기에 창안한 형벌로, 《속대전(續大典)》에 처음 등장한다. 기록에 의하면 곤장은 아무나 칠 수 있는 게 아니었다. 무엇보다 군권(軍權)을 가진 자여야 했다. 그러니까 국경 지역의 수령처럼 군사권을 가진 일부 수령을 빼고 지방 수령인 사또가 곤장을 치도록 하는 일은 없었다. 게다가 죄의 종류와 경중에 따라 곤장의 재료도 엄격하게 정해져 있었다.

곤은 '태'와 '장'과도 달랐다. 원래 조선에는 크게 오형(五刑)이 있었다. 태형-장형-도형-유형-사형이다. 태는 회초리처럼 생겼는데 지름이 1cm가 안 됐다. 장은 태와 형태는 같으나 그보다 좀 더 굵은 둥근 몽둥이다. 이와 달리 곤장은 배를 저을 때 사용하는 노처럼 생겼다. 태는 참나무와 가시나무를 사용하고, 곤장은 버드나무를 사용했다. 딱딱한 참나무를 쓰면 자칫 죽을 수도 있기 때문이다. 버드나무는 상대적으로 부드러워 신체에 손상이 덜 간다. 또 태나 장은 볼기만 치지만, 곤장은 넓적다리까지 번갈아 치게 되어 있었다고 한다.

정조는 나아가 《흠휼전칙(欽恤典則)》이라는 형벌 규정집을 만들어 곤장의 종류를 세세히 분류했다. 크게 중(重)곤, 대곤, 중(中)곤, 소곤, 치도곤으로 나누어진다. 제일 긴 것이 중(重)곤으로 180cm가 넘었으며 치도곤은 가장 넓고 두꺼웠다. 보통 탈영범이나 무단 벌목범, 절도범과 같은 죄인은 치도곤으로 다스렸고, 중(重)곤은 살인을 저지른 흉악범에게 내리는 형벌이었다. 곤형은 장형보다도 고통이 훨씬 심한 것으로 알려졌다. 도적을 토벌할 때나 군법을 어긴 자를 처벌할 때 등 중한 처벌에서만 제한적으로 사용했다.

그 밖에 곤장과 형태는 비슷하나 더 작은 신장(迅杖)이라는 형벌이 있었다. 허벅지나 정강이를 치는 방식이었다. 17세기 숙종 대에 이르러서 한번에 30대를 치지 못하게 했고 또 3일 이

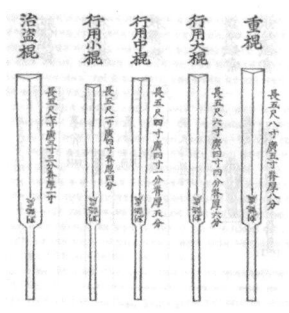

《흠휼전칙》에 수록된 곤장의 종류. 길이는 맨 오른쪽의 중곤이 가장 길지만, 맨 왼쪽의 치도곤이 너비와 두께가 16cm, 3cm로 가장 넓고 두껍다.

내에 다시 치지 못하게 했다. 그래도 이를 무시하고 마구 때리는 난장(亂杖)으로 판결 전에 맞아죽는 경우가 많았다.

앞서 말한 대로 원래 곤장은 일반 지방 수령은 칠 수 없었는데도, 현실은 그렇지 못했다. 정약용이 지은 《목민심서(牧民心書)》의 형전육조, 제3조 신형(愼形, 형벌을 신중하게 함)에 그런 대목이 나온다.

> 수령이 사용할 수 있는 형벌은 태형 50대 이내에 지나지 않는데도 근래에는 풍속이 거칠어지고 법례를 알지 못해 오직 곤장만을 사용한다.…(중략)…아, 슬프다. 심지어 평생 촌 백성과 촌 노인에게도 곤장을 보통의 형벌로 삼으니 정신을 잃고 받은 상처는 더욱 깊다.…(중략)…백성에게 형벌을 사용하는 것은 법을 준수하려는 것인데 스스로 법을 허물어버리면 무엇으로 법을 지킬 것인가. 법이 지켜지지 않으면 위엄이 서지 못하는데 스스로 그 덕을 상실할 뿐이다.

조선 말기에 법도가 떨어지고 규율이 무너지는 현장을 고발한 것이다. 이미 조선은 쇠락하고 있었던 셈이다.

역사의 장면은 새롭게 바뀐다.

그 전환의 계기는 의도적일 때도 있고 우연적일 때도 있다.

하지만 역사 속 우연의 법칙도 결국은 인간의 의지 아래서 계획되지 않았던 일이 일어난 것뿐이다.

우연이각 쓰고
/
필연이각 읽는다

시작하며

역사에는 늘 전환점이 등장한다. 그 모멘텀을 통해 역사의 장면은 새롭게 바뀐다. 그 전환의 계기는 의도적일 때도 있고, 우연적일 때도 있다. 인간의 힘이나 의지가 개입하지 않은 우연에 의해 새로운 현상이 발생하거나 역사의 발전이 일어나면 신의 뜻으로 돌리는 경우가 많다. 하지만 그 우연도 결국은 어떤 의도 아래 사건이 진행되는 과정에서 계획되지 않은 일이 일어나는 것인 만큼, 전체적으로는 필연적으로 일어날 일이었다고 할 수 있다. 다만 사람들이 그것을 몰랐을 뿐. 대형 사고가 터졌을 때 사전에 수많은 징후가 나타난다는 논리*도 그래서 나온다.

예를 들어 비아그라처럼 원래 심장병 치료제로 개발된 약이 부작용으로 발기부전 치료제로 쓰일 수 있다는 것을 안 것은 우연히 일어난 일이다. 그 비아그라로 인해 뱀이나 물개를 이용한 강장제가 사라지거나 쇠퇴한 것은 필연적이다.

동독의 정부 대변인이 툭 던진 한마디가 독일 통일로 이어지는 역사의 장면은, 아무리 계획된 발언이었다는 주장이 있다고 해도 우연으로 보지 않을 수 없다. 계획된 대로, 예정된 대로 일이 진행된 것이라면 극적 통일이라는 말도 나오지 않았을 것이다.

이렇게 일상생활과 역사 속에는 우연이 작용해 벌어진 일들이 많다. 미리 이런 일이 벌어질 것을 알았다면 세상 살기가 참 따분했을 것 같다는 느낌이 들 정도로 말이다.

* 하인리히의 법칙(Heinrich's Law)을 말한다. 1931년 미국의 허버트 윌리엄 하인리히(Herbert William Heinrich, 1886~1962)가 《산업 재해 예방(Industrial Accident Prevention)》이라는 책에서 소개했다. 트래블러스 보험사에서 손실 통계 조사를 맡고 있던 하인리히는 산업 재해 분석을 통해 '1:29:300' 법칙을 만들었다. 산업 재해로 중상자가 1명 나오면 그전에 같은 이유로 경상자가 29명이 나오고, 그전에 잠재적 부상자가 300명이 있었다는 논리다. 큰 사고는 갑자기 발생하는 것이 아니라 사전에 작은 사고들이 반복되면서 발생한다는 실증적 조사 결과였다.

 우연이라 쓰고 필연이라 읽는다

콘플레이크는 성욕 억제 음식?

자위(自慰, masturbation)행위는 인류 역사상 가장 오랫동안 논란거리가 된 인간의 행동 중 하나일 것이다. 이를 두고 도덕적 측면에서 비난이 일기도 했고, 반대론자들이 의학적으로 신체에 해를 끼치는 행위라는 것을 증명하기 위해 연구하기도 했다. 최근에 와서야 건강한 신체를 가진 사람이라면 성적(性的) 쾌감을 얻기 위해 누구나 행할 수 있는 것으로 여기지만 과거에는 그렇지 못했다.

특히 유럽에서 자위행위는 '인간의 정신을 병들게 하는 악'이라는 생각이 상식으로 통했다. 19세기 미국에서도 마찬가지

▲
1879년 10월 발간된 《모든 이들을 위한 평범한 사실들》에 수록된 켈로그 박사 초상화.

였다. 당시 미국은 그로부터 100년 전 기독교 교리에 충실한 신앙생활을 위해 영국을 벗어난 청교도적 사고방식이 지배하고 있어서 더욱 그랬다.

존 켈로그(John Kellogg, 1852~1943) 박사가 1879년에 펴낸 《모든 이들을 위한 평범한 사실들(Plain Facts for Old and Young)》에 나오는 내용에 그런 사고방식이 고스란히 녹아 있다. 눈치 빠른 독자는 이 켈로그가 콘플레이크를 제조하는 미국 회사인 그 켈로그인가 생각할 것이다. 사실 그대로다.

켈로그 박사는 이 책에 동식물을 포함한 생명을 가진 존재들의 번식과정이 얼마나 중요한지를 쓰면서 인류가 번성하기 위해서는 모든 악의 근원을 없애야 한다고 주장했다. 그 악의 핵심이 매춘, 혼외정사 등 인류의 성적 타락이라고 했다. 그중 자위행위에 대해서는 '정신 에너지를 빼앗아 정신 상태를 흐릿하게 만들고 몸을 병들게 만드는 행위'라고 강조했다. 또한 이 문제의 행위는 '광기(狂氣)를 유발하는 가장 일반적인 원인 중 하나'라고 경계하며 남녀노소 모두에게 해당하는 이야기라고도 했다.

그는 자위행위를 피하기 위해서는 여러 가지를 주의해야 한다고 말했다. 음식도 주의해서 먹어야 한다고 했다. 설탕, 계피, 페퍼민트, 담배와 같은 자극적인 향료나 차, 커피, 맥주와 같은 음료는 성적 흥분을 일으키므로 절대로 섭취해서는 안 된다고 주장했다. 육식은 당연히 해서는 안 되고 평범한 곡식과 과일 위주로 식사해야 한다고 말했다. 마치 우리나라 스님들이 자극적인 음식을 피하는 것과 흡사하다*.

이런 생각과 콘플레이크가 무슨 상관이 있을까? 그 연원을 따지자면 켈로그의 스승이었던 실베스터 그레이엄(Sylvester Graham, 1794~1851) 목사를 빼놓을 수 없다. 그레이엄 목사는 앞서 사람들이 성적인 문제를 일으키지 않도록 하기 위해서는 곡식 위주로 식사해야 한다고 생각한 끝에 곡물 과자인 '그레이엄 크래커'를 만들었다. 아이들의 간식거리인 크래커가 성적 욕구 억제와 장수를 돕기 위한(!) 식품으로 사용됐던 것이다.

켈로그 박사는 1890년대 초 미시간주 배틀크리크 요양원을 운영하면서 우울증과 정신질환을 앓고 있는 환자들에게 자신의 이론대로 식이요법을 처방했다. 그레이엄 목사의 이론을 이어받은 그는 자신이 쓴 책에서처럼 곡물 위주의 음식을 제공했다. 처음에 환자들은 반발했다. 일단 무엇보다 '맛'이 없었다. 무미건조한 밀가루 음식이라니, 환자들이 들고일어났지만 켈로그 박사는 요지부동이었다.

그러나 언제나 역사가 이뤄지기 위해서는 우연한 사고가

일어난다. 환자들에게 줄 빵과 과자를 만들기 위한 밀반죽을 만드는 기계에 문제가 생겨 밀반죽이 말라버린 것이다. 켈로그 박사와 그의 동생 윌 키스 켈로그(Will Keith Kellogg, 1860~1951)는 말라서 부서지기 시작한 밀반죽을 굽기 시작했다. 조각난 밀반죽 음식**은 거꾸로 환자는 물론 그 가족들에게도 대인기였다. 바삭바삭한 식감 덕분이었다. 거칠게 빻은 곡물을 압착한 뒤 구워내는 방식으로 형제는 1895년에 특허를 냈고, 1896년 4월 '그레노즈(Granose)'라는 이름으로 시중에 출시했다.

콘플레이크가 자위 예방을 위한 음식이라는 식의 이야기가 나온 것은 이런 과정 때문이었다. 성적 욕구를 억제해야 한다는 기독교적 금욕주의를 주장한 의사가 만든 음식이기 때문에 생겨난 이야기인 것이다. 상식이라고 불리는 것 중 틀린 이야기의 경우 더욱 이런 그럴듯함을 안고 있다.

---

* 오신채(五辛菜)를 말한다. 마늘, 부추, 파, 달래, 흥거를 일컫는다. 불교 경전인 《능엄경(楞嚴經)》에 "중생들이 깨우침을 얻으려면 다섯 가지 신채를 먹지 않아야 하는데, 오신채를 익혀 먹으면 음심(淫心)이 생기고 날로 먹으면 분노를 일으킨다"라고 되어 있다.

** 콘플레이크는 영어로 cornflake다. corn은 옥수수, flake는 조각이라는 뜻이다.

제2차 세계대전이 없었다면 환타도 없었다

　미국을 상징하는 여러 아이콘 중 하나가 코카콜라다. 페루산 코카잎에서 추출한 물질과 아프리카 콜라 너트에서 뽑아낸 카페인을 혼합한 음료로, 미국의 애국주의와 저급한 미국식 자본주의를 의미하는 상징물로도 알려졌다. 1980년대 말 우리나라 대학가 운동권에서 주사파(주체사상파)가 득세할 당시 콜라 마시지 않기 운동이 벌어진 것도 미국을 제국주의로 본 운동권 시각의 반영이었다.

　그런데 코카콜라가 독일에 정착하는 과정은 다른 나라와는 사뭇 달랐다. 코카콜라 미국 법인이 설립된 것은 1929년. 미국이 대공황으로 경제가 피폐해지던 때였다. 내수 침체를 벗어나기 위한 방편으로 해외 진출을 꾀했는데, 독일에서는 출시되자마자 인기 폭발이었다.

현지 법인 설립 초기에는 1년에 6,000박스 정도가 팔렸으나 4년 뒤인 1933년에는 10만 박스가 팔렸다. 1939년에는 독일 지역에서 생산된 콜라가 450만 병이나 됐다. 제2차 세계대전 전에는 코카콜라 소비량에서 독일이 미국 다음인 2위였다.

독일 법인장이었던 막스 키스는 공격적인 마케팅의 선수였다. 그가 1932년 만든 캐치프레이즈는 독일 노동자들에게 먹혀들었다. "Mach (doch) mal Pause(자, 이제 좀 쉬자구!)"라는 문구 아래에 코카콜라 이미지를 삽입한 것이다. 1936년 베를린 올림픽 때는 공식 음료 3가지 중 하나로 등재됐다.

상황이 달라진 것은 제2차 세계대전이 터지면서였다. 1939년 독일이 폴란드를 점령하고 1941년 미국이 참전하면서 양국의 교역이 중단됐다. 서로 적대국이 된 마당에 물품을 주고 받을 수는 없는 노릇이었다.

잘 알려졌듯이 코카콜라의 원액 제조법은 지금도 비밀이다. 미국이 콜라 원액을 공급하지 않으면 독일 법인은 공장 문을

▲
나치 독일 시절 미국의 코카콜라 독일 법인이 만든 콜라 광고. "자, 좀 쉬자구!"라는 문구가 적혀 있다.

담아야 한다. 중립국인 스위스를 통해 콜라를 들여오는 방법까지 모색하던 키스는 전혀 다른 방법을 생각해냈다. 콜라 대체품을 만드는 것이었다. 당시는 전쟁 중이었으므로 당연히 원료를 구하기 어려웠다. 새 제품은 전쟁 중에도 쉽게 구할 수 있는 원료로 만들어야 했다.

그가 생각해낸 것은 치즈나 버터를 만들고 남은 찌꺼기인 노란색 액체 유장과 사과술인 사이다를 만들고 남은 식물 섬유질, 여기에 과일 주스와 탄산가스를 첨가하는 방법이었다. 맛은 콜라와 전혀 달랐지만, 일단 사람들의 반응은 괜찮았다. 음료의 이름은 공모해서 해결하기로 했다. 수많은 아이디어 가운데 괜찮은 이름이 나왔다. 환상, 환각이라는 뜻의 판타지(fantasie)에서 앞부분을 따 '환타(Fanta)'라고 지은 것이다. 마시면 기분이 좋아진다는 의미도 담았다.

이 제품이 출시되자 나치 독일은 전장에서 군인들이 물 대신 마실 수 있는 음료로도 적합하다고 생각했다. 환타 포장지에는 맹수에게 짓눌린 유대인들의 그림을 넣어 군인들을 고무했다. 이런 정치적 목적이 가미되자 독일 군인들은 자연스럽게 환타를 일반 음료수나 물과 동급으로 생각하게 됐다. 일반 가정에서도 환타는 인기였다. 물처럼 마시기도 하지만 요리를 할 때 설탕 대신 단맛을 가미하는 조미료로도 유용했기 때문이다. 전쟁으로 물자가 부족해진 상황에서 환타는 요긴한 물품으로 자리 잡은 것이다.

이런 과정을 통해 코카콜라 독일 법인은 전쟁을 거치면서도 살아남았다. 그렇다면 미국 애틀랜타에 본사를 두고 있는 코카콜라는 이적 행위를 한 것 아닐까? 적군에게 음료수로 기쁨을 주었으니 말이다. 돈에는 국적이 없다는 자본주의적 논리대로라면 문제가 없을 텐데, 어느 쪽이 옳은지는 좀 생각해봐야 할 문제인 것 같다.

전투용 레이더 장비를 만들던 중 발명된 것은?

1945년 미국에서의 어느 날, 미 국방성의 주요 거래 방산업체인 레이시온(Raytheon) 사* 연구실. 책임 연구원인 퍼시 스펜서(Percy Spencer, 1894~1970)가 전투용 레이더 장비를 만드느라 땀을 흘리고 있었다. 이 장비는 미국에서는 원자 폭탄 제조 이후 중요시되는 국방 과제 중 하나였다. 당시에는 레이더의 핵심인 전자파 신호를 만드는 데 마그네트론(magnetron)이라 불리는 진공관 형태의 전자관이 사용되고 있었다. 스펜서는 이보다 더 효율적으로 전자파를 생성하는 기계를 만들고 싶었다.

작동 중인 레이더 앞에 서서 기계를 유심히 들여다보다 무심코 주머니에 손을 넣었는데, 초콜릿 바가 녹아내려 손에 묻었다. 앞서 다른 사람들도 이런 경험을 하기는 했는데, 스펜서는 그들과 다른 점이 있었다. 이런 현상이 도대체 무엇인지를 알아보기로 한 것이다.

그는 전자파가 어떤 작용을 할 것이라고 봤다. 우선 팝콘을 만들 때 쓰는 옥수수 알갱이를 그릇에 담아 레이더 기계 앞에 뒀다. 예상대로 레이더가 작동하자 옥수수 알갱이가 튀어 올랐다. 첫 전자파 팝콘이 탄생한 것이다. 또 달걀을 찻주전자에 넣어두고 그 위에 레이더 기계를 올려놨더니 달걀이 터져 버렸다.

이것을 보고 스펜서는 금속 박스에 고농축 전자파 생성기를 넣은 전자레인지를 만들었다. 이 안에 음식을 넣어 온도와 상태의 변화를 체크하면서 실험을 계속했다.

이어 레이시온 사는 1945년 10월 이 전자파 요리 기구로 특허를 냈다. 이름은 '레이더레인지(Radarange)'였다. 이 기구는 1947년 시중에 출시됐다. 그때 기구의 높이는 182cm에 달했고 무게도 340kg이 넘었다. 가전제품이라고 부르기에는 턱없이 크고 무거웠다. 가격은 3,000달러에 육박했다(2015년 물가로 비교하면 약 3만 2,000달러에 해당한다. 전자레인지 한 대에 우리 돈으로 3,400만 원이란 이야기다). 그 시절 물가에 비하면 엄청난 가격이었다. 20년이 지나서야 가격이 495달러로 떨어졌다(2015년 물가로는 약 3,500달러다. 우리 돈으로 360만 원쯤이다). 지금과 비교하면 비싸기는 여전했다.

스펜서는 이 발명품으로 어떤 보상을 받았을까? 그는 회사로부터 단 돈 2달러만 받았다. 회사가 사내 발명가들에게 지급하는 상징적인 금액이었다. 요즘 연구실에서 일하다 발명을 한 연구원들이 종종 자신이 낸 특허에 대해 회사에 거액의 보상을 요구하는 것을 보면서, 정말 세상이 달라졌다고 느끼게 된다.

▲
레이더레인지의 초기 모델. 오늘날의 가정용 전자레인지로 발전하기 전에는 턱없이 크고 비쌌다.

흥미로운 점 중의 하나는 스펜서가 사실상 무학(無學)에 가까웠다는 것이다. 미 동부 촌 동네인 메인주에서 태어나 갓난아기 때 아버지가 죽고, 어머니가 도망가버리자 고아처럼 떠돌았다. 숙모 밑에서 자란 그의 학력은 초등학교 5학년까지가 전부다. 먹고 살기 위해 돈을 벌어야 했던 것이다. 그러고는 지역 신문의 공장에 전기가 들어오게 하는 과정에 참여하면서 독학해 기술자로서의 길을 걷기 시작했다. 그 뒤로 그는 회사 내에서 중요한 위치에 오른다.

그가 이처럼 유능한 기술자로 기억될 수 있는 것은 그의 끊임없는 호기심 덕분이었다. 어떤 현상이 나타나면 왜 그런지 스스로 묻고, 분석하고 결론을 끌어내는 데 전력을 다하는 연구자로서의 기본을 지킨 것이다. 학벌은 그 과정에 아무런 영향도 미치지 못했다. 전자레인지의 발명을 보면 답은 늘 기본에 있다는 말이 떠오른다.

---

* 지금은 세계적인 방산업체지만 1922년 설립될 당시만 해도 보잘것없었다. 이 회사가 커진 데는 스펜서의 역할이 컸다. 회사 이름에서 'rai'는 프랑스 고어(古語)로 '빛줄기'를 뜻하며 'theon'은 그리스어로 '신으로부터'라는 의미다.

젊음을 되찾는 보톡스는 원래 사시 교정 치료에 쓰였다

고(故) 노무현 전 대통령이 이마에 새겨진 깊은 주름을 없애려고 보톡스(Botox)를 맞은 사실은 널리 알려졌다. 그만큼 보톡스 주사는 대중적으로 인기가 높은 성형 시술이다. 성형 수술과 달리 주사로 성형 효과를 거두므로 안전하고 편리해서다. 효과는 노 전 대통령의 경우처럼 주로 주름을 펴는 데서 나타난다. 나아가 요즘에는 사각 턱 없애기, 종아리 날씬하게 하기, 어깨 통증 치료에까지 다양하게 사용된다.

보톡스는 일종의 독(毒)이다. 흙에서 사는 미생물인 클로스트리듐 보툴리눔(Clostridium Botulinum)이 만드는 '신경 독소'

다. 보톡스라는 말은 미국 FDA 승인을 받은 엘러건 사의 제품 이름이다. 이것이 현재 일반 명사처럼 통용되고 있는 것이다. 마치 복사기 회사 이름인 제록스가 한때 '복사'라는 뜻으로 쓰였듯이 말이다.

보툴리눔 독소는 상한 고기나 소시지 등에서 발견된다. 유럽엔 '보툴리즘'이라고 부르는 아주 오래되고 유명한 식중독이 있었는데, 시력 저하, 현기증, 구역질 증상을 나타냈다. 이 식중독을 유발하는 물질이 바로 보툴리눔이다.

보툴리눔 독소를 운동신경과 근육이 접하는 지점에 주사하면 신경전달물질의 분비가 줄어든다. 신경전달물질이 분비되지 않으면 근육이 약해지면서 수축이 어려워진다. 근육 마비와 마찬가지 상황이 되는 셈이다. 근육이 수축하지 않으면 외견상 주름이 잡히지 않게 된다. 다만 주름이 개선되더라도 5~6개월 후 원상 복귀되는 단점이 있다. 약효가 그렇다. 의사 입장에서 보면 보톡스 주사 후 부작용으로 안면 마비 등의 증상이 생기더라도 자연스럽게 복구되므로 부담이 없다는 이야기가 된다.

보톡스는 원래 1973년에 미국 안과 의사가 원숭이 실험에서 눈 주위 근육 수축을 완화하는 효과를 확인한 뒤 치료용으로 쓰기 시작했다. 이후 주로 안과에서 사시 교정이나 눈꺼풀 떨림 현상 치료에 사용했다.

미용 효과가 발견된 것은 1987년에 와서다. 캐나다의 여성 안과 의사인 진 캐러더스가 눈꺼풀 떨림 현상을 가진 환자의 양미간에 보톡스를 주사했는데, 미간의 주름이 사라진 것을 우연히 발견한 것이다. 마침 이 의사의 남편은 피부과 의사였다. 이 사실을 전해 들은 남편 알스테어 캐러더스는 병원 안내원의 이마에 보톡스를 주사해 주름이 사라지는 효과를 확인하고 논문으로 발표했다.

현재 보톡스는 배뇨 장애, 다한증 치료에도 쓰이고 있다. 2014년 8월에는 보톡스가 위암을 예방하는 기능도 한다는 연구 결과가 독일에서 나오기도 했다. 이쯤 되면 현대의 만병통치약이라고 불러도 손색이 없을 것 같다.

이로써 보톡스는 원래의 치료 목적과 다르게 효용 가치를 인정받은 제품으로 기억할 수 있게 됐다.

기자들의 성급한 보도가 만들어낸 독일의 통일

독일의 통일 과정만큼 역사가 우연에 의해 발전한다는 것을 증명하는 사례도 드물 것이다. 1989년 11월 9일 밤 베를린 장벽이 무너지는 계기가 바로 그랬다.

그날 저녁 7시, 동독 사회주의통일당(공산당) 정치국원이자 선전 담당 비서, 동독 정부 대변인이었던 귄터 샤보브스키(Günter Schabowski, 1929~)가 당사에서 기자 회견을 했다. 오전에 있었던 내각의 결정 사항을 발표하는 자리였다. 주요 내용은 여행 규제 완화 조치였다. "앞으로는 여행 동기나 친인척 관계 같은 조건을 제시하지 않아도 자유롭게 외국 여행을 신청할 수 있으며 누구에게나 출국 비자가 발급될 것입니다."

당시는 소련의 고르바초프가 개혁·개방 정책*을 발표하면서 공산권 내에서 자유의 바람이 불 때였다. 동독에서도 여행 자유화에 대한 국민들의 요구가 거세지고 있었다. 이에 동독 정부는 10월 17일에 18년간 철권 통치했던 에리히 호네커 서기장을 사퇴시키고 '체제 내 개혁' 차원에서 사흘 전 여행 자유화에 관한 법안을 공포했다. 그런데 이 법안에 출국 비자를 발급하는 새로운 기관을 설립한다는 조항이 들어 있는 사실을 알고 국민들이 반발하자 내각은 이를 무마하기 위해 포고령의 형태로 출국 비자 발급에 별다른 제한이 없다는 점을 설명하려 했던 것이다.

우연이라는 요소가 끼어든 것은 기자 회견에 참석한 이탈리아 〈안사(ANSA)〉 통신의 리카르도 에르만 특파원이 "언제부터?"라고 시점을 물으면서였다. 오전 내각 회의에 참석하지도 않아 내용을 잘 모르던 귄터 샤보브스키는 서류를 뒤적거리다 급한 김에 "즉시, 지체없이"라고 말했다.

에르만 특파원은 '베를린 장벽이 무너졌다'고 본국으로 급전을 쳤다. 미국 기자들도 '내일부터 당장 동베를린 사람들이 베를린 장벽을 통과할 수 있다'고 타전했고 서독 TV는 아예 '동독이 드디어 국경을 개방했다'고 보도했다. 2008년 독일 대통

▲
1989년 11월 9일 동서독 간의 여행 자유화 시점을 이야기한 기자 회견장. 귄터 샤보브스키는 오른쪽에서 두 번째에 앉아 있다.

령은 "기자회견장에서 그의 끈기가 마침내 (장벽을 무너뜨린) 결정적인 발언을 이끌어냈다"며 최고 영예인 연방십자훈장을 에르만 특파원에게 수여했다(하지만 당시 동독 TV 자료 화면을 보면 에르만 외에도 〈빌트 차이퉁(Bild Zeitung)〉의 페터 브린크만 기자와 〈미국의 소리(Voice of America)〉 방송 기자 등 3명이 앞자리에서 샤보브스키의 발표 후 개방 시점에 대한 질문을 쏟아내는 장면이 나온다. 이 때문에 실제로 에르만이 역사적 답변을 이끌어낸 당사자가 아니라는 주장도 있다).

TV 중계와 뉴스로 소식을 들은 동베를린 주민들이 서베를린으로 가는 검문소로 몰려들자 국경 수비대가 막아섰다. 주민들은 "정부가 베를린 장벽의 붕괴와 통일을 발표했다. 뉴스를 듣지 못했냐?"고 소리쳤고, 동독 경비병들은 아무리 기다려도 상부의 지시가 없자 결국 밤 10시쯤 서독행 출입문을 열었다. 당시 헬무트 콜 서독 총리는 폴란드를 방문 중이었고, 그 역시 이런 일이 벌어진 줄은 모르고 있었다. 느닷없는 통일이었던 셈이다. 샤보브스키는 실언에 대한 대가로 이듬해 초 공산당에서 축출됐다(샤보브스키는 독일 통일 이후 과거 동독 정부를 비판하면서 중도우파 기독교민주당을 지지해 변절자라는 소리를 듣기도 했다. 그는 이후 베를린 장벽을 넘어 서독으로 탈출하려는 동독인들을 살해하는 데 일정한 역할을 한 혐의로 3년형을 선고받고 1999년 12월부터 징역을 살다가 2000년 9월 사면됐다).

통일은 이렇게 '느닷없이' 찾아온 것 같지만, 사실 이것은 티핑 포인트(tipping point)**에 지나지 않을지도 모른다. 동서독이 전혀 준비가 안 되어 있었던 것도 사실이나 동독으로서는 계속된 경제 불안과 체제 불안의 여파로 어느 정도 붕괴가 예고되었다는 주장도 있기 때문이다. 그처럼 바닥에서는 이미 금이 쩍쩍 가고 있었는데, 기자 회견에서의 우발적인 행동이 그 시기를 앞당겼을 뿐이라는 것이다. 역사는 이런 식으로 새로운 장을 여는 경우가 많다.

---

* 소련 공산당 서기장 고르바초프가 페레스트로이카(개혁)와 글라스노스트(개방)를 주창하면서 1987년 기업령과 1988년 자영업령 등을 제정했다. 자율, 자유 원칙의 도입으로 경제활동이 자유화됐다.
** 어떤 상황의 균형이 한순간에 깨지면서 새로운 상황이 펼쳐지는 것을 말한다. 못을 조심스럽게 쌓아 올리는 과정에서 하나를 더 올리자 갑자기 탑이 무너지는 경우를 떠올리면 된다. 새로운 상황이 전개되기 위해서는 이처럼 기존 상황의 균형이 깨지는 계기가 있어야 하는데 그러자면 균형이 깨지는 여러 조건이 작용해야 한다.

우연이 개입한 발칸 반도의 인종청소

1990년대 초부터 약 10년간 발칸 반도 전역에서 벌어진 민족 간 분쟁으로 수십만 명이 사망하거나 실종됐다. 이른바 유고슬라비아 사태*다. 세르비아가 주도하는 유고슬라비아 연방에서 지역 국가들이 독립을 선언하자 세르비아가 영토와 자치권을 확보하려는 지역 국가들과 전쟁을 벌이면서 일어난 참극이었다. 이 과정에서 지역 국가들끼리도 타 지역에 거주하는 자기 민족을 보호한다는 명분으로 침공해 지역 국가 간에 전쟁을 벌이는 일도 있었다.

이때 등장한 '발칸의 학살자' 슬로보단 밀로셰비치(Slobodan

Milosevic, 1941~2006, 전 세르비아 대통령)는 이 사태에 책임이 있는 주요 인물이다. 그가 대(大)세르비아를 주창하며 민족감정을 이용해 정치적 입지를 굳히려 하면서 사태가 악화됐기 때문이다.

그가 처음부터 민족주의자였던 것은 아니다. 사태 초기 단계인 1987년 즈음 그는 세르비아공화국 공산당 서기장이었다. 당시 유고 연방의 집권층은 민족 문제를 제기하는 집단을 비판하는 입장이었다. 민족 문제를 넘어서는 공산 계급 이론과 다민족 사회를 지향하는 요시프 티토(Josip Tito, 1892~1980, 형제애와 통일노선 추구)의 영향 덕이었다.

당시 세르비아공화국의 이반 스탐볼리치 대통령은 티토의 정치 노선을 추종하고 있었고, 밀로셰비치의 정치적 후견인이기도 했다(두 사람은 베오그라드 대학 시절부터 알던 사이고 정·관계에 친인척이 있는 스탐볼리치가 영전할 때마다 밀로셰비치를 기용했다).

그런 밀로셰비치가 세르비아의 영웅으로 등장한 것은 1987년 4월, 우연한 사건에 끼어들면서였다. 코소보 지역에서 알바니아인들이 텃세를 부리자 세르비아계가 위협을 받고 있다고 진정서를 냈고, 이에 스탐볼리치가 밀로셰비치에게 현장에 가서 사태를 진정시키도록 한 것이다. 밀로셰비치가 코소보 문화회관에서 상황 보고를 받는 도중 1,500명의 세르비아계

▲
1995년 11월 보스니아 내전 종식으로 이어진 데이톤 협정에 서명 중인 밀로셰비치 세르비아 전 대통령. 앉은 사람 왼쪽에서 세 번째에 자리 잡고 있다.

시위대가 담판을 요청하면서 시위를 벌였다. 시위가 과격해지자 밀로셰비치가 시위대 앞에 나서서 즉흥적으로 "아무도 감히 당신들을 다시는 구타할 수 없을 것입니다"라고 발언했다. 시위대가 환호하자 한술 더 떠서 "여기는 당신들의 땅입니다. 불의와 모욕 때문에 여기를 떠날 수는 없습니다. 세르비아공화국은 절대로 코소보를 포기하지 않을 것입니다"라고 말해버렸다. 졸지에 그는 공개적으로 알바니아인들을 적대시하면서 세르비아를 대표하는 지도자로 나서버린 꼴이 됐다.

그의 계산된 발언이라는 해석도 있으나, 세르비아 공산당 내부에서 밀로셰비치의 경솔한 발언에 대해 문책이 제기되자 그는 "시위대 앞이어서 어쩔 수 없이 한 말이었다"라고 변명했다. 그러나 이후 베오그라드 TV가 밀로셰비치의 발언을 반복해 방영하면서 분위기가 달라졌다. 그의 발언을 지지하는 대중들 덕분에 밀로셰비치는 마치 인기 스타처럼 되어버렸다. 이런 분위기와 밀로셰비치의 정략에 휘말려 스탐볼리치는 그 해 12월에 사임했다. 밀로셰비치가 그 뒤를 이어받았음은 물어보나마나다.

밀로셰비치가 1987년 코소보 시위대 진압에 파견되지 않았다면 역사는 달라졌을 것이다. 어차피 권력에 눈이 먼 그가 언젠가는 다른 방식으로 인종청소를 시작했을 수도 있다. 그래도 시기나 방법은 사뭇 달랐을지도 모른다.

---

* 가장 먼저 1991년 슬로베니아 내전이 발발했다. 슬로베니아가 독립을 선언하자 세르비아가 중심 세력인 유고슬라비아 연방군이 출동해 전쟁을 벌였는데 유고 연방군은 10일 만에 슬로베니아의 독립을 묵인하고 철군했다. 이어 같은 해에 크로아티아가 독립을 선언하자 유고 연방군이 다시 출동했다. 1992년 4월 UN 코소보 평화유지군이 중재에 실패하고 유고 연방군 철수 후 크로아티아군이 세르비아 민병대를 제압하면서 분쟁이 끝났다. 역시 같은 해 마케도니아가 독립했는데 세르비아와 별다른 충돌을 하지 않았다. 1992년에는 보스니아-헤르체고비나의 보스니아계와 크로아티아계가 독립을 강행하면서 세르비아계와 충돌했다. 1995년 UN의 중재로 내전이 종결됐다. 몬테네그로는 2006년 국민 투표로 세르비아-몬테네그로 국가연합에서 독립했고, 코소보는 2008년 2월 독립을 선포했다.

미국 철도 공사 사고로 알게 된 뇌의 진실

뇌에는 좌뇌와 우뇌가 있다. 서로 역할이 다르다는 것은 상식이다. 대략 좌뇌는 주로 수리 능력을, 우뇌는 언어 능력을 관장한다고 알려졌다. 이뿐만 아니라 뇌의 각 부분은 신체의 여러 기능과 연결되어 있다. 뇌의 해마는 학습 및 기억 능력과 상관이 있는 것처럼 말이다.

그렇다면 성격은 어떨까? 사람의 성격은 성장 과정의 환경이나 선천성 등에 따라 달라진다는 게 정설이었다. 그러다 뇌의 구조가 성격에 큰 영향을 미친다는 사실을 알게 된 중요한 사건이 벌어졌다.

때는 1848년 9월, 미국 버몬트주 철도 공사 현장에서였다. 2년 전부터 시작된 공사의 현장 주임이었던 25세 청년 피니어스 게이지(Phineas Gage, 1823~1860)가 돌을 깨기 위해 다루던 다이너마이트가 갑자기 폭발했다. 이 사고로 길이 1m, 지름 3cm, 무게 6kg의 쇠말뚝이 그의 왼뺨에서 머리 위로 관통했다. 게이지가 30m나 나가떨어질 정도로 큰 폭발이었다. 즉시 병원으로 이송된 그는 죽을 거라는 예상과 달리 한 달간 치료를 받고 기적처럼 살아났다. 다만 왼쪽 눈을 잃고 두개골에 9cm가 넘는 구멍이 뚫린 상태가 됐을 뿐 멀쩡하게 생활했다.

문제는 그의 성격이었다. 부드러운 성품에 성실했던 사람이 충동적으로 행동하면서 욱하는 성질로 변한 것이다. 그가 사람들과 다투는 모습도 주변에 자주 목격됐다.

당시 그를 치료한 존 마틴 할로우 박사는 1848년에 〈쇠말뚝의 머리 관통(Passage of an Iron Rod through the Head)〉이라는 글을 발표했다. 이어 1868년에는 의학 잡지 〈매사추세츠 의학 협회지(Bulletin of the Massachusetts Medical Society)〉에 〈머리에 심각한 상해를 입은 뒤의 회복 과정(Recovery after Severe Injury to the Head)〉이라는 글을 발표해 전두엽의 상당 부분을 잃은 게이지의 성격 변화에 대한 사례를 보고했다.

▲
다이너마이트 사고로 뇌를 다친 피니어스 게이지가 자신을 다치게 한 쇠막대를 들고 사진을 찍은 모습. 사고로 왼쪽 눈을 잃어 눈을 감고 있다.

말하자면, 지적 능력과 동물적 감각 사이의 균형이 깨져버렸다. 충동적이고 무례해졌다. 그전과 달리 천박하고 참을성이 없어졌다. 일에 관한 계획을 세우면서 변덕스럽고 제멋대로였다. 그는 다치기 전에 제대로 학교를 다니지는 못했지만 균형 감각을 갖고 있었고 그를 빈틈없는 비즈니스맨으로 알고 있던 사람들의 존경을 받았다. 그랬던 그가 얼마나 달라졌던지 그의 친구들은 "그는 더 이상 게이지가 아니다"라고 말할 정도다.

그는 결국 원래 일하던 곳을 떠나 여러 곳을 전전한다. 서커스단에서 자신을 다치게 한 쇠말뚝을 보여주는 일로 돈벌이를 하기도 했다.

게이지의 이야기는 신경의학계에 의미 있는 사례로 보고됐다. 사고 후 그의 변화가 일시적인 것이 아니라 지속적이었기 때문이다. 이를 통해 뇌의 특정 부분이 사람의 성격과 긴밀한 연관성이 있다고 판단할 수 있게 된 것이다.

이후 그로 인해 전두엽뿐 아니라 뇌에 대한 연구가 발전하면서 뇌의 영역별 차이가 밝혀지기 시작했다. 광산 노동자에 불과했던 게이지의 이름이 신경과학계에 길이 남은 이유다. 또 이 우연한 사고 덕분에 뇌과학도 비약적으로 발전하기 시작했다.

프랑스 혁명은
뜻밖의 역풍을 맞아 일어난 사건이다

프랑스의 루이 14세는 "짐이 곧 국가다"라는 말로 유명한 인물이다. '태양왕'이라는 호칭을 얻으며 절대왕정의 정점에 앉았다. 그는 절대군주로서의 면모를 갖추려고 베르사유 궁전을 화려하게 짓기 시작했다. 이로 인해 일반 시민들은 강제 노역에 동원됐다. 또 나라의 위세를 과시하기 위해 주변 나라와 전쟁을 자주 벌였다. 플랑드르 전쟁(1667~1668), 네덜란드 전쟁(1672~1678), 아우크스부르크 동맹 전쟁(1688~1697), 에스파냐 왕위 계승 전쟁(1701~1713) 등이 그의 재임 중 치러졌다. 재임 기간 72년 4개월 중 30년 넘게 영토 확장을 위해 전쟁을 벌인 셈이다. 그 후유증은 전사자가 늘어나면서 경제 활동에 참여할 젊은 층이 대폭 줄어드는 것으로 나타났다. 그뿐만 아니라 루이 14세는 낭트 칙령을 발표해 개신교 탄압에 나섰다. 이때 상공인 중심의 개신교도인 위그노 교도들이 대거 해외로 도피하는 바람에 국가 생산력이 크게 떨어졌다.

호화로운 건축물을 짓고, 전쟁에 돈을 뭉텅이로 쓰는 바람에 국가의 곳간은 바닥이 드러난 상황. 게다가 전쟁과 종교 탄압으로 일할 사람이 줄어들었다. 그 결과는 엄청난 빚으로 돌아왔다. 루이 14세가 시작했지만 빚으로 인한 파국은 루이 16세(재위 1774~1788)가 맞았다.

국가가 파산 상태에 이르자 루이 16세는 1770년, 1788년 두 차례나 채무불이행(디폴트)을 선언했다. 그러면서 나랏빚을 갚으려고 엄청난 세금을 국민에게 부과했다. 귀족에게도 과세했다. 국내 여론은 들끓었고 왕정이 무너지는 것은 시간문제였다.

여기에 기름을 부은 것이 1775년 미국 독립 전쟁의 발발이었다. 프랑스는 미국이 꼭 좋아서가 아니라 숙적(宿敵) 영국이 미워서 미국을 지원하기로 했다*. 여기에는 미국 독립의 아버지로 불리는 벤저민 프랭클린의 역할도 컸다. 그가 루이 16세를 면담해 지원을 이끌어낸 것이다.

이런 요청을 받은 프랑스는 어려운 살림에도 오로지 '명분' 때문에 전쟁 물자와 해군 1만 800명, 함정 24척을 미국 땅으로 보냈다. 경제는 썩어가는데 군대는 그렇지 않았던 모양이다. 허약할 것 같았던 그라스 제독이 막강 영국 해군을 격파하는 전과를 올린 데 이어 요크타운 전투에서도 승리했다.

▲
1781년 미국 요크타운에서 벌어진 미국 독립 전쟁에서 미국 독립군을 지원하던 프랑스 군대가 영국 콘윌리스 장군의 군대를 물리쳤다. 이 그림은 1820년 미 정부의 요청으로 화가 존 트럼벌이 그린 〈콘윌리스 장군의 항복(Surrender of Lord Cornwallis)〉이다. 미국 의회 로툰다홀 전시.

프랑스의 곳간이 비어가는 것을 속수무책으로 바라보던 루이 16세는 재위 첫해인 1774년 중농주의 경제학자 안 로베르 자크 튀르고(Anne-Robert-Jacques Turgot, 1727~1781)를 등용했다. 튀르고는 면세 특권 계층에게 과세하고 왕실 경비를 삭감하려다 밀려났다. 이어 재무상으로 등장한 자크 네케르(Jacques Necker, 1732~1804)는 고금리의 국채 발행보다 증세를 주장했다. 귀족들 사이에서 이미 빨릴 대로 빨린 서민들에게서는 세금을 더 걷을 수 없을 테니 귀족을 겨냥한 것이라는 이야기가 빠르게 퍼졌다. 이 때문에 그 역시 얼마 후 귀족들의 압력으로 밀려났다.

1788년 국가재정이 최악에 달하자 루이 16세는 다시 네케르를 불러들였다. 네케르는 1789년 삼부회(Estates-General, 사제-귀족-평민 회의) 소집을 건의했다. 삼부회에서 귀족 및 평민에게 더 많은 세금을 내야 할 이유를 설명하고 동의를 받으려 했던 것이다. 특히 네케르는 삼부회 중 평민 계급 대표를 2배로 늘렸다. 대중의 환호는 대단했다. 하지만 숫자는 늘었는데 의결권은 종전대로 계급당 1표씩이었다. 이에 평민 계급은 기만당했다고 생각하여 자리를 박차고 나가버렸다. 세금 문제로 시작해 결국 프랑스는 대혁명의 길로 접어들었다. 대혁명 촉발의 원인을 제공한 네케르는 정작 혁명에 반대해 1790년 재무상을 사임하고 고향 스위스로 돌아갔다.

그럼 남은 빚은 누가 어떻게 해결했을까? 혁명의 주체였던 부르주아들이 귀족과 사제로부터 빼앗은 방대한 토지를 국가 소유로 만든 뒤 이를 부르주아들에게 판매해 국가 재정을 마련했다. 이것이 바로 '아시냐(assignat) 지폐'다. 금이 아닌 토지를 담보로 찍어낸 화폐였던 것이다.

모든 혁명이 그렇듯이 대중의 불만이 쌓여 폭발하면 지배 구조가 바뀐다. 폭발하는 순간의 촉매제가 무엇인지만 다를 뿐이다.

---

* 이후 미국과 프랑스는 오랜 기간 우방으로 지낸다. 미국은 제2차 세계대전 중 프랑스 해방을 위해 병력을 투입하고, 프랑스가 미국에 평화의 여신상을 선물한 것이 다 이런 이유이다.

루터의 종교개혁이 낳은 부산물

중세 때 마틴 루터(Martin Luther, 1483~1546)의 종교개혁은 부패한 가톨릭을 개혁하는 업적만 남긴 게 아니다. 사실 독일어를 개혁한 것이 독일 입장에서는 더 큰 공로다. 그간 지방 방언으로 인해 같은 독일 사람끼리도 대화가 곤란하던 독일어가 루터 덕분에 표준화될 수 있었기 때문이다.

루터의 독일어 개혁은 성서 번역이라는 방식으로 이뤄졌다. 종교개혁 이전에는 라틴어나 그리스어로 쓰인 성경만 유통되고 있었다. '무식한' 일반 독일 민중들은 읽을 수가 없었던 것이다. 그들은 결국 수사(修士)들이 읽어주거나 설명해주는 데

의존할 수밖에 없었다. 수사와 신부들은 이를 무기로 민중들 위에 군림할 수 있었다. 이 틀이 깨진 것은 독일어판 성경이 나오면서였다. 일반 교인도 성경을 읽을 수 있게 되자, 수사와 맞먹는 '종교적 지위상의 평등'이 이뤄질 수 있었던 것이다.

루터의 성경 번역은 에라스무스의 그리스어 성경(신약) 본문을 독일어로 번역하는 데서 시작한다. 처음에는 이름을 밝히지 않은 채 1522년 9월 독일어 성경을 출판했다. 1년 동안 2쇄에 걸쳐 6,000부가 팔렸다. 이어 1534년 루터는 구약의 번역도 끝냈다.

당시 독일에는 이미 18개 정도의 독일어 번역본 성경이 있었다. 루터에 앞서 최초의 민중 언어로 번역된 《멘텔린 성경(Mentelin Bible)》의 경우 라틴어를 문장 형식으로 번역하지 않고 단어와 단어를 잇는 형식으로 직역하는 바람에 내용을 이해하기가 어려웠다. 잘못 번역했다가는 성경에 대한 자의적 해석을 낳았다는 이유로 이단으로 몰리기 쉬웠기 때문에 직역을 했다. 하지만 루터의 성경은 이들과 달랐다. 당시 독일 사람들이 흔히 사용하는 말과 정확한 의미를 알 수 있는 쉬운 단어를 골라 썼다.

루터가 민중을 위하여 소박하고 평이한 독일어로 쓴 1534년판 성경 번역본. 신구약이 함께 들어 있다.

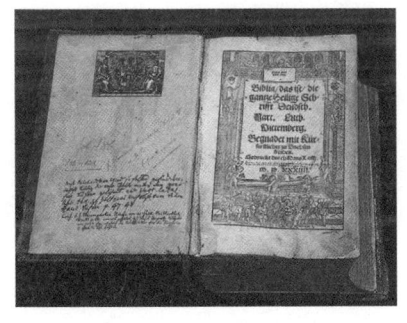

그는 자신의 번역 방법에 대해 "어머니와 거리에 있는 아이들, 시장에 있는 남자와 이야기해보고는 그들이 어떻게 말하는지를 잘 관찰한 뒤 그들이 말하는 방식에 맞춰 번역해야 한다. 그렇게 해야 그들은 그 말을 이해하게 되고, 서로가 독일어로 말하고 있다는 것을 깨닫게 되는 것이다. 번역하면서 순수하고 명료한 독일어를 찾으려고 노력했다. 하나의 단어를 찾기 위해 몇 주일을 보낸 적도 있었다."라고 말했다.

동료 학자에게 보낸 한 편지에는 이런 표현이 나온다. "때로 적절한 단어가 무엇인지를 물어볼 텐데 단순한 표현을 가르쳐주십시오. 왕궁이나 성에서 쓰는 말은 필요 없습니다. 이 책은 단순하다는 것으로 유명해져야 하기 때문입니다." 그의 성서 번역의 원칙은 이처럼 단순한 표현에 초점을 두고 있었다.

루터는 성서에 나오는 단어에 맞는 독일어를 새로 창조하기도 했다고 한다. 예를 들어 '코'라는 라틴어가 독일어에 없다고 가정하면, 이를 '2개의 작은 숨구멍을 가진 얼굴의 신체 기관'이라고 번역하는 식이었다. 이런 이유로 독일어에는 한 단어이면서 알파벳이 긴 단어들이 많이 눈에 띈다.

이렇게 번역하는 과정에서 단어의 의미가 변한 경우도 있다. 예를 들어 독일어로 '직업'을 뜻하는 'beruf'는 원래 '목사'만을 의미하는 것이었으나 루터가 일반적인 직업 전체를 의미하는 것으로 사용하면서 뜻이 바뀌었다.

루터는 라틴어를 직역하는 것도 반대했다. 그는 마태복음에 나오는 구절 중 하나인 "마음의 충만에서 입이 말한다"라는 표현을 예로 들었다. 그는 "어느 독일인이 이 말을 이해할 수 있겠는가? 우리의 어머니나 일반적인 남자라면 '가슴이 꽉 차면 입으로 나온다'고 말할 것이다"라고 했다.

이런 과정을 통해 당시 20개 정도의 지역 언어가 존재했던 독일어가 서서히 통일되어 갔다. 그런데 이렇게 민중적 정서에 가까이 다가갔던 그를 이해하지 못할 일이 벌어진다. 당시 독일 남부 농민들은 그의 종교개혁을 지지하는 입장이었는데 이들이 봉건제후를 상대로 농민 전쟁을 일으키자 루터는 이를 반대하는 글을 발표한 것이다. 그는 《농민들로 이루어진 살인자들과 도적떼를 반대하며(Against the Murderous, Thieving Hordes of Peasants)》라는 제목의 소책자를 펴내고 제후들에게 농민들을 무력으로 진압하라고 권하기도 했다. 종교개혁 과정에서 목숨을 구해준 작센주 프리드리히 제후에게 진 빚을 갚기 위해서라는 해석이 나오는 대목이다. 또 종교개혁을 위해서는 제후와 손을 잡아야 했던 현실적 이유도 한몫했다. 이런 그의 이율배반은 정치적 타협의 산물일까, 아니면 정치적 미성숙의 결과일까?

우연히 다가온 시련이 바꾸어놓은 운명

공자가 말하기를, "보석은 마찰에 의해 연마되어야 보석이 된다. 사람도 모름지기 시련을 겪어야 완벽한 사람이 될 수 있다"라고 했다. 원석(原石) 상태의 보석은 별다른 값어치가 없지만 연마와 커팅을 거치면 달라진다. 사람도 그렇다는 의미로 공자는 말했다.

시련은 사람을 성숙시킨다. 인생에 던져진 문제는 생각하지 못한 부분을 되짚게 하고, 그에 대한 해결책을 고민하면서 사람의 생각을 깊게 해준다. 도종환 시인이 "흔들리지 않고 피는 꽃이 어디 있으랴"라고 읊은 데에도 이런 생각이 한 자락 깔려 있을 것이다.

그 시련을 어떻게 견디고 이겨내느냐에 따라 위인이 나오고 역사에 남을 업적이 탄생한다. 다만 그 시련을 자신의 자양분으로 삼을 경우에 한해서다. 몇 가지 예를 들어보자.

유배 가서 완성된 추사체와 세한도

추사체(秋史體)로 널리 알려진 추사 김정희(金正喜, 1786~1856)는 어려서부터 총명한 사람이었다. 관료로서나, 학자로서나 흠잡을 곳 없는 인물이었다. 북한산 신라 진흥왕 순수비의 실체를 밝혀낸 것도 그의 금석학(옛 글자를 고증해 밝혀내는 학문) 연구 덕분이었다.

그런 그에게 시련이 다가온다. 권세가들의 권력 다툼에 휘말린 탓이다. 형조 참판까지 지낸 그는 1840년 동지 부사로 예정되는데, 안동 김씨 일파인 김홍근이 대사헌이 되면서 윤상도의 옥사(獄事)*를 근거로 탄핵당한다. 동생인 명희까지 사관록에서 이름이 삭제된다. 물론 동지 부사 예정도 취소됐다.

8월 초에는 국문(죄인을 심문함)을 받고 죽게 됐는데, 이를 조인영이 모면하게 해주었다. 8월 20일에는 감형으로 제주도 유배가 결정되고 10월쯤 압송되어 위리안치(圍籬安置)**된다. 그때가 김정희가 55세 때다.

그로부터 8년 3개월간 김정희는 모슬포(지금의 대정)에서 유배를 견뎌야 했다. 당연히 먹을 것은 없고 기후는 모진 곳이었다. 추사는 이후 반년 남짓 동안 학질과 다리 신경통, 시력 저하 등으로 고통을 겪는다. 차츰 기력을 회복한 그는 문하생들을 모아 가르치며 글쓰기에 정진했다.

잘나가던 관료에다 학자였던 그로서는 유배를 당하는 과정을 받아들이기 어려웠을 것이다. 그것도 권력 다툼에서 밀렸으니 말이다. 그가 어떻게 마음을 다스렸는지는 제주에서 쓴 편지에 어느 정도 나타나 있다.

성냄을 경계하는 뜻은 매우 좋으나 마음대로 되지 않는 것은 늘 몸과 입이 뜻대로 되지 않기 때문이다.…(중략)…바다에 들어온 뒤로 마음대로 되지 않는 것이 어찌 한두 가지겠는가. 오히려 얼굴빛과 말로 드러내지 않고 순리에 따라 지나가는 모든 것을 타파하고자 한다. 석가가 세상에 오기 전에도 사람마다 숨 쉬며 살았고, 달마가 서쪽으로 오기 전에도 사람마다 걸어가서 길지(吉地)를 잡았다는 고승의 말로써 한번 웃음거리를 보낸다.

그야말로 초탈한 마음가짐이다. 이후 그는 평소 얼렁뚱땅

넘기는 일이 없는 성격대로 글쓰기에 정진했다. '벼루 10개를 구멍 내고 붓 1,000자루를 닳게 했다'는 이야기가 나올 정도였다. 그렇게 해서 나온 것이 추사체다. 어차피 귀양 왔는데 시간이 남으니 뭐라도 해야 하지 않았을까. 게으른 천성이었으면 그렇지 않았을 텐데 다행히도 그는 근면한 사람이었다. 그렇게 탄생한 추사체는 굵고 가늘기의 차이가 심한 획과 각지고 비틀린 듯한 조형미를 보여주는 특징을 갖고 있다.

드디어 1848년 12월 6일, 추사는 유배가 풀려 한양으로 돌아왔다. 하지만 다음 해 23세였던 헌종이 승하하자 안동 김씨 일파는 철종을 옹립했고, 추사의 재기는 물거품이 됐다. 그는 1851년 다시 함경도 북청으로 유배되는 신세가 됐다. 1년 만에 돌아온 추사는 관악산 인근에서 승려들과 교유하며 만년을 보내다 71세 때인 1856년 별세했다.

추사를 이야기할 때 빼놓을 수 없는 것 하나가 바로 〈세한도(歲寒圖)〉다. "추운 계절이 된 뒤에야 소나무와 잣나무가 푸르게 남아 있음을 안다(歲寒然後 知松柏之後凋)"라는 공자의 말을 주제로 겨울 추위 속에서 소나무와 잣나무가 올곧게 서 있는 모습을 담아낸 그림이다. 적막한 가운데 소나무와 잣나무가 우뚝 서 있고, 초가집 한 채가 인적도 없이 있다. 나머지는 여백이다. 쓸쓸하면서도 비어 있는 공간을 통해 결기가 느껴진

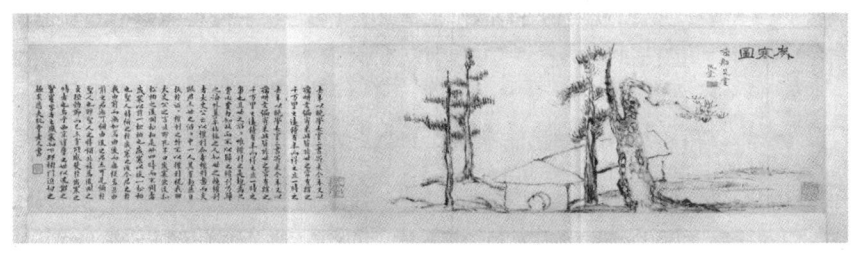

▲ 추사 김정희가 제자 이상적에게 그려준 세한도. 이상적이 이 그림을 청나라에 가서 문인들에게 보여주자 글씨체와 그림에 놀라면서 감상문을 적어주었다. 여기에 이상적이 감상문을 받게 된 과정을 써 붙인 데 이어 훗날 독립운동가 이시영, 오세창, 정인보 선생 등이 감상문을 적어 붙였다. 이로써 현재 세한도의 가로 길이는 14m에 이른다.

다. 선비의 의리와 지조를 의미하는 그림으로 현재 국보 180호로 지정되어 있다.

　이 그림은 그가 모슬포에 유배 중이던 1844년, 59세에 그렸다. 그가 배출한 수많은 선비 가운데, 귀양 온 김정희와 청나라 지식인들을 이어주는 교량 역할을 한 제자 이상적(李尙迪, 1804~1865)의 의리에 보답하기 위해 그린 것이다. 이상적은 통역관으로 중국을 다녀올 때마다 귀중한 책을 구해 제주도에 있는 스승에게 보냈다. 청나라의 금석문 자료를 수집해서 전하기도 했고, 일부러 제주도로 찾아가 스승을 알현하기도 했다.

　세한도에 붙어 있는 소서(小序)를 보면 이 그림을 그린 취지가 잘 나타나 있다.

　일반 세상 사람들은 권력이 있을 때는 가까이하다가 권세의 자리에서 물러나면 모른 척하는 것이 보통이다. 내가 지금 절해고도에서 귀양살이하는 처량한 신세인데도 이상적이 예나 지금이나 변함없이 이런 귀중한 물건을 사서 부치니 그 마음을 무어라 표현해야 할까. 공자는 세한연후(歲寒然後) 지송백지후조(知松柏之後凋)라 하였으니, 그대의 정의야말로 추운 겨울 소나무와 잣나무의 절조(節操)가 아닐까.

추사는 근면 정진하는 진정한 선비였다. 그런 만큼 유배라는 시련이 없더라도 정진을 통해 추사체를 완성했을 수도 있다. 다만 시련이 없었다면 그 깊이는 달라졌을지 모른다.

다르게 생각하면 인재들에게는 이렇게 쉬는(?) 시간이 필요한지도 모른다. 국정을 운영하느라, 혹은 정치에 관여하느라 바쁜 나머지 발휘될 여지가 없던 재능이 이런 기회를 틈타 빛을 발하는 것이다.

---

* 순조 시절 윤상도가 안동 김씨를 공격하는 상소를 올려 능지처참 되는데, 이후 헌종 때 안동 김씨 일파가 이 사건을 재론하면서 김정희의 아버지 김노경이 상소문의 초안을 잡았다는 이유로 유배를 보냈다.

** 죄인을 유배지에서 도망하지 못하도록 가시로 울타리를 만들어 가두는 형벌이다. 가족은 당연히 같이 있지 못하고 울타리는 주로 가시가 많은 탱자나무를 썼다. 음식은 열흘에 한 번씩 넣어주고, 출입문은 자물쇠로 잠갔다. 이 울타리는 몹시 높아서 하늘을 가릴 정도였다고 한다. 인조반정으로 세자 폐위된 광해군의 아들 이지는 땅굴을 파고 밖으로 나가 도망쳤다가 군졸에게 붙잡혔다는 기록도 있다.

정신지체아를 낳고 작가가 된 펄 벅

미국 여류소설가로서는 처음으로 노벨문학상을 받은 펄 벅(Pearl Buck, 1892~1973) 여사. 중국 땅을 배경으로 한 소설 《대지(The Good Earth)》로 유명한 그녀의 가정사는 매우 불우했다. 가족에게 무심한 남편에게 실망한 펄 벅 여사는 딸 캐럴이 태어나자 정성을 쏟았다. 딸이 태어났을 때만 해도 펄 벅 여사는 남편의 무관심으로 받은 상처에서 벗어날 수 있을 것만 같았다. 아이와 함께하는 시간이 그렇게 행복할 수 없었다. 그것도 잠시, 3살이 되도록 말을 제대로 하지 못하는 아이를 보면서 뭔가 이상하다고 느끼게 됐다. 정신지체아였던 것이다. 펄 벅 여사는 아이와 함께 중국에서 미국으로 돌아와 전국을 돌아다니며 아이를 치유할 길을 찾았지만 결과는 실패였다.

▲
딸 캐럴이 먹고살게 하려고 글을 쓰기 시작한 젊은 시절의 펄 벅 여사.

절망감으로 오랜 기간 아이에 대한 이야기를 꺼내지 않던 펄 벅 여사는 예순이 다 되어서야 이 사실을 털어놨다. 1950년 발간한 《자라지 않는 아이(The Child Who Never Grew)》라는 책을 통해서였다. 이 책에서 펄 벅 여사는 아이의 상태를 알게 된 순간의 절망감을 이렇게 표현했다.

내 아이가 영원히 어린아이로 머무를 수밖에 없다는 것을 처음 알았을 때 내 마음에서 터져 나온 말은 피할 수 없는 슬픔이 닥쳤을 때 사람들이 내지르는 해묵은 원망의 소리였다. "왜 하필 내게 이런 일이 일어났는가!"였다.

펄 벅 여사도 보통의 엄마와 같은 사람이었던 것이다. "나 역시 얼마나 자주 마음속으로 차라리 내 아이가 죽었으면 하는 생각을 하며 울었던가"라고 토로하기도 했다. 그 아이로 인해 받는 자신의 고통이 문제가 아니라 아이를 위한 생각이었다. 아이가 죽은 후에는 그 아이가 '영원히 안전할 것'이라는 생각에서였다.

이어 펄 벅 여사에게 미친 생각은 자신이 먼저 죽고 나면 이 아이가 살아갈 공간과 비용은 어떻게 마련하는가였다. 다행히도 펄 벅 여사는 자신에게 글 쓰는 재능이 있다는 것을 알고 있었다. 그래서 결심한 것이 글을 써서 돈을 벌자는 것이었다. 펄 벅 여사는 "내가 번 돈 대부분은 아이가 안전한 삶을 살 수 있도록 하는 데 들어갔다. 아이가 살아가는 동안 누구한테도 신세 지지 않아도 된다는 것, 내가 할 수 있는 일은 다했다는 생각을 하면 자랑스럽다"라고 말했다.

펄 벅 여사는 글을 쓰면서 살기 위해, 꿈을 이루기 위해 애

쓰는 사람들의 이야기에 집중했다. 대부분 중국에 살며 실제로 목격한 사람들의 이야기였다. 《대지》, 《어머니의 초상(The Exile)》, 《동풍, 서풍(East Wind, West Wind)》, 《아들들(Sons)》, 《분열된 일가(A House Divided)》, 《싸우는 천사(Fighting Angels)》 등이 그렇게 탄생했다.

▲
정신지체아였던 캐럴 벅은 《대지》에서 왕룽의 첫째 딸로 그려졌다.

이 가운데 《동풍, 서풍》은 국공내전을 겪던 중국에서 1927년 국민당 정부군의 난징 공격 때 자신의 가족이 몰살당할 뻔한 경험이 바탕이 됐다. 펄 벅 여사는 이 사건으로 큰 충격을 받고 자신이 중국을 사랑해도 중국인이 될 수는 없다는 것을 깨닫게 된다. 책의 내용도 중국에서의 동서양 문명 갈등을 다뤘다. 이 책은 1년 사이 3번이나 인쇄할 정도로 히트작이 됐다.

《대지》로 퓰리처상과 노벨상을 받은 펄 벅 여사는 인세를 받아 캐럴을 포함해 캐럴과 같은 처지의 아이들이 거주할 공간을 마련하는 데 기부했다. 그 집에서 캐럴은 1992년 72세로 세상을 떴다. 펄 벅 여사가 사망하고도 19년을 더 산 것이다.

장애를 가진 딸 캐럴에 대한 보상 심리 때문인지 펄 벅 여사는 재혼 후 아이 7명을 입양했다. 그러나 입양된 자녀들은 펄 벅 여사의 관심을 많이 받지 못했던 모양이다. 첫째 입양아였던 재니스는 "생부와 생모로부터 버림받은 우리가 캐럴에만 관심을 쏟는 어머니로부터 다시 버림을 받았다는 느낌을 지울 수 없었다"라고 회고할 정도였다.

역사에는 '가정(假定)'이 없다지만, 캐럴이 비장애아로 태어났어도 펄 벅 여사는 글을 썼을까 하는 의문이 든다. 장애를 가진 자녀를 둔 부모의 한결같은 마음, '아이보다 단 하루만 더 살게 해달라'는 간절한 소망은 세계 공통인 것 같다. 그 덕분에 우리가 오늘날 위대한 문학 작품을 읽을 수 있게 됐다.

원조란 어떤 일을 최초로 시작한 사람으로
역사에 남을 업적을 남긴 경우가 많다. 하지만 때로는
엉뚱한 사람이 원조인 것처럼 잘못 알려진 탓에 원조들은 괜스레 억울하다.

원조란 어떤 일을 최초로 시작한 사람으로
역사에 남을 업적을 남긴 경우가 많다. 하지만 때로는
엉뚱한 사람이 원조인 것처럼 잘못 알려진 탓에 원조들은 괜스레 억울하다.

진짜 원조,

가짜 원조

시작하며

세상 어디에나 진짜 같은 가짜가 있다. 이른바 사이비(似而非, pseudo)다. 말 그대로 겉은 비슷한데 속은 다르다는 의미다. 원조(元祖, 어떤 일의 시작) 논쟁이 곳곳에서 벌어지는 이유도 여기에 있다. 원조는 '좋고', 사이비는 '나쁘다'는 뉘앙스가 내포되어 있기 때문이다. 서울 장충동 족발집도 원조를 따질 정도니 원조 논쟁은 시작하기만 하면 쉽게 뜨거워진다.

처음 시작은 누가 했는지 잘 알려지지 않고, 오히려 그걸 널리 알린 사람이 진짜 원조인 것처럼 여겨지는 경우가 꽤 있다. 좋은 일이든 나쁜 일이든 창시자가 아닌 나중의 인물을 통해 원조 격인 사안이 세상에 널리 알려졌다면, 그것을 누구의 공이라고 해야 옳을까? 처음 만든 사람? 아니면 그것을 퍼뜨린 사람? 가짜가 진짜처럼 행사한다면 그것은 사기 행위니까 엄벌해야 마땅하다. 그런 범죄 행위가 아니라 상식의 영역, 사상의 범주, 사고방식의 테두리를 넓히는 데 기여한 것이라면 이야기는 달라진다. 가짜라고는 해도 악의 없는 가짜일 것이고, 원조의 정신을 계승한 것이니 사실 이를 통해 세상은 더욱 풍부해진다. 원조가 있다는 것을 아느냐, 모르느냐는 것은 별개의 문제다. 원조 행세를 한 후세를 비난할 것이 아니라 원조를 몰라본 잘못을 반성하는 것이 먼저다. 우리가 집중해야 할 부분도 여기에 있다.

 진짜 원조, 가짜 원조

"내일 세상이 망하더라도 오늘 사과나무를 심겠다"는 말의 원조는?

"내일 세상이 망하더라도 오늘 사과나무를 심겠다"는 말은 네덜란드 철학자 스피노자(Spinoza, 1632~1677)가 말한 것으로 널리 알려진 문구다.

스피노자는 그가 살던 17세기에는 철학자로 대우받지 못했다. 비판적 정신 때문에 심지어 유대인이면서 유대인 랍비로부터 제명당하고 유대인 사회에서 추방당하기도 했다.

그는 '세계의 모든 것은 하나'라는 일원론적 입장을 가지고 있었다. 모든 것은 자연(신) 안에만 존재하며, 모든 생성되는 것들은 자연의 무한한 법칙에 따른다는 것이었다. '모든 것 안에 신이 깃들어 있다'는 범신론(汎神論)으로 풀이된다.

세상이 망하는 날에도 사과나무를 심겠다는 것은 그런 의미에서 오늘에 충실하겠다는 의지의 반영이라고 해석되어 왔다. 사과나무에도 신이 들어 있으니, 세상이 망하더라도 오늘 나무를 심었으면 그것으로 됐다. 앞으로 열릴 사과를 그 나무에서 얻을 수 있을 것으로 기대하는 것이 아니라, 오늘 나무를 심는 행위 자체로 만족한다는 뜻이다. '내일을 위해 오늘을 희생하지 말라'는 의미로 받아들여질 수 있는 것이다.

흥미로운 것은 스피노자가 정말 이런 말을 했는지 아무런 기록이나 근거가 없다는 점이다. 스피노자와 사과나무를 연계시키는 기록도 외국 사이트에서는 찾기 힘들다. 그렇다면 이 말의 원조는 누구일까?

독일 아이제나흐에 있는 루터의 집 앞에 사과나무에 관련된 유명한 경구가 새겨진 비석이 있다.

서양에서는 스피노자가 아니라 16세기 독일의 종교개혁가 마틴 루터가 한 말로 널리 알려져 있다. 독일 아이제나흐에 있는 루터의 집 앞에 그 말이 새겨진 비석이 사과나무와 함께 세워져 있어서다. 이 집은 루터가 15살 때부터 3년간 머물며 라틴어 학교에 다닐 때 묵었던 집이다. 그 비석에는 이렇게 새겨져 있다.

3 진짜 원조, 가짜 원조

그리고 내일 내가 세상이 멸망하는 걸 알지라도 나는 오늘 사과나무를 심겠다. 마틴 루터(Und wenn ich wüßte, daß morgen die Welt unterginge, so wärde ich doch heute mein Apfelbüumchen pflanzen. Martin Luther)

이 문구는 루터가 일기장에 적은 글귀라고 알려져 있다. 개신교에 대한 탄압이 심했던 당시 당장 내일 세상이 멸망하더라도 개신교는 유지되어야 한다는 의미에서 자신의 의지를 피력한 것으로 해석되어 왔다. 루터가 한 이 말을 후세에 스피노자가 인용했을 것이라는 추론도 있기는 하다.

문제는 일기장인데도 날짜가 언제인지, 그 일기장에 다른 기록은 없었는지 등이 전혀 확인되지 않는다는 점이다. 스피노자가 그 말을 했다는 증거가 없듯이 루터의 경우도 그가 언제 어디서 그런 말을 했는지 전혀 근거가 없다는 이야기다. 급기야 최근에는 학설이 바뀌었다. 그냥 기독교계의 누군가가 루터가 한 말로 만들어냈다는 것이다. 지금까지는 독일 신학자 마틴 슐로만이 1944년 지은 책에서 이 문구가 루터의 말로 처음 등장한 것으로 알려져 있다.

취리히 대학의 조단 발러 교수는 "어떤 기록에도 루터가 이 말을 실제로 언급했다는 증거가 없다. 나치 치하였던 1940년대에 나치 독재에 저항하는 과정에서 신학자들이 인내와 희망을 고무시키기 위해 만들어낸 것으로 보인다"라고 말했다.

결국 누가 한 말인지 모호한 경구를 우리는 일상생활에서 쓰고 있는 셈이다. 그것도 지식인들이 각종 신문 칼럼이나 강연에서 애용하고 있다. 대중들은 그들의 말을 받아 사용한다.

이 말의 원조가 누군지보다는 그와 상관없이 이 경구의 의미를 잘 새기는 것이 더 중요하다. 실제로 이 경구가 갖는 힘은 여전하다. '오늘을 살자', '죽어가는 사람에게 가장 소중한 하루는 바로 오늘이다', 따위의 경구처럼 말이다.

우리말에서 일본식 표현을 빼면 대화가 힘들다

철학, 원리, 현상, 이성, 주관, 객관, 긍정, 부정, 명제, 개념, 의무, 추상, 도덕, 관념, 공간, 귀납, 연역, 정의… 모두 서양 철학 관련 용어들이다. 우리의 일상생활에서 흔히 쓰는 말들이기도 하다.

 우리나라는 서양 철학을 근대에 들어와 받아들였다. 동양 철학에는 이런 말이 없었기 때문에 이 용어들은 근대에 들어와서 우리가 새로 쓰게 된 말이라고 할 수 있다. 그럼 누가 이 용어들을 만들었고, 우리는 언제부터 쓰게 됐을까?

 우리말처럼 보이지만 사실은 일본이 원조다. 이 용어들

은 근대 일본의 교육자이자 계몽가였던 니시 아마네(西周, 1829~1897)가 만들었다. 막부의 명으로 네덜란드로 유학을 가서 법과 경제 등 서양 학문을 배우고 돌아와 쓴 책에 이런 표현들을 넣었다. 외국 문물을 배척했던 구한말의 조선과 달리 일본은 적극적으로 외세를 받아들였다.

아마네가 만든 용어 중에는 '과학(科學)', '학술(學術)'도 있다. 학술은 science and art를 옮긴 말이다. 아마네의 말에 따르면 학(學)은 진리를 아는 일이며, 술(術)은 그것을 현실에 적용하는 일이다. 이론과 실천을 접목하려는 의도가 들어간 용어인 셈이다.

앞서 나열한 각종 서양 철학 용어들 외에도 기술, 예술, 종합, 분해도 그의 작품이다. 아마네는 심지어 한자를 폐지하고 서양 글자로 일본어를 표기하자고 주장했다(베트남이 실제로 한자를 버리고 프랑스어 알파벳으로 자국어를 표기하고 있다). 그 정도로 급진적 개혁가였다.

또 다른 예를 들면 '개인(個人)'은 후쿠자와 유키치(福澤諭吉, 1835~1901)*가 처음 사용한 말이다. 유키치는 조선 침략을 정당화한 일본의 대표적인 사상가였다.

당시 사회를 구성하는 개인, 주체로서의 개인을 의미하는 individual이라는 영어 단어를 일본 근대 계몽주의자들은 이해하지 못했다. 그 단어에 걸맞은 개념이 일본에는 존재하지 않았기 때문이다. 집단주의적 성향이 강한 나라여서 개인적이고 독자적인 행동이란 이해하기 어려운 말이었다.

이에 대한 유키치의 애당초 번역은 '독일개인(獨一個人)'이었다. 그게 통용되는 과정에서 '독'과 '일'이 떨어져 나가고 오늘날의 개인이 된 것이다. 이 표현 말고도 당시 일본에는 독일자(獨一者), 일척수(一隻獸), 일체(一體), 일물(一物), 히토리(ひとり·혼자) 등으로 번역된 말들이 쓰였다. 그러다 유키치의 표현이 나머지를 물리치고 평정한 것이다.

유키치가 만든 용어 중에는 '박물관(博物館)'도 있다. 당시 백물소 혹은 백물관이라고 번역되기도 했던 museum이라는 영어 단어를 놓고, 유키치가 자신의 저서 《서양사정(西洋事情)》에서 박물관이라는 용어를 채택함으로써 지금에 이르고 있다. 이밖에 그는 불교 용어를 참조해 '자유(自由)'라는 단어를 만들었다. 영어 liberty를 번역하면서 '자기 스스로 권리를 향유하고 누리는 것'이라는 뜻을 담으려고 했다고 한다.

언어는 본질적으로 한 나라의 문화를 담고 표현하는 그릇이다. 그 그릇에 외부 문화가 들어오면 역시 그 나라 언어가 된다. 포르투갈어인 '빵'이 우리말에서 외래어가 되고, 토바코-타바코-담바고를 거쳐 우리말 '담배'가 되는 과정이 모두 그렇다. 역시 한국어에 이미 뿌리내린 일본이 원조인 말도 그런 측면이 있다. 일종의 외래어인 셈이다. 이를 일제 잔재라고 치부하고 모두 없애려면 그전에 새로운 한글을 많이 만들어놔야 한다.

그런데 일본에서 수입된 신조어들은 엄밀히 말해 우리나라에서는 진화론의 궤적을 밟지 않았다. 일본이 만든 말을 약간의 변형이나 가감도 없이 그대로 수입했기 때문이다. 한자라는 외피를 쓰고 있기 때문에 우리 내부에서 그만큼 거부감이 덜했을지 모른다. 한자로 인해 오래전부터 쓰던 우리식 표현처럼 느껴지는 것도 사실이다.

문제는 일본 내부에서 치열한 적자생존의 길을 통해 살아남은 단어가 우리에게는 마치 점령군처럼 들어와버렸다는 점이다. 우리의 정서와 이해를 바탕으로 이 신조어의 원래 개념에 맞는 우리 나름의 단어가 개발될 여지가 사라지고 만 것이다.

---

* 일본의 교육자이자 계몽가. 학문과 교육으로 일본을 일으켜 세우려면 서양 학문을 배워야 한다고 주장했다. 현재 일본 화폐 1만 엔권에 초상화가 들어 있는 인물이다. 그가 쓴 《학문을 권함(學問のすすめ)》이라는 책은 인간의 자유와 평등을 설파했는데 당시 340만 부나 팔렸다. 그는 또 일본이 열강으로 나서야 한다고 주장했다. 청일 전쟁이 발발했을 때는 사비를 털어 전쟁 비용에 보태면서 '문명국' 일본이 '야만국' 청나라를 이겨야 한다고 했다. '1,000권의 국제법이 한 개의 대포만 못하다'면서 무력으로 조선과 중국을 합병해야 한다고도 했다. 그의 저서 《서양사정》을 본 유길준은 그것을 본떠 《서유견문(西遊見聞)》을 지었다.

담배나 빵처럼 물질에 대한 것과 달리 사상과 정신에 대한 개념어들인 이 신조어가 우리의 의식 속에 자리 잡게 되면 우리 것이 될까, 아니면 우리의 의식이 그들 것이 될까. 하긴 다문화, 다민족 시대를 살면서 이런 궁금증이 무슨 의미가 있을까 싶다.

우리의 전통술 소주는 아랍 술이었다

'아라크(arak)'는 아랍어, '아라키'는 몽골어, '알키'는 만주어, '아락'은 개성 방언. 이들 용어는 모두 증류주를 뜻한다. 요즘 우리나라 서민 대중주의 대명사격인 '소주(燒酎, 酎는 세 번 걸러 빚은 진한 술이라는 뜻)'의 어원이다.

어원에서 알 수 있듯이 사실 소주는 원래 우리 술이 아니었다. 증류주는 BC 3000년경 메소포타미아(현재의 이라크)의 수메르에서 만들어진 것으로 알려졌다. 이후 12세기에 중동 지역 정벌에 나선 십자군 덕분에 증류법이 유럽에 전해졌다. 서양 증류주인 브랜디(brandy라는 말은 '불태운 와인'이라는 뜻의 네덜란드어 브란데베인 bran'dewijn에서 나왔다)나 위스키를 만들 수 있게 된 것도 그 덕분이다.

한반도에 이 증류법이 전파된 과정에 대한 학설은 크게 두 가지로 나뉜다. 지금까지는 유럽을 정벌했던 몽골이 증류주를 받아들여 몽골족이 세운 원나라(13~14세기) 때 일본을 정벌하는 과정에서 한반도에 퍼졌다는 것이 일반론이었다. 이 주장에 따르면 우리나라에는 고려 후기 충렬왕 당시에 들어왔다. 원나라가 일본을 정벌할 목적으로 한반도에 대규모 병참 기지를 만들면서 전파됐다는 것이다(원나라가 고려에 전파한 것은 이것 말고도 육식 습관이 있다. 고려는 불교의 영향으로 채소나 생선 위주의 식사를 했는데 유목민인 몽골족이 육식을 퍼뜨린 것이다). 이를 근거로 원정군의 본영이었던 개성, 병참 기지인 경북 안동과 제주가 대표적인 소주 제조창이 됐다는 주장도 나온다. 이를 통해 '개성 소주', '안동 소주', '제주 민속주'가 기원했다는 것이다.

그런데 최근 이론은 좀 달라졌다. 안동대 식품학과에서 석박사 학위를 딴 배경화 씨는 두 개의 논문*을 통해 소주의 전파시기가 고려 시대에서 9세기 신라 시대로 거슬러 올라간다고 분석했다. 이렇게 되면 전래된 시기가 400년 앞서게 된다. 그 근거로 경주 괘릉(신라 원성왕의 능으로 추정됨)에서 출토된 페르시아 잔 등의 유물을 내세운다. 실크로드를 통해 교역하면서 증류주가 들어왔고, 그 증류법이 안동 지방에 전파됐다는 것이다. 이 이론을 바탕으로 하면 신라 시대에 전래하고도 대중화되지 못하다가 고려 시대에 확산됐다는 추론이 가능하다. 배경화 씨는 문헌으로도 중국에서 원나라 이전인 당송 시절에 소주를 제조하거나 수입했다는 기록이 있는 점을 주목해야 한다고 했다. 한반도에서 소주가 대중적으로 널리 전파되지 못했던 것은 쌀 1가마로 고작 7~8병 정도만 생산할 수 있어서 귀족들만 이 소주를 마실 수 있었기 때문이라는 해석도 가능해진다.

배경화 씨의 남편인 김연박 안동소주박물관 관장도 비슷한 주제의 박사 논문을 써 2014년 2월에 학위를 받았다. 김 관장의 어머니는 조옥화 안동 소주 식품명인(20호)이다.

막걸리와 청주가 대세였던 당시에 막걸리를 증류한 소주가 등장하자 인기가 치솟았다. 소주는 다른 술에 비해 향과 맛이 뛰어났고 저장도 오래 할 수 있어 좋았다.

조선조 초반에 이르자 소주를 약용으로도 사용했다. 그만큼 귀했다. 소주를 만들려면 곡식이 많이 소비됐기 때문에 함부로 만들지 못하게 하기도 했다. 선조 대에 들어서는 상류 또는 관료 사회에 대거 유통되면서 금주령이 내려지기도 했다. 술을 빚느라 곡식을 축내는 바람에 백성들이 굶주리게 된다는 이유에서였다. 성종 때는 관청의 연회에 소주를 사용하지 못하도록 하는 포고가 내려지기도 했고, 《중종실록(中宗實錄)》에는 제주 목사 성수제가 장원급제할 만큼 뛰어난 인물이었으나 소주를 지나치게 좋아해 식사대용으로 먹다 죽었다는 기록이 나온다. 《성종실록(成宗實錄)》에는 일본에서 사신이 올 때 소주를 하사품으로 주었다는 기록도 있다. 이것이 일본으로 건너가 정종으로 탈바꿈했다고 전해진다.

▲
경북 안동시에 있는 안동소주박물관의 '소주고리'. 소주를 고아내는 증류기다. 술의 재료를 솥에 넣고 그 위에 소주고리를 얹어 끓이면 증류된 소주가 대롱을 통해 흘러내리게 된다.

하지만 지금 우리가 마시는 소주는 증류주가 아닌, 희석식 소주다. 고구마나 타피오카 등 값싼 전분을 주정으로 증류해서 95% 이상의 순수 알코올만 추출한 뒤 물과 감미료를 섞어 묽게 희석하는 방식이다. 이 과정에서 증류주에서 느낄 수 있는 향과 맛이 사라지고 무색무취한 알코올만 남게 된다. 대신 쌀을 쓰지 않기 때문에 가격이 낮아진다. 이러한 희석식 소주 제조법은 일제강점기 때 국내에 도입됐다. 그 당시에는 증류 방식과 희석 방식이 다 쓰였는데, 1965년 먹을 쌀이 부족하다는 이유로 양곡 정책상 증류주를 금지하면서 희석식으로 통일됐다. 그러다 1990년 증류주 금지 해제 조치가 내려지면서 민속주, 전통주가 되살아났다. 35년간 가정집에서는 술도 못 담그게 하는 바람에 전통주가 거의 사라질 뻔했지만, 그야말로 밀주(密酒)가 있어 겨우 명맥이 유지되다가 기사회생한 것이다.

외래에서 들어온 말이 오래 지나면 우리 것이 되듯이, 소주도 마찬가지다. 처음부터 우리 것이었던 문화가 얼마나 되랴. 외래 문물도 오래 묵어 우리나라에 정착하면 우리 것이 되는 것은 진배없다.

---

* 배경화, 〈안동 소주의 전래 과정에 관한 문헌적 고찰〉, 안동대 식품학 석사 논문, 1999년/ 배경화, 〈민속주 안동 소주의 양조학적 특성 및 자가 누룩 제조의 최적화〉, 안동대 식품학 박사 논문, 2007년.

씨 없는 수박을 만든 사람은 우장춘 박사가 아니다

육종학의 선구자였던 우장춘(禹長春, 1898~1959) 박사. 우리나라에는 그가 종자 개량을 통해 '씨 없는 수박'을 만들어낸 인물로 잘못 알려졌다. 씨 없는 수박을 처음 만든 사람은 일본의 교토대 기하라 히토시(木原均, 1893~1986) 박사다. 1943년에 만들어 1947년에 발표했다. 기하라 박사는 일본에서 게놈 연구의 선구자이기도 하다.

 그렇다면 우장춘 박사는 이에 관해 한 일이 없을까? 그렇지 않다. 기하라 박사에게 씨 없는 수박의 이론적 토대를 제공한 사람이 우 박사다. 우 박사가 1935년 일본 국립농사시험장에

▲
1940년대 40대 나이의 우장춘 박사. 일본에 거주할 당시 촬영된 사진이다.

서 유채(십자화과의 두해살이풀)를 통해 실험적으로 증명한 '종의 합성이론'이 토대다. 우 박사는 유채가 자연적으로 발생한 종간(種間) 교접의 결과라는 것을 알아냈다. 종간 교접으로 새로운 종이 태어나고, 이는 그들이 지니고 있는 세포 내 염색체 수가 배가함으로써 가능해진다는 새 학설이었다. 이른바 '우장춘의 트라이앵글'이다. 이를 통해 그가 만들어낸 것은 재래 배추와 양배추를 교배한 신종 식물이었다. 나중에 우 박사의 종의 합성이론은 세계적으로도 높은 가치가 있는 이론으로 평가받는다.

정작 우 박사가 우리나라에서 씨 없는 수박을 만든 것은 광복 후인 1955년이었다. 무등산 수박을 재료로 한 일종의 쇼였다. 신품종을 개발하는 육종학 연구가 중요하다는 것을 보여주려는 심산이었다. 이 일이 보도되는 과정에서 최초의 개발자로 잘못 알려졌다. 우 박사가 적극적으로 부인했지만, 교과서에까지 실리면서 기정사실화됐다(교과서가 정정된 것은 그의 제자가 1986년 교육부에 정정 요청을 한 지 2년 만인 1988년에서다). 이 수박은 일반 수박에 비해 비싸서 대중화에는 실패했다. 우 박사도 "수박은 씨를 뱉어가며 먹는 게 제 맛"이라고 말했다고 한다.

3 진짜 원조, 가짜 원조

씨 없는 수박을 누가 만들었느냐는 것보다 더 중요한 것은 일본에서 태어난 우장춘 박사의 한국 생활이다.

우 박사의 아버지는 을미사변 때 명성황후 시해사건에 가담했다는 이유로 나중에 한국인에 의해 암살된 일본군 제2훈련대 대대장 우범선(禹範善, 1857~1903)이다. 우 박사는 우범선이 일본으로 망명해 일본인 처와 두 번째 결혼한 뒤 낳은 두 아들 중 장남이다. 훗날 우범선은 일본군에 협조했다는 이유로 '매국노'로 평가되기도 하고, 봉건 조선에 반기를 들었다는 점에서 '혁명지사'로 평가되기도 한다. 같은 인물이 한 행위를 두고 이렇게 역사의 평가가 달라지는 것은 아이러니가 아닐 수 없다.

어찌됐건 그런 우 박사를 해방된 조국에서 찾은 것은 한국 땅에 있던 일본인 종묘학자들이 패전 후 대거 귀국해버렸기 때문이었다. 일본과는 외교가 단절되어 종자를 수입할 수도 없었고, 재래 방식으로 생산한 종자는 생산성이 떨어졌다. 당시 농업 국가였던 한국으로서는 절체절명의 위기 상황이었다. 그래서 만들어진 것이 '우장춘 박사 환국추진위원회'였다. 국민적 모금운동이 벌어졌고, 우 박사는 가족을 일본에 남겨둔 채 1950년 단신 귀국했다. 귀국 환영식에서 그는 '아버지의 나라(조국이라고 말하지 않았다)'를 위해 최선을 다해 일할 것을 다짐했다. 그러고는 6·25 전쟁 통에도 배추와 무 종자, 쌀이 더 열리는 벼 품종을 개발하고, 제주도 감귤 재배 기술을 체계화하는 등의 업적을 쌓았다. 농업 국가이면서 농업 기술은 뒤떨어졌던 한국에 살 길을 찾아준 셈이었다.

그런데 해방 후 한일 외교 갈등이 증폭되면서 우 박사에게 불똥이 튀었다. 1953년 7월에 모친이 중태에 빠졌다는 전보를 받고 곧바로 출국 수속을 밟았지만 허가가 나지 않았다. 그해 8월 모친이 결국 사망했지만 돌아갈 수 없었다(이후 딸의 결혼식 등 가족 행사를 위한 일본 방문은 문제가 없었다). 이에 관해 이승만 정부를 비판하는 주장도 있지만, 저술가 이영래 씨는 그의 책 《우장춘의 마코토》에서 우 박사가 이승만 대통령과는 사이가 좋았다는 분석을 내놓았다. 우 박사의 일이라면 물심양면 도와준 사람이 이 대통령이라는 것이다. 심지어 역적으로 몰리는 우범선에 대해서도 봉건 세력 척결에 나선 자신의 입장과 같다고 보고 호의적이었다고 분석하고 있다.

하지만 그가 한국말을 잘하지 못한 점이 국내에서 적을 만들었다는 것은 사실이다. 우 박사는 귀국 당시 한국말을 못한다고 스스로 밝힌 바 있는데, 그 후 그는 9년 동안 한국에 살면서도 한국어를 사용하지 않았다. 이것이 그의 애국심에 문제가 있다는 주장이 정치권에서 흘러나오게 된 원인이기도 했다.

6·25 전쟁이 터지자 군 면제 제의를 거부하고 자진 입대할 정도였는데도 말이다.

또 우 박사는 십이지장 궤양을 앓고 있었는데 병세가 깊어질 무렵 정부 차원에서 훈장을 주자는 이야기가 나오기도 했으나, 결국 훈장 아래 단계인 '문화포장'을 수여하는 데 그쳤다. 그는 숨지기 전 "조국은 나를 인정했다"는 유언을 남겼다. 그만큼 그의 마음속에는 자기를 알아주지 않은 조국에 섭섭함이 있었던 모양이다.

제너는 종두법의 창시자가 아니다

천연두(smallpox)는 1980년 5월 공식적으로 지구에서 사라진 전염병이다. 세계보건기구(WHO)가 멸종을 선언한 지 35년이 넘었다. 멸종 선언 전 천연두는 공포의 대상이었다. 얼마나 지독한 병이었는지 한번 걸리면 죽거나, 살아나더라도 온몸에 심한 흔적을 남겼다. 앓고 나면 얼굴에 '곰보 자국'이라는 것이 남았다. 미관은 둘째치고 사망률이 높아 속수무책으로 당했다. 우리가 기억하는 영국의 의사 에드워드 제너(Edward Jenner, 1749~1823)가 우리나라 위인전에 등장하는 이유도 여기에 있다. 그의 종두법으로 인류가 천연두를 이길 수 있었기 때문이다. 백신 사용의 원조 격인 종두법은 천연두 균을 인위적으로 사람 몸에 넣어 항체를 키우는 치료법이다.

제너 덕분에 천연두에 맞서 싸우는 게 손쉬워지기는 했지만 엄밀히 말해 제너가 종두법의 창시자는 아니다. 제너는 천연두에 걸린 소의 고름에서 천연두 균을 채취하는 '우두법(牛痘法)'을 사용한 사람이다. 천연두에 걸린 사람의 고름에서 균을 채취해 건강한 사람에게 주입하는 '인두법(人痘法)'은 이미 있었다. 각종 기록을 통해서도 인두법이 동서양 여러 곳에서 오래전부터 사용됐다는 사실이 확인된다.

문서로 된 자세한 기록은 메리 몬터규(Mary Montagu, 1689~1762)의 서간문에서도 확인된다. 메리는 터키에 부임하는 외교관 남편을 따라 터키에 살면서 터키탕과 같은 현지 풍습을 관찰해 지인에게 편지에 써 보낸다. 그 서간집이 메리가 죽은 직후 《터키대사관에서의 편지》라는 제목으로 발간됐는데, 거기에 터키인들이 천연두에 대한 처방을 어떻게 하는지가 자세히 기록되어 있다. 1717년 4월 1일에 친구인 사라 치즈웰에게 보낸 편지에 적혀 있다.

우리한테 아주 흔하고 치명적인 천연두가 이곳에서는 전혀 문제가 되지 않아. 여기서는 주입(engrafting)이라고 부르는 치료법이 있거

▲
아일랜드 화가 찰스 자비스가 1716년에 그린 메리 몬터규 초상화. 아일랜드국립미술관 소장.

든. 주로 나이 든 여성들이 그것을 시술하는데, 매년 9월쯤 가족 중에 천연두에 걸린 사람의 상처에서 고름을 뽑아. 그러고는 큰 바늘로 사람들의 혈관을 째고, 바늘 끝에 얹을 수 있는 만큼의 고름을 집어넣어. 이런 식으로 4~5번을 주입하지. 이걸 받은 사람은 곧 열이 나기 시작하고 2~3일 동안 침대에 누워 있다가 주입 후 8일쯤 지나면 이전 상태로 돌아와. 얼굴에 20~30개의 발진이 나지만 거의 다 사라져.

메리는 이 치료법에 감명을 받은 듯했다. 자신도 천연두에 걸려 흉터가 남아 있었는데 그게 늘 마음에 걸렸던 모양이다. 그녀는 영국 사교계에서 꽤 유명한 인물이었기 때문이다. 그녀는 편지에서 "나는 이 치료법을 영국에 가져가기 위해 어떤 희생도 감수할 생각이 있는 애국자야. 내가 아는 의사들에게 이것을 자세히 써서 보낼 생각이야"라고도 했다.

메리는 먼저 자기 아이들에게 인두 접종을 했다. 귀국 후인 1721년에 영국에서 천연두가 유행하자 왕실에 인두 접종을 권했다. 왕실은 처음에 주저했지만 범죄자와 빈민을 대상으로 실험한 결과 효과가 있는 것으로 나타나자 왕족에게 인두 접종을 시행했다.

이렇게 해서 천연두를 극복했다면 우두법은 나오지도 않았을 것이다. 인두법은 약점이 많은 치료법이었기 때문이다. 사람의 몸에서 나온 균을 사용한 탓에 면역성이 낮은 사람에게는 오히려 치명적이었던 것이다. 실제로 인두 접종 후 사망하는 사람도 있었다.

제너가 고민한 것이 바로 이 점이었다. 어떻게 하면 천연두균을 사람에게 집어넣어도 문제가 발생하지 않을 수 있을까였다. 그가 생각해낸 것은 균의 위력이 좀 더 약한 소의 고름을 쓰는 우두법이었다.

제너의 위대함은 떠돌던 이야기에 주목하고 거기서 실마리를 찾았다는 점이다. 당시 영국을 비롯한 유럽에는 소젖 짜는 여성들이 천연두에 걸리지 않는다는 이야기가 퍼져 있었다. 이를 바탕으로 제너는 소와 접촉해서 우두를 앓은 사람은 천연두에 걸리지 않을 것이라는 가설을 세웠다.

그가 자신의 가설을 입증하기 위한 역사적 실험이 1796년 5월 14일에 진행됐다. 대상자는 제임스 피프스, 8세 소년이었다. 새러 넴스라는 이름의 소젖 짜는 여성*은 손에 고름이 잡혀 있었다. 넴스로부터 고름을 채취한 제너는 피프스의 양팔에 낸 상처에 주입했다(주사기가 발명되기 이전이라서 나무에 고름을 묻혀서 상처에 문지르는 식이었다). 앓아누운 소년은 머지않아 회복됐다. 이번에는 그에게 천연두 균을 주입했지만 예상대로 병에 걸리지 않았다.

제너는 우두 접종 실험을 확대했다. 총 23명을 대상으로 벌였고, 같은 결과가 나오자 그의 가설은 힘을 얻었다. 그가 쓴 논문은 〈바리올라에 바키나에 (Variolae Vaccinae, 일명 우두의 원인과 영향에 관한 연구)〉라는 제목으로 영국왕립학회에 제출됐다. 바리올라에 바키나에는 라틴어로, 영어의 '우두(cowpox, 소 천연두)'를 뜻한다. 이중 바카(vacca)는 암소(cow)라는 뜻이고, 이로부터 예방접종(vaccination), 백신(vaccine)이라는 단어가 비롯됐다.

물론 이 우두법이 더욱 상용화되고 확산할 때까지는 한참의 시간이 걸려야 했다. 마침내 인두법보다 훨씬 안전한 우두법이 자리 잡으면서 인류는 수천 년 동안의 싸움을 끝낼 수 있었다. 현재 살아 있는 천연두 균은 연구 목적으로 만든 샘플 2개가 미국 국립보건원에 남아 있다. 2016년쯤 이마저 폐기되면 멸종되는 것이다.

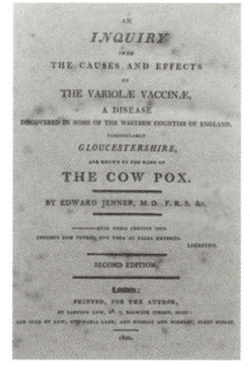

▲
1798년 발간된 제너의 우두법 연구 결과 보고서 표지.

---

* 넴스가 우두에 걸리게 한 암소의 이름은 '블로섬(blossom)'이었다. 이 암소는 죽어서 훗날 가죽으로 남았다. 우두법 발견을 기념해 제너가 일하던 영국 세인트조지 의대에 기증됐다. 호랑이만이 아니라 소도 죽어서 가죽을 남긴다!

'적자생존'은 다윈의 작품이 아니다

찰스 다윈(Charles Darwin, 1809~1882)은 진화론의 관점에서 《종의 기원(The Origin of Species)》을 저술했다. 이 책은 1831~1836년 사이 영국 해군 측량선인 비글호를 타고* 남태평양 갈라파고스 섬**에 가서 지질과 동식물을 조사해 나온 결과물이다.

  이 진화론의 핵심 이론 중 하나가 '적자생존(survival of the fittest)'이다. '가장 적합한 자가 살아남는다'는 의미다. 적합하다는 것은 어떤 생물이 환경에 얼마나 잘 적응하느냐는 뜻이다. 환경은 늘 변하기 마련인데 그 변화에 적응한 자가 살아남

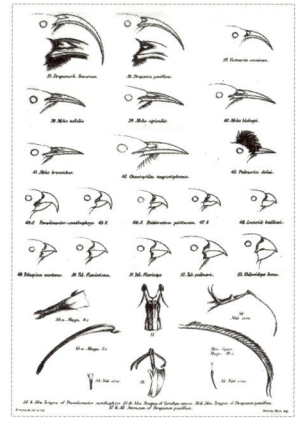

▲
다윈이 갈라파고스 섬에서 발견한 것은 같은 핀치 새라도 환경에 따라 부리와 머리 모양이 다르다는 것이다. 영국 동물학자 존 굴드가 그린 핀치 그림.

는다는 것이다.

이런 생각을 하게 된 것은 다윈이 갈라파고스 섬에 여러 종류의 핀치(finch, 됫새과의 새)가 있다는 사실에 주목한 덕분이었다. 부리로 씨앗을 쪼아먹는 큰땅핀치와 작은땅핀치가 있는가 하면 긴 부리로 나뭇가지를 물고 나무 속 애벌레들을 잡아먹는 딱따구리핀치 등 10여 종이 넘었는데 이들의 부리가 서로 달랐던 것이다. 다윈은 서식 환경에 적응하기 위해 핀치의 부리가 최적의 형태로 진화했다고 추론했고 이는 돌연변이와 자연도태를 통해 새로운 종이 출현한다는 진화론의 초석이 됐다. '진화' 개념은 곧 한 세대에서 다음 세대로 이어지는 번식이 성공하는 과정에 대한 설명이기도 하다.

그런데 적자생존이라는 용어를 처음 쓴 사람은 다윈이 아니다. 이 용어의 저작권은 영국의 경제학자이자 철학자인 허버트 스펜서(Herbert Spencer, 1820~1903)에게 있다. 스펜서는 1864년 《생물학 원리(The Principles of Biology)》라는 책에서 이 용어를 처음 사용했고, 원래 다윈은 《종의 기원》에서 적자생존 대신 '자연선택'이라는 말을 써왔다. 이것을 알게 된 스펜서는 저서 《생물학 원리》에서 이렇게 적었다.

내가 여기서 말하려는 적자생존이란, 다윈이 자연선택이라고 불렀던 것과 같으며 생존 경쟁에서 살아남는 종족이 가장 좋은 종족이라는 것을 의미한다.

스펜서는 1884년 출간한 《개인 대 국가(The Man Versus the State)》라는 책에서는 "더 좋은 물건과 서비스를 제공하는 회사가 결국 시장을 지배하게 되고, 이런 환경에 잘 따라오지 못하는 회사는 도태된다"고 주장했다. 이를 사회적 다윈주의라고 한다. 약육강식과 같은 무한 경쟁을 합리화하는 제국주의, 자본주의의 이론적 뒷받침을 했다는 비판을 받기도 한다.

다윈은 《종의 기원》 4판이 나올 때까지도 자연선택을 주로 사용했다. 그런데 진화론을 다윈과 거의 동시에 발표한 아일랜드의 과학자 앨프리드 월리스(Alfred Wallace, 1823~1913)는 '선택(selection)'이라는 용어가 부적절하다고 생각했다. 자연환경이 특정 생물의 생존 여부를 선택하거나, 특정 생물이 자신의 거주 환경을 선택할 수 없다는 이유에서였다. 다윈도 이 생각에 동의했다(월리스는 진화론의 공동 저작권자로 대우받아야 하는데도 저평가되어 있다. 세계적인 과학 잡지인 〈네이처(Nature)〉는 2008년 2월호에 이를 지적하는 기고문을 싣기도 했다).

이후 다윈은 1869년에 나온 《종의 기원》 5판부터 자연선택과 동일한 의미로 적자생존이라는 단어를 사용했다. 스펜서도 다윈이 자신의 용어를 사용하는 것을 허용했다.

하지만 적자생존에 대한 이해가 조금씩 달라지면서 비판도 나오게 됐다. '적합한 자가 살아남고, 살아남았으니 적합한 자였다'는 식의 순환 논리에 빠져 생물과 환경의 변화를 단선적인 시각으로 보게 하는 오류를 범했다는 지적이다. 이 때문에 최근 진화생물학에서 적자생존이라는 문구를 쓰지 않게 됐다.

---

* 찰스 다윈은 원래 아버지의 권유로 신부가 되기 위해 케임브리지 대학에서 신학을 전공하고 있었다. 하지만 관심은 자연과 동식물에 있었고, 이 사실을 알던 같은 대학의 식물학자인 존 헨슬로(John Henslow, 1796~1861) 교수가 비글호에 동승할 사람을 찾는다는 내용의 편지를 다윈에게 보냈다. 그때 다윈이 편지를 받고 승낙하지 않았더라면 《종의 기원》은 나오지 않았거나 몹시 늦어졌을 것이다. 비글호 선장인 피츠로이는 유난히 외로움을 많이 타는 사람이었다. 그는 과학적 연구를 하면서도 자기와 동등한 지위에서 함께 식사하고 친분을 나눌 사람을 찾고 있었던 것이다. 일종의 말상대가 필요했던 셈이다. 그런데 워낙 다혈질이어서 다윈이 항해 도중 그의 성격에 맞추기 쉽지 않아 말다툼이 잦았다고 한다. 그의 별명이 '뜨거운 커피(hot coffee)'였을 정도였다.

** 갈라파고스화(Galapagos syndrome)라는 말이 여기서 유래했다. 갈라파고스 섬은 외부와의 접촉을 갖지 못한 다양한 생물이 독자적으로 진화한 섬이다. 고유한 생태계가 형성되어 다윈이 연구 대상으로 삼을 만했는데, 사람이 들어와 외부종이 유입되자 고유종들이 멸종하거나 멸종의 위기를 맞게 됐다. 이런 상황에 빗대어 일본 IT 업계의 쇠락을 설명하는 용어가 됐다. 국내 내수 시장에만 치중한 나머지 세계 시장의 발전과 변화를 따라잡지 못해 결국 쇠퇴하게 됐다는 것이다.

남대문을 '국보 1호'로 정한 것은 누구일까?

지난 2008년 방화로 손실된 국보 1호 숭례문(남대문)의 복구공사가 2013년 5월에 완료됐다. 5년여만의 복원이다. 화재 당시 2층은 거의 불에 다 탔지만 1층은 대부분 원형대로 남아 있고 성벽도 유지됐다. 복구공사에는 원래 목재의 50%가 재사용됐다. 석재는 거의 원래대로 사용됐지만 기와와 단청은 완전히 교체됐다. 복구공사비만 200억 원이 넘는다.

여기서 질문을 던져보자. 복구된 숭례문이 국보 1호 지위를 유지하는 게 맞을까? 문화재청은 공사하면서 원자재의 50% 정도가 교체됐지만 국보 지위를 유지하는 데는 문제가 없다는 결론을 내렸다. 그럴 것이다. 국보 1호를 어디 쉽게 바꾸거나 빈자리로 남겨둘 수 있겠는가.

그렇다면 17세기 영국의 경험주의 철학자 토머스 홉스의 테제인 '테세우스의 배'를 끌어다 이야기해보자. 그리스신화의 영웅 테세우스는 얼굴은 황소이고 몸은 사람인 괴물 미노타우로스를 미로*의 궁전에서 죽이고, 제물로 바쳐졌던 그리스 남녀 12명을 구해오는 인물이다. 《플루타르크 영웅전(Plutarch's Lives)》에도 등장한다.

그리스 사람들은 테세우스가 타고 온 배를 광장에 모셔놓고 그를 기렸는데, 문제는 1,000년 넘게 야외에 전시되면서 배가 여기저기 부서지는 바람에 부품을 갈면서 겉모습만 같고 전혀 다른 배가 됐다는 점이다. 부품이 전면 교체된 이 배는 그 '테세우스의 배'라고 할 수 있을까? 홉스는 더 나아가 손상된 부품을 따로 모아놨다가 재조립하면 그게 진짜 테세우스의 배가 되느냐고 묻는다.

영웅 테세우스가 미노타우로스를 물리치고 인질들을 배로 구조하는 과정을 그린 고대 유적.
▼

그 답으로 홉스는 질료는 형상을 만드는 부속물일 뿐이기 때문에 형상을 더 중시해야 한다고 말한다. 홉스에 따르면 숭례문도 형상을 유지하고 있으니 국보 1호로 남을 수 있다는 이야기다. 복구된 숭례문에 대한 문화재청의 판단이 틀리지 않았다고 볼 수 있다.

그래도 논란은 남는다. 문화재는 전소하면 국보나 보물에서 해제된다. 2005년 화재로 녹아버린 양양 낙산사 동종(보물 479호)도 복원했지만 보물에서 해제됐고 1984년 불탄 화순 쌍봉사 대웅전(보물 163호)도 마찬가지다. 똑같은 모조품을 만든다고 해도 원래의 것은 아니기 때문이다.

숭례문도 이번에 원재료의 절반만 바꿨지만, 따지고 보면 '원래의 재질'이라고 할 게 별로 없는 상태였다. 1398년 태조 7년에 준공된 이후 세종과 성종, 일제, 6·25 전쟁 때 수차례 중건과 보수절차를 거쳤기 때문이다.

게다가 숭례문이 왜 국보 1호여야 하는가에 대한 의문도 제기된다. 국보 1호가 된 것은 정부가 일제강점기 때 조선총독부의 분류를 참조한 결과였다. 일제는 1933년 '조선보물고적명승 천연기념물 보존령'을 발표하면서 1934년에 503건의 문화재를 지정했다. 이때 남대문을 제일 먼저 조사하면서 조사 순서에 따라 1호라는 분류 번호를 부여했다. 그러니까 국보 1호가 아니라 보물 1호였다. 이를 대한민국 정부가 1962년 문화재보호법으로 일괄 재지정했다.

일본이 숭례문을 문화재로 꼽은 것은 임진왜란 때 일본군이 한성을 침입하면서 이용했던 곳이기 때문이라는 논문(서울대에 유학 온 한국사 전공 일본인 유학생)도 있다. 숭례문은 1907년 당시 조선에 주둔했던 하세가와 사령관 때문에 헐릴 뻔한 적도 있다. 교통에 방해된다는 이유였다. 당시 일본인 거류민단은 하세가와를 만나 "숭례문은 가토 기요마사가 한양을 출입했던 문입니다. 철거하면 곤란합니다"라고 만류했다고 한다.

그래서였는지 노무현 대통령 시절인 2005년, 감사원이 문화재청에 국보 1호의 변경을 권고하기도 했다. 대한민국 대표로서의 상징성이 부족하다는 이유였다. 당시 유홍준 문화재청장도 긍정적으로 검토했다. 반기를 든 쪽은 문화재위원회였다. 국보 1호는 중요도 순서가 아니라 관리용 번호이기 때문에 굳이 변경할 필요가 있느냐는 것이었다.

세계적으로도 그 독창성을 인정받는 훈민정음은 국보 70호다. 그래서 훈민정음을 국보 1호로 삼아야 한다는 주장이 나오고 있다.

---

* 미로를 뜻하는 영어 표현은 두 가지로 labyrinth와 maze다. labyrinth는 그리스어에서 유래했다. 이 두 단어는 엄밀히 말해서 서로 다른 구성 방식의 미로를 가리킨다. labyrinth는 진출입로가 하나인 미로다. 반면 maze는 진출입로가 여러 곳이다. 둘 다 안으로 들어가면 복잡하게 되어 있지만, 실제로 길을 잃을 가능성은 maze가 훨씬 높다.

번호 순서를 중요도의 순서로 봐야 할까, 아니면 그저 관리 번호일 뿐일까? 번호 순서로 중요도를 따지는 것이 보통의 생각인데 그저 관리용 숫자일 뿐이라고 말하면 어폐(語弊)가 있는 것이 아닐까?

"여성은 만들어지는 것이다"의 저작권자는?

"여성은 여성으로 태어나는 것이 아니라 만들어지는 것이다."

이 표현이 가져온 사회적 충격은 엄청났다. 철학자 장 폴 사르트르와 51년간 결혼이 아닌 동거 생활을 한 것으로도 유명한 시몬 드 보부아르(Simone de Beauvoir, 1908~1986)의 책 《제2의 성(A Second Sex)》에 수차례 언급되는 이 불후의 명언으로 페미니즘은 새로운 역사를 쓰게 된다. 전 세계에서 100만 권 이상이 팔렸을 정도다.

보부아르는 책 제목인 '제2의'라는 말에서 제1의 성인 남성에 이어 여성은 두 번째에 해당한다는 것을 암시하고 있다. 2

등으로 취급된다는 것은 1등에 비해 저열하고, 모자라다는 평을 듣는다는 것을 비판하는 말이다. 여성이 처한 현실을 보부아르는 다음과 같이 규정했다.

여성은 남성의 입맛에 맞게 길들여지고, 남성에 종속되고, 남성이 세운 기준에 의해 규정된다. 여성은 주체가 아니라 객체이고, 스스로를 정의내리는 것이 아니라 남성의 시각과 가치에 따라 규정된다.

사실 보부아르가 이 표현을 처음 사용한 것은 아니다. 이미 1792년에 이런 유형의 문제의식이 여성들 사이에 싹트고 있었고 여성들의 뇌리 속에 숨어 있다가 때가 무르익어 튀어나온 것이다.

왜 1792년이냐면, 그 해에 영국의 메리 울스턴크래프트(Mary Wollstonecraft, 1759~1797)라는 여성이 《여성의 권리 옹호(A Vindication of the Rights of Woman)》라는 제목의 책을 출간했기 때문이다. 울스턴크래프트가 이 책을 쓸 당시인 18세기 영국에서 결혼한 여성은 아무런 권리도 갖지 못했다. 재산을 보유하거나 자식에 대한 양육권도 없었다. 또 계약서에 사인할 권리도, 유언을 남길 권리도, 남편에게 학대를 당해도 고소할 권리가 없었다(영국

1792년 미국 보스턴에서 발간된 《여성의 권리 옹호》 표지. 미국 의회 도서관 소장.
▼

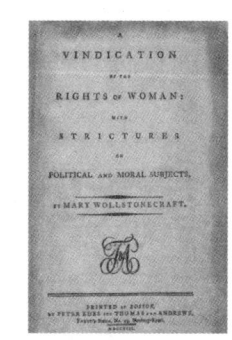

▲
1797년경 영국 화가 존 오피가 그린 울스턴크래프트 초상화. 런던 국립초상화박물관 소장.

에서 21세 이상의 여성이 남성과 똑같은 참정권을 갖기 시작한 해가 1928년이다). 그즈음 울스턴크래프트는 집안에서 그런 사회 분위기를 목격했다.

그녀의 아버지는 산업 혁명 시기에 직물 공장을 팔아버리고 농사를 짓겠다고 낙향한 인물이었다. 산업이 부흥하던 당시 직물 공장은 신흥 산업이었다. 잘 나가는 산업을 버리고 낙향을 했으니 초보 농사꾼의 행로는 뻔했다. 쫄딱 망한 아버지는 무엇이 그리 억울한지 걸핏하면 어머니를 때렸다. 그것을 보고 울스턴크래프트는 '왜 여자는 맞고만 있어야 돼?'라고 의문을 품었다. 여기서 출발한 것이 바로 《여성의 권리 옹호》라는 책이다. 이 책에서 울스턴크래프트는 이렇게 말했다.

여성은 남성처럼 이성을 갖춘 존재로 태어나지만 멍청한 인형으로 키워진다. 여성이 무능하고 미숙한 존재로 비친다면 그것은 사회가 여자들을 체계적으로 어리석게 만들었기 때문이다.

울스턴크래프트가 가장 비판적으로 본 사람은 프랑스의 사상가, 장 자크 루소였다. 그가 《에밀(Emile)》이라는 교육론 책에 여성 교육에 관해 피력한 챕터 때문이었다. 루소는 여성을 교육할 때 기능적 역할만 강조했다. 미래의 어머니로서, 아내로서의 기능, 즉 '현모양처'가 여성 교육의 목적이라고 본 것이다.

울스턴크래프트는 여성은 이성을 사용하는 법 대신 좋은 성품을 지니도록 하는 교육만 받는다고 비판했다. 또 여성은 남성의 장난감이며 남성이 즐거움을 원할 때 언제라도 남성의 귀에 소리를 내는 딸랑이라는 표현도 썼다.

그녀의 이런 생각은 이후 소설 《오만과 편견(Pride and Prejudice)》의 작가 제인 오스틴과 《자기만의 방(A Room of One's Own)》의 작가 버지니아 울프*로 이어졌다. 제인 오스틴은 울스턴크래프트와 비슷한 시기에 영국에서 살면서 집안의 화초처럼 사는 여성의 모습을 벗어던지려 노력한 인물이다. 자기만의 방이 없던 그녀는 이 소설을 거실에서 썼다. 손님이 방문하면 글쓰기를 멈추고 원고를 감추었다고 한다. 당시 여자가 글을 쓴다는 것은 건방진 행동이고 비상식적이라는 것이 사회 통념이었다. 그래서 제인 오스틴은 손님이 오는 것을 미리 알기 위해 현관문이 삐걱거리게 해놓고 기름칠도 하지 않았다. 비난은 피하고 싶었던 것이다.

이런 선각자들이 '여성주의(페미니즘)'라는 단어를 사용한 것은 버지니아 울프에 이르러서였다. 페미니즘의 원조로 불리는 보부아르가 여성의 권리에 대한 생각을 다수에게 전파하고 각

인시켰다고 해도 과언이 아니다. 이렇게 하나의 혁신, 사고의 대전환에 이르기 전에 수많은 전조가 진행된다. 보부아르는 그런 점에서 하나의 돌을 얹었을 뿐인지도 모른다.

* 버지니아 울프(Virginia Woolf, 1882~1941)는 제인 오스틴의 이야기로부터 '자기만의 방'이라는 아이디어를 얻는다. 여성이 혼자만의 방을 갖는 것 자체가 '독립'을 의미한다는 것이다. 그러면서 여성의 독립이 얼마나 어려운지를 '셰익스피어의 누이'라는 표현으로 설명한다. 울프는 실제로 셰익스피어에게 누이가 있었는지 없었는지는 알 수 없지만, 있다고 가정하고 이야기를 전개한다. 영국 시골의 한 가난한 가정에서 태어난 셰익스피어는 타고난 재능으로 글을 읽고 쓴다. 하지만 그의 누이는 여자라는 이유로 글을 읽고 쓰는 등의 학업을 할 수 없다. 그 누이는 집안의 허드렛일을 돕다 부모가 점지해준 남자와 결혼하라는 요구를 받는다. 그것이 싫었던 누이는 야반도주해 런던으로 흘러들어 간다. 런던에서 연극배우가 되려고 했던 그녀는 극단 사람들로부터 비아냥을 듣는다. 당시에는 여자 역할도 남자 배우가 하던 시절이었으므로, 그런 와중에 극단 사람에게 강간당해 임신하게 되자 그녀는 자살로 생을 마감한다. 울프는 이런 픽션을 쓰면서 '셰익스피어의 누이'란 결국 '있어서는 안 될 존재'를 상징하는 표현이라고 말한다. 이른바 여자 천재다. 여자가 천대받던 시절, 여자는 똑똑해봐야 쓸모없는 존재로 여겨지는 현실을 비판하면서 울프는 여성해방 운동의 일환으로 여성 참정권 운동을 벌였다.

아프리카 노예무역은 아랍이 먼저 했다

1441년 포르투갈 무역선이 서아프리카 해안을 항해하다 기니 연안에서 흑인 10명을 붙잡았다. 그들은 리스본으로 가서 왕에게 공물로 바쳐졌고, 이후 흑인의 '상품성'을 주목한 포르투갈 상인들은 아프리카에서 더 많은 흑인을 물물교환 방식으로 데려와 매매하기 시작했다. 힘이 센 부족이 약한 부족을 정복한 뒤 포로들을 서구인들에게 노예로 팔아버린 것이다. 이것이 콜럼버스의 아메리카 신대륙 발견 이후 노예무역이 전성기를 맞게 된 초기 과정이다.

그렇게 대서양을 통해 신대륙으로 팔려간 흑인 노예들은 브

▲
1876년~1879년 사이 그려진 것으로 추정되는 작자 미상의 〈카르툼 노예시장(In the Slave-market at Khartoum)〉. 아랍인 의상을 입은 상인들이 흑인 노예를 거래하고 있다. 카르툼은 아프리카 수단공화국의 수도다.

라질에 상당수가 정착했고, 미국을 비롯해 중남미에도 많이 뿌리내렸다. 그 과정이 알렉스 헤일리(Alex Haley, 1921~1992)가 자신의 실화를 바탕으로 쓴 역사소설《뿌리(Roots)》에 소개되었고 책은 대히트를 치기도 했다.

그렇다면 노예무역이 아메리카 신대륙 외에는 없었을까? 잘 알려지지 않은 노예무역 루트가 더 있었다. 아랍 노예무역이다. 포르투갈 상선이 아프리카에서 노예 거래를 하기 전에 동아프리카에는 7세기경부터 이미 노예 거래가 이뤄지고 있었다. 이슬람 세계에서는 같은 교도를 노예로 삼지 못하게 하는 교리 때문에 이슬람 지역 밖에서 노예를 구했던 것이다. 당시 사하라사막 거래선, 홍해 거래선, 스와힐리 거래선 등 3개 노선이 있었다고 한다. 아랍인들은 아프리카에서 흑인을 잡아 아라비아 반도와 인도 등으로 끌고 갔다. 7세기부터 20세기 초까지 1,500만 명 이상의 아프리카인들이 아랍으로 팔려갔다는 분석이 있을 정도다(통계가 부실한 시대였던 만큼 추정치일 뿐이다). 이상한 점은 신대륙에서보다 더 오래 전부터 노예무역이 이뤄졌는데, 아라비아 반도와 서아시아에는 아메리카 대륙과 달리 흑인 노예 후손 집단이 존재하지 않는다는 것이다.

이에 대한 답은 세네갈 역사학자 티디안 은디아예가 쓴 책 《가려진 대학살(Veiled Genocide)》에 단서가 나온다. 아랍인들은 흑인 남성 노예를 경매에 부치기 전에 전부 '거세'해버렸기 때문이라는 것이다. 대서양 노예무역에서와는 전혀 다른 면이다. 아랍인들은 왜 그랬을까? 은디아예는 아랍인들이 흑인들이 정상적인 노동조차 불가능하게 할 정도로 높은 성욕을 지니고 있어 이를 막아야 한다고 본 데다가 아랍인들의 땅에 이방인의 자손이 자라는 것을 원치 않은 점이 크게 작용했다고 분석했다. 노예 중에는 백인들도 있었는데 같은 이유로 이들 역시 거세당했다.

다만 아랍인들의 성 노리개 역할을 한 흑인 여성 노예는 자신의 유전자를 지닌 후손을 남겼을 가능성이 있다. 최근의 서아시아인들을 상대로 한 유전학 연구에서 사우디아라비아 반도의 남쪽에 있는 예멘 사람들의 염색체는 아프리카인들의 염색체를 10% 이상 가진 것으로 나타났는데 모두 여성 유전자였던 것이다(예멘에서 노예제가 폐지된 것은 1962년에 와서였다).

리비아의 최고지도자였던 카다피가 2010년 리비아에서 개최된 '아랍-아프리카 정상회의'에서 노예무역에 대해 "참으로 부끄러운 일이었다"고 처음으로 사과한 바 있다.

인종 차별은 히틀러보다 미국이 먼저였다

'우생학(eugenics)'이라는 표현은 찰스 다윈의 고종사촌인 영국의 프랜시스 골턴(Francis Galton, 1822~1911)이 쓴 《유전하는 천재(Hereditary Genius)》라는 책에서 처음 나왔다. 우생학의 개념은 우수한 유전자를 후대에 이어 발전시킬 수 있다는 아이디어가 출발이다.

골턴의 최초 아이디어는 초점이 '말살'에 있지 않고 '우수한 유전인자를 선별적으로 번식할 수 있다'는 데 있었다. 열등한 유전자를 없애는 것이 핵심이 아니라 우수한 유전자를 육성, 번식시키는 것이 목적이었다는 이야기다. 영국 상류층의 가계

도를 조사했더니 상류층은 선조부터 내려온 유전적 우월성 덕분에 신분을 유지할 수 있다는 결과를 얻었다고 주장한 것이다. 그는 우월한 유전자를 선별적으로 잘 번식시키면 인간은 더욱 진화할 수 있다고 믿었다.

▲
제2차 국제우생학대회 로고.

놀라운 것은 당시에는 이러한 아이디어가 받아들여졌다는 점이다. 이에 동조하는 유명 인사도 많았다. 미국 시어도어 루스벨트 대통령, 영국 처칠 수상, 경제학자 케인스 등 믿기 어렵겠지만 이런 지식인들도 인종 개량이 가능하다고 생각했다. 1912년 제1차 국제우생학대회가 런던에서 열렸을 때 찰스 다윈의 아들인 레너드 다윈이 회장이었고, 처칠은 명예 부회장이었다.

이런 당시 분위기 때문이었는지 전 세계에서 처음으로 우생학 프로그램을 합법화한 곳은 독일이 아니라 미국이었다. 1907년 인디애나주는 범죄자, 저능아, 강간범들을 단종(斷種)시킬 수 있다는 법을 통과시켰다. 하지만 2년 뒤 위헌 여부를 조사하기 위해 집행이 중지되고, 1921년에 헌법에 위배된다는 판결을 받았다. 모자란 사람은 살 자격도 없다는 생각이 건국정신인 자유주의 정신에 어긋난다고 여겼을 법하다.

이러한 기류를 뒤집는 사건이 1927년에 발생했다. 일명 '벽

대 벨(Buck vs. Bell)' 판결이다. 버지니아주에 사는 18세 처녀 캐리 벅(Carrie Buck, 1906~1983)은 정신지체자인 여성이 낳은 세 자녀 중 한 명이었다. 아버지는 누군지 모르는 상태였다. 벅은 다른 집에 입양되어 학교에 다니다 고3이 됐을 때 양부모의 조카에게 강간당해 원치 않게 임신한다. 양부모는 벅을 '정신지체자'로 몰아세워 정신지체자를 수용하는 시설로 보낸다. 이를 알고 친모가 딸을 퇴소시키려고 하자 불임 수술을 받아야만 나갈 수 있다고 해서 법정까지 가게 된 것이다. 연방 대법원에까지 올라갔는데, 8대 1로 벅이 패소하면서 미국에 우생학 프로그램이 확산하기 시작했다.

미국 전역 32개 주에서 정신지체 및 간질병 환자에 대해 수용 시설 퇴소 전 불임 시술이 시행됐다. 대상도 점차 확대되어 알코올중독자, 간질병자, 맹인, 농아 등 신체장애인, 성적으로 문란한 여성, 범죄자, 정신지체자, 정부 보조금으로 살아가는 사람, 강간 피해 아동 등에 이르렀다. 나중에는 흑인 인구를 억제하는 수단으로도 악용됐다. 수술 여부에 대한 판단 근거는 주로 IQ 테스트였다. 미국에서는 'IQ70 이하'는 아이를 낳아서는 안 된다는 믿음이 일반적이었다*.

제2차 세계대전이 끝나고 나치의 만행이 온 천하에 알려지면서 우생학에 대해 우호적이던 사람들의 태도가 변하기 시작했다.

히틀러는 우수한 아리안 인종**을 육성 발전시키고, 열등한 인종인 유대인은 말살해야 한다는 신념을 갖고 있었다. 그래야 인류의 발전, 적어도 독일의 발전이 있다고 믿었다.

---

* 미국 연방대법원은 2002년 지적 장애인에 대한 사형 집행을 금지하도록 했다. 다만 지적 수준의 기준은 제시하지 않았다. 그래서 일부 주들은 IQ70을 지적 장애 기준으로 삼아왔다(플로리다 · 켄터키 · 버지니아 · 앨라배마 · 애리조나 · 델라웨어 · 캔자스 · 노스캐롤라이나 · 워싱턴주 등). 그러다 2014년 5월 연방대법원이 IQ 수치만으로 지적 장애 여부를 판단해 사형 집행을 하는 것은 헌법에 위배된다는 판결을 내림으로써 논란이 일기도 했다. 텍사스주에서도 비슷한 시기에 여성 은행원을 납치, 성폭행하고 살해한 죄로 사형 선고를 받은 사형수 로버트 캠벨의 IQ가 69라는 이유로 사형 집행 2시간 전에 중지한 사례가 있다.

** 아리안(Aryan) 인종이라는 표현은 '고귀한'이라는 뜻의 산스크리트어 아리아(arya)에서 유래했다. 19세기에 아리안은 '인도유럽'이라는 말과 동의어로 사용되었으며, 인도유럽어를 사용하는 민족이 타 인종에 비해 도덕적으로 우월하다는 관념이 나타났다. 인류의 진보에 기여한 인종도 아리안 인종이라고 주장한다.

*** 나치의 유대인 대학살(홀로코스트)을 상징하는 폴란드 아우슈비츠(폴란드어 발음은 엥슈비엥침) 수용소는 1940년 6월 14일 문을 열었다. 이곳은 나치가 점령한 폴란드, 헝가리, 루마니아, 체코, 소련, 프랑스, 이탈리아, 노르웨이와 그리스 전역의 중심에 해당했다. 이 여러 나라에서 수많은 사람이 끌려와 희생됐는데 100만 명 이상의 희생자 중 90%가 유대인이었다. 나머지 10%는 유대인이 아닌 집시, 소련군 포로, 유고인, 동성연애자 등이었다. 1945년 소련군 진주로 해방됐을 때 산 채 발견된 사람은 7,000명에 불과했다.
처음에는 폴란드 정치범 처형 장소로 이용됐으나 나치가 1942년 '유대인 문제에 대한 최종 해결책'이라는 이름의 유대인 말살 정책을 수립하면서 본격적인 유대인 학살장이 된다. 앞서 히틀러는 1933년 집권하면서 독일 내 여러 곳에 강제수용소를 건설했다. 1933년 다하우 수용소가 최초다. 아우슈비츠 이전에 이미 50개의 수용소가 지어졌고, 추가로 더 건설됐다. 이어 1938년 오스트리아를 합병하면서 마우타우젠 수용소가 지어지고, 1939년 폴란드 침공 이후 아우슈비츠를 비롯해 나츠바일러, 리가 등의 수용소들이 만들어졌다.

독일에서 이러한 우생학적 접근이 시도된 것은 나치가 정권을 잡은 1933년 이후였다. 상습 범죄자에 대한 보안 구금과 가중 처벌을 입법화한 나치는 1937년에는 나치 체제에 반대하는 사람을 범죄자로 간주해서 구금했다.

나치는 정신과적 문제를 가지고 있거나 말썽을 부리는 청소년들과 신체적 결함을 가진 어린이들을 굶겨 죽이는 자비 살인(mercy killing, 안락사) 계획을 시행했다. 1939년에는 정신분열병 환자와 정신지체자를 가스실에서 안락사시키기 시작했다***. 1939년 독일 정신병원에 30여만 명의 환자가 있었으나 1946년에는 4만 명으로 줄어들었다.

나치의 악행이 세상에 더 많이 알려진 것은 그들에게 당한 유대인들 덕분이라는 말이 있다. 현재 세계의 정치와 경제를 장악한 유대인들이 많이 '홍보'했기 때문이라는 해석이다. 인종 차별에 따른 학대 행위가 미국보다 늦었다고 해도 나치의 악행이 어디로 사라지는 것은 아니다.

어떤 직업을 가지고 있든,

어떤 위치에 있든 사람들과의 대화는 수시로 필요하다.

여기서 소개하는 뜻밖의 상식은 읽는 즉시 누구와도 이야기하고 싶게 만든다.

사소하지만 유쾌한

／

뜻밖의 상식

시작하며

우리 주변에는 알면 효용이 있지만 그 자체로는 정말 자잘한 상식들이 많다. 비에 젖은 구두를 말리기 위해서는 다른 어떤 것보다 신문지를 뭉쳐 구두 안에 넣어두는 것이 효과적이라는 상식 같은 것 말이다. 이런 상식들을 꺼내서 몇몇 사람이 둘러앉아 두런두런 잡담하기에는 너무 사소하고 간단해서 몇 마디 나누면 금방 끝나고 만다.

그렇다면 이런 것은 어떨까? 우리가 흔히 아는 '징크스'라는 말이 원래는 새 이름에서 유래했다거나, '카푸치노'는 원래 가톨릭 수도사들의 옷 이름이라든지 하는 것들 말이다.

물론 이런 예상하지 못한 것을 알았다고 해서 지식을 쌓는 데에는 크게 도움이 되지는 않을 것이다. 다만 이런 스몰토크를 통해 대화의 물꼬를 트고, 상식의 저변을 넓힐 수는 있다. 상식이 풍부해지면 티핑 포인트가 생기고, 지식으로 발전할 수 있다.

방법은 얼마나 읽어내느냐가 관건이다. 매사에 호기심과 의문을 갖고 '읽는 행위'에 익숙해져야 한다. 한 예로 "알아야 면장을 하지"라는 표현을 살펴보자. 여기서 면장은 많은 사람이 면장(面長, 면의 행정 관리자)으로 잘못 알고 있는데, 사실 면장(面墻, 담을 마주하고 있듯이 답답함)을 뜻한다. 출전은 공자의 《논어(論語)》 제17편 양화(陽貨) 편인데, 공자가 공부를 하지 않는 아들에게 "알아야 면면장(免面墻)을 하지"라고 말한 데서 유래한다. 즉 공부에 힘써 견문을 넓혀야 담벼락을 대하듯 앞이 안 보이고 답답한 상황을 벗어날 수 있다는 이야기다. 그런데 앞의 면(免) 자를 떼고 쓰기 시작하면서 사람들의 착각을 낳은 것이다. 이런 식으로 스스로 궁금해하고 찾아 '읽는' 습관은 우리를 '면면장'할 수 있게 해준다.

 사소하지만 유쾌한 뜻밖의 상식

배트맨의 '조커'는
위대한 소설가 덕분에 생긴 캐릭터

미국 만화책 《배트맨(Batman)》에서 악당으로 나오는 조커 (Joker)라는 캐릭터가 생긴 배경에 프랑스의 대문호 빅토르 위고(Victor Hugo, 1802~1885)가 있다는 사실은 잘 알려지지 않았다. 빅토르 위고는 《레 미제라블(Les Miserables)》*, 《파리의 노트르담(Notre-Dame de Paris)》과 같은 명작들을 썼는데, 배트맨의 조커와는 도대체 무슨 상관이 있는 걸까?

실마리는 빅토르 위고의 소설 《웃는 남자(The Man Who Laughs)》에 있다. 이 소설은 1690년부터 1705년 사이 영국에서 벌어진 일을 배경으로 한다. 어린이를 매매해서 기형으로 만든 뒤 돈벌이에 이용하는 콤프라치코스(comprachicos)**가 버린 10살 남자아이가 주인공이다. 그 당시 영국 귀족들 사이에는 기이한 용모를 가진 종을 데리고 다니는 것이 유행이었다고 한다. 주인공의 이름은 그윈플레인(하얀 평원이라는 뜻)으로 그의 얼굴은 입가에 귀 쪽으로 찢어진 것처럼 난 칼자국 때문에 '웃는 얼굴'을 하고 있다. 그윈플레인은 상처를 입고 조롱을 당해도 묵묵히 인생을 살아야 하는 서민들의 모습 그대로다. 어쩔 수 없이 웃는 모습이지만, 마음으로는 권력자에 대해서 저항하는 것이다.

이 소설은 20세기 초에 여러 차례 영화로 만들어졌다. 그중 1928년 미국에서 제작된 흑백 무성영화가 유명하다. 독일의 폴 레니 감독 작품인데, 고무밴드를 사용해서 볼살을 끌어올리고 치아를 드러내는 특수 효과(?)를 사용했다. 다만 웃는 모습에서 기괴하거나 슬픈 느낌은 없었다. 유니버설 사는 이 영화를 위해 100만 달러라는 거금을 투자했다. 그 당시 제작되던 영화 가운데서는 최대 제작비를 들인 것이다. 110분짜리 이 영화는 히트를 쳤다.

이후 10여 년이 지나 이 영화에 등장했던 주인공을 떠올린 사람이 만화가 밥 케인(Bob Kane, 1915~1998)이었다. DC 코믹스에서 일하던 그는 1939년 배트맨 캐릭터를 만들어낸 사람이다. 배트맨을 그리면서 배트맨의 천적을 구상하던 차에 동료 작가가 가져온 카드의 '조커'를 봤다. 그 카드에 그려진 웃고 있는 조커의 모습이 예전에 봤던 영화 〈웃는 남자〉의 주인공 콘라드 베이트를 떠올리게 한 것이다. 다른 동료 작가가 베이트의 사진집을 갖고 있다 보여주면서 "여기 조커가 있네"라고 말한 데서 영감을 얻었다고 한다.

▲
1928년 미국 무성 영화 〈웃는 남자〉의 주인공으로 캐스팅된 콘라드 베이트. 그의 얼굴에서 배트맨 시리즈의 악당 조커가 탄생했다.

조커는 원래 카드 게임에서 52장의 카드 외에 추가되는 엑스트라 카드로 일정한 룰에 따라 진행되는 게임에 변화를 주기 위한 도구다. 영화에 등장하는 조커 역시 배트맨 위주의 영화 흐름에 변조를 가져온다. 그만큼 조커의 역할이 중대하다.

---

* 1862년 작. 원래 구상 단계에서의 제목은 '레 미제르(Les mis'eres, 비참함)'였으나 나중에 '레 미제라블(불쌍한 사람들)'로 바뀌었다. 이 소설을 구상하면서 위고는 현실 고발을 염두에 뒀다. 그는 "단테는 시로 지옥을 보여줬지만, 나는 현실에서 지옥을 보여주려 했다"라고 말했다. 소설을 집필한 기간만 16년이 걸렸다. 그러다 보니 양이 방대해져 총 5권이나 된다. 우리가 아는 '장발장' 스토리는 《레 미제라블》의 일부분에 지나지 않는다. 소설은 자주 줄기에서 벗어나 엉뚱한 이야기로 흘러들어가기도 한다. 이야기가 파리 시내의 하수도에 이르면 하수도 시스템을 설명하느라 한참을 끌어가는 전개 방식을 택했기 때문이다. 장황하기도 하고, 난삽하다는 느낌까지 받게 된다.

** 스페인어 compra(팔다)와 chico(작은, 어린이)의 합성어로, 아동 매매의 의미다.

징크스는 새 이름에서 나왔다

독자 여러분은 저마다의 '징크스(jinx)'가 있는지. 이 단어는 무슨 일인가를 할 때 잘못된 결과를 낳는 일, 혹은 그런 결과를 예감하게 하는 불길한 징조라는 의미로 쓰인다. 특히 운동선수들 가운데 징크스를 믿는 사람이 많은 것으로 알려졌다. 브라질 축구 선수인 카를로스는 경기에 지면 그때 신은 축구화는 버리고 다시는 신지 않는다고 한다. 우리나라에서 야신(野神, 야구의 신)이라고 불리는 김성근 감독은 경기에 이긴 날 아침에 양말을 신을 때 왼쪽부터 신었다면 다음 경기에서도 왼쪽부터 신는 버릇이 있다. 숫자 4가 죽을 사(死)와 발음이 같다고 해서 병원이나 건물 엘리베이터에 4를 사용하지 않는 것도 같은 맥락이다.

사실 미신이고, 실제로 그런 일이 일어났더라도 인과 관계가 있다기보다 우연인 경우가 더 많지만 많은 사람이 이를 믿는 경향이 있다.

▲ 혀가 길고 머리를 180도 비틀 수 있는 능력으로 썩은 나무 속 벌레를 잡는 새. 이 새의 학명에서 징크스가 유래했다.

징크스라는 단어가 생기게 된 과정부터가 그렇다. 원래는 새 이름이었다. 고대 그리스에서 마술에 쓰이던 딱따구리의 일종인 개미잡이새(학명 Jynx torquilla)라는 새 이름에서 유래했다. 일반 딱따구리와 다른 점은 부리가 짧고 다리가 약해서 나무 기둥에 붙어 벌레를 잡지 못한다는 점이다. 혀는 뱀처럼 길어 썩은 나무를 쪼아서 그 안의 개미나 벌레를 잡는 데 적합하다. 영어 이름인 wryneck(wry는 '뒤틀린'이라는 뜻, neck은 '목'이라는 뜻)은 이 새가 목을 180도 회전할 수 있기 때문에 붙여졌다. 실제로 무엇인가의 위협을 받으면 목을 뱀처럼 꼬면서 쉿쉿 소리를 낸다고 한다. 이러한 기이한 행동이 마술사, 주술가로 하여금 주술을 거는 데 영감을 준 것이 이 새의 이름이 쓰이게 된 동기다.

미국 민요에서 이 단어가 발견되는 것은 1868년 〈기병대 징크스 대위(Captain Jinks of the Horse Marines)〉에서다. 소절 일부를 보면 다음과 같다.

훈련 나간 첫날, 나팔 소리가 나를 괴롭히네.
왼발, 오른발 제식 훈련 중 모자가 땅에 떨어졌는데
군대에서는 있을 수 없는 일이라네.
교관들이 일제히 소리를 질렀네.
그들이 소리를 지르고 또 질렀네.
"오, 저놈 보게, 우리 군대에 저주받을 놈이군"이라고.

여기서도 알 수 있듯이 징크스 대위가 모자를 땅에 떨어뜨린 것이 나쁜 징조라는 생각을 읽을 수 있다. 지금과 같은 의미의 징크스라는 단어가 19세기 말에 이미 쓰이기 시작한 것이다.
이어 1911년에 미국의 한 잡지 〈테크니컬 월드 매거진(Technical World Magazine)〉에서 야구 기사를 실으면서 징크스라는 단어를 쓴 기록이 나온다. 이 기사에는 "야구 심리학에서 가장 신비스러운 것이 바로 징크스다. 때로는 한 명에게, 때로는 팀원 전체에게 영향을 미치는 특별한 징조다. 징크스가 있다고 한번 생각하기 시작하면 한동안 그에 사로잡혀 실제로 그렇게 된다"고 되어 있다.
징크스는 이상한 행동을 하는 새 이름에서 유래했고, 그 이상도 그 이하도 아니다. 그러니까 따지고 보면 반드시 나쁜 쪽의 징크스만 생각할 필요는 없다는 이야기가 된다. 좋은 징후만 징크스로 받아들이면 어떨까? 아침 출근길에 어떤 물건을 보면 종일 기분이 좋아진다는 식의 자기 최면도 필요하다. 결국 징조란 일종의 심리 게임이니까 말이다.

카푸치노는
가톨릭 수도사의 옷에서 나온 명칭

커피숍에서 손님들이 많이 찾는 커피 종류는 아마 아메리카노, 카페 라떼(cafe latte), 카푸치노(cappuccino) 등일 것이다. 이중 카페 라떼는 우유가 들어간 커피음료다. 라떼가 '우유'라는 뜻의 이탈리아어니까 우유가 들어간 것을 쉽게 알 수 있다.

카푸치노도 카페 라떼와 맛은 비슷하다*. 우유가 들어간 것도 그렇고. 차이를 이야기하자면 우유를 넣는 방식이 다소 다르기는 하다. 카페 라떼는 커피 원액과 우유를 처음부터 함께 넣어 섞는 방식이고, 카푸치노는 커피 원액 위에 우유 거품을 올리는 방식으로 만든다. 결국 섞이면 그게 그것처럼 느껴지지만 카푸치노는 흰색 거품을 위에 올린 모양이라서 카페 라떼와 생김새도 약간 다르다. 카푸치노라는 말만 들어서는 우유가 들어갔는지도 알 수 없다. 카푸치노를 커피음료 이름에 갖다 붙인 것부터가 생뚱맞다.

카푸치노는 16세기 이탈리아에 있었던 '카푸친(capuchin) 형제 수도회(1525년 설립)'에서 나온 말이다. 커피와 기독교가 무슨 상관이 있을까? 당시 카푸친 수도회의 수도사들은 오늘날 후드(hood)라고 부르는 상의에 모자가 달린 옷을 입었다. 그 모자는 머리끝 부분이 뾰족했고, 옷 전체는 땅에 닿을 정도로 길었다. 그 후드를 이탈리아어로는 '카푸치오(cappucio)'라고 불렀다.

이를 프랑스어로 옮기면 카푸치노가 된다. 옷의 색깔은 '적갈색'이었다. 이 옷을 입고 다니는 수도사들은 '카푸친들(capuchins)'이라고 불렸는데, '후드 옷을 입은'이라는 의미를 담고 있었다. 이를 통해 프란체스코 수도회 등 다른 수도회와는 차별화됐다. 그 옷의 색깔처럼 우유를 섞은 커피는 적갈색 모양을 띠었고, 거기서 카푸치노 커피라는 용어가 유래했다.

적갈색 카푸치오를 입은 성 앙투안.
▼

원래 카푸치노라는 말은 20세기까지 이탈리아에서는 등장하지 않았다. 18세기에 오스트리아에서 카푸치노의 독일어 형태인 '카푸치너(kapuziner)'가 커피음료의 이름으로 먼저 등장했다. 당시 오스트리아에서는 설탕과 달걀 노른자, 크림이 들어간 커피를 카푸치너라고 불렀다. 그러다 제1차 세계대전이 발발하면서 북부 이탈리아에 있는 카페에서 커피음료로 이를 내놓았다. 당시 북부 이탈리아는 오스트리아 점령 지역이었다.

　우리가 쓰는 일상용어의 유래를 보면 뜻밖인 경우가 많다. 커피 이야기가 나왔으니 커피를 마시는 장소인 '카페'를 보자. 이 단어도 거슬러 올라가면 터키에 닿는다. 오스만제국에 커피가 전래된 것은 15세기 무렵이다. 터키인들은 그즈음 술(아랍어로 카와 kahwa)을 마시는 장소인 카베(kahve)에 모여 커피를 마셨다. 커피라는 말도 카와에서 나온 말이다. 당시에는 커피를 마신 사람들이 춤을 추면서 다소 흥분된 상태에 빠지자 이성을 마비시키는 사탄의 음료라는 비판이 잇따랐다. 반대로 신에게 다가서게 해주는 음료라는 찬성론도 대두됐다. 이런 와중에 이스탄불에는 카베가 곳곳에 등장했다. 곧이어 카베는 사교장이 됐고, 문인들의 작품 발표장이 되기도 했다. 또한 토론장이자 정보교환장이었다. 정치적 집결지이기도 했다. 여기서 유래한 것이 카페다.

　커피가 유럽에 전래된 과정에는 오스만튀르크제국이 등장

한다. 오스트리아를 두 번째 점령했다가 후퇴할 당시인 1683년, 폴란드-합스부르크 왕가 군대가 투르크군대를 격퇴한 뒤 그들이 버리고 간 자루를 발견했다. 처음에는 낙타 먹이를 담은 자루라고 생각하고 태워버리려고 했다. 이를 폴란드 왕이 장교 중 한 명인 저지 프란시스체크 쿨치츠키에게 전하는데, 쿨치츠키는 커피의 효용 가치를 알아봤다. 그는 비엔나에 커피숍을 열어 대중에게 커피를 알리기 시작했고 나중에 크림을 곁들인 비엔나 커피를 전파했다.

---

* 카페 올레(cafe au lait)도 같은 방식의 커피음료다. 올레가 스페인어로 '우유(lait)를 탄'이라는 뜻이다. 프랑스에서는 이를 카페 끄렘(cafe cream)이라고 부른다.

중세까지 유럽 귀족은 손으로 음식을 먹었다

15세기 유럽 왕궁의 한 저녁 식사 자리. 왕이 왕비와 함께 상좌에 앉아 술잔을 들면서 식사가 시작됐다. 이날은 왕의 장남이 태어난 것을 축하하는 자리였다. 식탁에는 잘 익은 포도주와 잘 구워진 비둘기 요리, 멧돼지 요리가 올라와 있었다. 귀족들까지 초대되어 식탁에는 수십 명이 둘러앉아 있었다. 모두 멋지게 드레스를 차려입고 귀금속을 몸에 둘렀다. 하지만 식사를 하는 사람들은 오른손으로 칼을 들어 고기를 자른 후 맨손으로 음식을 집어 들었다. 지금 흔히 사용하는 포크나 다른 집게는 없었다.

당시 식탁의 풍경을 상상해본 것이다. 유럽의 식사 자리에서 개인용 포크를 사용하기 시작한 것이 16세기 들어서였기 때문에 실상이 그랬다. 그것도 이탈리아와 스페인의 상류 사회에서 시작했고, 프랑스와 독일 등 다른 유럽 국가에서는 17세기가 돼서야 대중화됐다.

그전까지 프랑스에서는 뜨거운 음식을 먹을 때는 손가락에 끼우는 가죽 골무(색 sack이라고 불렀다)를 사용했다. 뼈째 있는 고기를 먹을 때는 일단 음식을 개인용 빵 접시로 옮긴 후 식을 때까지 기다렸다가 손으로 뼈를 발라 먹었다. 그러니 식사 도중 손으로 머리를 긁거나 다른 더러운 물건을 만지는 것은 큰 결례가 되며 천박한 행동으로 여겨졌다.

포크를 사용하면 손을 더럽히지 않는다는 것을 받아들이기까지는 많은 시간이 걸렸다. 여기에 종교적 이유도 한몫했다. 당시 기독교 성직자들은 신이 만든 사람의 손가락만이 신이 주신 음식을 만질 수 있는 존재라고 주장했다(지금도 빵은 맨손으로 조각내 먹는 것이 예의다). 게다가 중세에 그려진 악마 그림을 보면 대부분 '삼지창'을 들고 있다. 세 갈래로 갈라진 창이 포크를 연상시킨 것이다. 또 이교도(그리스신화)의 바다의 신인 포세이돈이 삼지창을 들고 있는 것도 같은 맥락으로 이해됐다. 결국 포크를 쓰는 것은 불경스러운 일로 여겨질 수밖에 없었다.

포크가 영국 대중에게 알려진 계기는 한 영국 여행가의 책을 통해서였다. 영국인 토머스 코리아트(Thomas Coryat, 1577~1617)가 유럽 여행기를 책으로 펴냈는데(《코리아트가 다섯 달 동안 프랑스 사부아, 이탈리아 등을 돌아다니며 허겁지겁 겪은 잡동사니 이야기》라는 희한한 제목이다), 여기에서 포크 사용을 소개하고 권장했다.

이탈리아에서는 음식을 먹을 때 한 손에는 나이프를 들고 고기를 자르고 다른 손에는 포크라는 도구를 들고 고기를 찍어 먹는다. 분별없이 손으로 직접 음식을 잡지 않으면서 테이블 매너를 지키는 것이다. 사람들은 같은 테이블에 앉은 다른 사람들이 불결한 손가락으로 음식을 집는 것을 결코 참을 수 없기 때문이다. 나도 이 도구를 사용하는 데 익숙해졌는데 내 친구들은 그런 나를 보고 퍼시퍼라고 부른다.

영국에서는 '퍼시퍼(furcifer, 라틴어로 읽으면 푸르키페르가 된다)'라는 말을 일종의 조롱 수단으로 사용했다. 포크의 어원인 라틴어 '푸르카(furca)'는 '찍는 것'이라는 말인데 퍼시퍼는 '포크잡이', '악당'이라는 뜻이다. 당시 영국에서는 프랑스나 이탈리아에서와 달리 포크가 거의 사용되지 않았다. 영국에서는 주로 여성이 포크를 사용했을 뿐이다. 19세기 말까지 영국 선원들은 포크를 사용하지 않는 것을 남자다움의 상징으로 여길 정도였다. 음식을 손으로 집어 먹는 모습이 거칠어 보이기 때문이다.

처음에 이탈리아 베네치아 식탁에서 사용된 포크는 두 갈래였다. 주로 고기를 칼로 썰기 좋게 붙드는 용도였다. 원래 식탁에 오르기 전에 포크는 식기가 아니라 고기를 굽거나 삶을 때 찔러서 붙잡는 조리 도구로 쓰였다. 그렇게 하기에는 두 갈래라도 크게 불편하지 않았다. 그러다 스파게티와 같은 면요리를 먹기에는 세 갈래나 네 갈래의 포크가 더 편하다는 것을 알게 됐다.

이 과정에서 르네상스 시대의 위대한 발명가이기도 했던 이탈리아의 레오나르도 다빈치의 역할이 컸다. 당시 납작한 모양의 파스타가 주류였는데, 다빈치는 중국 국수를 보고 국수를 가늘게 만드는 도구를 발명했다. 오늘날 스파게티 모양의 음식을 만든 것이다. 그걸 먹자면 두 갈래 포크로는 불편했다. 이것이 그가 세 갈래 포크를 사용하게 된 연유다. 영국의 음식 칼럼니스트 비 윌슨은 《포크를 생각하다(Consider the Fork)》

주방에서 큰 고깃덩어리를 찍어 올릴 때 쓰던 두 갈래 포크가 식탁에서 사용되면서 세 갈래, 네 갈래로 발전했다.
▼

라는 책에서 "포크는 어떻게 먹느냐만이 아니라 무엇을 먹느냐도 바꾼다"고 평했는데, 바로 그대로다.

영국에서는 찰스 1세가 1633년에 포크를 사용하는 것이 예의 바른 행동이라는 것을 공언함으로써 테이블 매너에 포크가 추가됐다고 한다. 프랑스의 경우도 귀족들부터 포크를 사용했으며 주로 과일을 먹는 데 썼다고 한다. 차츰 사용이 늘어나 케이크를 먹을 때도 포크를 쓰기 시작하면서는 포크를 사용하는 것이 지체 높은 신분의 상징이 됐다. 손잡이에 상아나 금, 은을 장식하기 시작한 것도 이런 이유에서다. 이즈음 여전히 손으로 음식을 먹던 서민들은 산업 혁명을 계기로 포크 사용을 손쉽게 할 수 있게 됐다. 철의 생산이 늘어나면서 포크의 원가가 확연히 떨어진 덕분이다.

지금은 단순한 식기 중 하나일 뿐인 포크는 이 자리에 오기까지 수많은 종교적, 문화적, 역사적 반대와 핍박을 거친 도구다.

방사성 물질 '라듐'은 한때 만병통치약으로 여겨졌다

'라듐(원소기호 Ra)'이라면 연결어처럼 떠오르는 단어가 '퀴리 부인'이다. 우리나라 위인전에 빠짐없이 등장하는 인물이기 때문이다. 퀴리 부인은 1898년 방사성 물질인 라듐을 발견했고, 이 새로운 원소를 발견한 공로로 1903년 노벨물리학상을 받았다(지도교수였던 앙리 베크렐 교수, 남편 피에르 퀴리와 함께 수상했는데 남편 피에르는 1906년 교통사고로 사망했다). 그 뒤로 1911년 노벨화학상도 수상하고, 여성으로서는 처음으로 파리 소르본 대학교수가 되는 등 위인전에 등장하기에 손색이 없는 인물이다. 하지만 자신의 발견으로 인해 많은 사람이 고통받았다는 점 때문에 죽을 때까지 자신을 용서하지 못했다는 사실은 잘 알려지지 않았다.

라듐을 처음 발견했을 때만 해도 이 발견으로 돈을 벌 수 있다고 생각한 사람은 아무도 없었다. 발견자들은 말 그대로 진실을 추구하는 과학자들이었기 때문이다. 반면 원자의 비밀을 풀어보려는 과학자들의 생각과 달리 일반인들은 라듐에 관해 온갖 추측과 비과학적인 소문을 쏟아냈다.

이 기적의 물질에 대한 기사가 매일 언론에 등장하자 사람들 사이에 입소문이 나기 시작했다. 엄청난 전쟁 무기가 될 것이다, 에너지 문제가 완전히 해결될 것이다, 암이나 매독 같은 병도 모두 사라질 것이다, 시각장애인들도 눈을 뜨게 될 것이다…. 이런 말들이 퍼지면서 값도 치솟았다. 1g 가격이 몇 달 사이 10배 이상 뛰기도 했다. 이후 1g에 25만 마르크(1910년 즈음 1,000마르크는 250달러. 이 돈을 현재 가치로 달러 당 1,100원으로 계산하면 25만 마르크는 약 6,875만 원에 해당)까지 올랐을 정도로 라듐은 투기의 대상이 됐다. 조금이라도 좋으니 라듐을 구해달라는 편지가 퀴리 부인의 연구소에 쇄도했다.

그러는 사이 라듐은 어느덧 만병통치약으로 통용됐다. 의사들은 피폭량을 측정하지 않고 환자에게 투여했다. 미용실에서도 피부병이나 반점, 사마귀 치료에 라듐을 사용했다. 라듐이 함유됐다고 선전하는 비누, 샴푸, 과자, 치약, 연고, 음료수 등이 상품으로 등장했다. 1918년 뉴욕 〈트리뷴(Tribune)〉 지에는 '라듐과 뷰티'라는 제목의 광고가 실렸는데, 라듐 크림으로 미모를 가꿀 수 있다는 주장을 한 프랑스 파리의 한 약국이 광고주였다. 라듐을 쏘인 사람들이 암에 걸리거나 질병에 시달린다는 연구 보고서가 나왔지만 대부분 무시됐다. 광풍처럼 불어온 라듐 열풍이 그런 지적들을 사소한 것으로 만들어버렸다*.

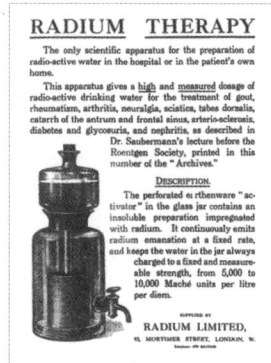

▲
1913년 런던에서 발간된 한 신문에 실린 라듐 함유 식수 공급기 광고. 라듐이 든 용기에 물을 넣어두면 일정한 양의 라듐이 물에 전이되어 통풍, 류머티즘, 관절염, 신경통, 좌골신경통, 척수장애 등 10여 가지의 질병 치료에 도움을 준다고 쓰여 있다.

그러나 방사성 물질의 위해성은 사실이었다. 베크렐 교수는 작은 라듐 덩어리를 조끼 호주머니에 넣고 다녔는데, 그 부분의 피부가 헐기 시작했다. 1908년 베크렐 교수가 숨졌을 때 이 궤양이 원인이라는 말이 돌았다. 퀴리 부인도 그 이야기를 듣고 자신의 팔에 라듐을 묶어 몇 시간을 관찰했더니 실제로 반점과 물집이 잡혔다.

결정타는 시계 공장에서 나왔다. 라듐은 당시 시계 침이나 숫자판에 쓰이는 형광 도료를 만드는 데 사용됐다. 20세기 초에는 라듐이 든 형광 물질을 얇은 붓에 묻혀 칠하는 식으로 숫자판에 입혔는데, 붓털을 꼿꼿이 세우기 위해 여공들이 입술로 붓을 물어 뾰족하게 만들고는 했다. 그러다 1924년 뉴욕의

▲ '라듐 턱' 사건의 진원지 격인 라듐 야광 물질 기업의 제품 언다크(Undark)를 선전하는 1921년 잡지 광고.

치과 의사인 시어도어 블룸이 시계 공장에서 일하는 여공들의 턱부위에 턱뼈 뒤틀림과 잇몸 출혈을 보이는 암이 발생한다는 사실을 발견했다. 그는 그 증세를 '라듐 턱(radium jaw)'이라고 불렀다. 당시 이미 여공 100여 명이 사망한 뒤였다. 라듐의 위해성이 확인되면서 이 물질은 결국 1931년 시판이 금지됐다. 퀴리 부인이 여공들의 이야기를 듣고 몹시 후회했지만 때는 이미 늦은 상태였다.

그리고 1934년 퀴리 부인도 백혈병으로 사망했다. 방사선에 오래 노출된 결과였다.

---

* 조금 다른 이야기지만, 1980~1990년대 초 우리나라와 일본의 목욕탕에서 '라돈탕'이 유행한 적이 있었다. 라돈(원소기호 Rn)은 라듐이 방사성 붕괴 과정에서 발생하는 물질이다. 관절염과 피부병에 효험이 있다는 설이 돌면서 유행했던 것인데, 거꾸로 라돈 가스가 폐암을 유발한다는 연구 결과가 나오면서 사라졌다.

폼페이 유적 발굴이 늦어진 것은 그림 때문이다

이탈리아 나폴리 인근에 있는 폼페이가 베수비오 화산 폭발로 재에 묻힌 것은 서기 79년 8월 24일이다. 18시간이 넘는 화산 폭발로 3m 이상의 화산재가 도시 전체를 덮었다. 이로 인해 당시 2만 명의 폼페이 인구 중 2,000명이 넘는 사람이 숨졌다. 이미 그 몇 달 전부터 지진이 일어나는 등의 조짐이 있어서 많은 사람이 대피한 뒤였는데도 피해가 컸다. 당시로서는 대사건이었고, 로마 지중해 함대 사령관인 플리니우스의 조카 플리니우스 2세가 역사학자 타키투스에게 보낸 2통의 편지에 의해 알려지게 됐다(플리니우스 2세는 삼촌으로부터 화산 활동을 자세히 보러 가자는 제안을 받고도 공부 때문에 못 갔는데, 화산 폭발을 보러 갔던 플리니우스 사령관은 폭발 후 화산에서 나온 유독가스에 의해 숨졌다).

그러나 후세에 이르기까지 폼페이의 위치는 정확히 알려지지 않았다. 편지 기록에도 어디쯤인지가 적혀 있지 않았기 때문이다. 그렇게 잊혀가던 폼페이의 존재가 다시 주목받은 것은 그로부터 1,500년이 넘어서였다. 그것도 우연히.

1590년대 중반 시기에 폼페이는 프랑스가 지배하는 지역이었다. 프랑스 세력이 이 지역을 흐르는 사르노 강의 수로(水路)를 정비하는 작업을 하던 중 땅속에서 그림과 조각, 건축물을 발견했다. 건축가였던 도메니코 폰타나(Domenico Fontana, 1543~1607)가 불려와 조사를 시작하자 더 많은 유물이 출토됐다. 그런데 폰타나는 곧 발굴을 중단하고 죄다 덮어버렸다. 이유는 외설적인 내용의 그림이나 조각품 때문이었다. 뒷날의 본격적인 발굴 작업을 통해 일반 가정집에서조차 각종 성(性) 관련 도구나 물품(오늘날 딜도 dildo라 불리는 대형 남성 성기 모양의 도구와 같은!)을 두고 있던 사실이 확인됐다. 이를 통해 로마 시기에는 다산과 풍요를 추구하는 의미에서 성 문제에 관대했던 것을 엿볼 수 있다.

폼페이를 재발굴하기 시작한 것은 1748년 프랑스 부르봉

왕가의 나폴리 왕인 찰스 왕 때였다. 그 10년 전인 1738년에 여름 궁전을 짓는 과정에서 인부들에 의해 폼페이 인근 도시인 헤르쿨라니움의 유적이 발굴된 뒤였다. 이들 유적에 깊은 관심을 보인 찰스 왕은 전문가들을 동원했다. 1764년과 1804년, 1863년에 각각 다른 책임자를 임명하며 발굴을 이어갔다.

프랑스 치하에서 유적지를 발굴할 당시에는 고대 유물 중 돈 되는 것만 출토하는 데 집중했다. 그 탓에 유물 상당수는 다른 사람들에게 팔아넘겨졌다. 1787년 폼페이를 방문한 독일의 문호 요한 볼프강 폰 괴테(Johann Wolfgang von Goethe, 1749~1832)가 자신의 저작물 《이탈리아 기행(Italian Journey)》에서 "도적 같은 자들이 함부로 파헤쳐 고대 유물과 예술품이 대량으로 파손됐다"고 한탄했을 정도였다.

그러다 1863년에 임명된 주제페 피오렐리는 발굴 도중 화산재가 가득한 땅속에 일부 공간이 있는 것을 발견했다. 그 안에는 인골(人骨)이 남아 있었다. 오랜 세월이 흐르면서 뼈를 제외한 나머지 신체 부위가 모두 썩어서 사라졌기 때문이었다. 땅을 파서 인골을 꺼내면 인골이 부서지는 등의 훼손이 불가피했다. 고심 끝에 주제페가 생각해낸 방법이 빈 공간에 석고액을 부어 넣는 것이었다. 덕분에 석고가 굳으면서 인골 형태를 다치지 않고 그대로 꺼낼 수 있었다. 그 석고 미라의 형태를 보면 화산 폭발을 피하지 못한 사람들의 상태를 가늠할 수 있다. 연인의 모습, 의료 도구를 지닌 사람, 부모와 자식 등. 이 같은 오랜 발굴을 거쳐 건물이나 벽화, 생활 도구까지 생생히 복원할 수 있었다.

다시 문제가 된 것은 처음 발견 때 그랬던 것처럼 에로틱한 내용의 유적들이었다. 그림 중에는 오늘날 포르노 잡지에서나 볼 수 있는 것과 같은 남녀 간의 성교행위가 그려진 그림도 다수 있었다. 또 로마의 목신(牧神) '판(Pan, 허리 위는 사람의 모습이고 하반신이 염소 모양인 신으로, 나그네에게 공포를 주는 존재라는 점에서 공포를 뜻하는 '패닉'이라는 단어가 나왔다)'이 염소와 성교를 하는 조각상도 발견됐다. 건물 유적을 확인한 결과 도시의 7곳에 사창가가 있었다는 사실도 드러났다.

그렇게 차근차근 발굴이 진행되던 중 유물의 운명이 다시 바뀐다. 1819년 유적지를 방문한 나폴리의 프란시스 1세 왕이 가족들과 함께 박물관을 찾았을 때였다. 왕은 외설적인 그림들을 보고는 당황한 나머지 밀봉하라고 지시하기에 이르렀다. 그러고는 '성숙한 나이에 존경할 만한 도덕성을 갖춘 사람들만' 그림을 볼 수 있도록 했다. 그렇게 몇 번의 공개와 밀봉을 거듭하느라 100년 가까이 흘렀고, 2000년에야 완전히 공개될 수 있었다.

전쟁으로 파괴된 바르샤바는 그림을 통해 복원됐다

폴란드는 우리만큼 외세 침략과 수탈을 많이 당한 나라다. 그런 뿌리 깊은 피해 의식 덕분인지, 폴란드인들의 전쟁에 대한 대비는 놀라울 정도였다. 대표적인 예가 바르샤바의 복원 과정이다. 바르샤바는 1596년 수도가 된 유서 깊은 도시다. 하지만 수많은 침탈을 겪으며 피폐해졌다. 그중 가장 큰 피해를 준 것이 제2차 세계대전 때의 나치 독일군이었다.

1939년 9월 1일 독일이 폴란드를 점령하고서 가장 먼저 한 일은 '게르만화(化)'였다. 폴란드적인 건축물과 기념물은 모조리 파괴됐고, 땅과 사업체, 집은 압수됐다. 가장 큰 피해를 당한 곳은 수도 바르샤바였다.

독일군이 진주하자마자 주민 4만 명이 사망하고 도시의 12%가 파괴됐다. 폴란드 태생으로 피아노의 시인이라 불렸던 쇼팽의 동상은 조각조각 잘려서 독일로 운반됐다. 이듬해인 1940년에는 바르샤바 시내에 그 유명한 유대인 거주 지역인 '게토'가 설치됐다. 독일은 반쯤 폐허가 된 바르샤바를 독일의 소규모 병영 도시로 삼을 계획을 세웠다. 이때까지는 바르샤바 시내의 건축물이나 동상이 그런대로 남아 있었다.

그러다 1944년 8월 1일 소련군의 서진(西進)에 맞추어 폴란드인들이 바르샤바 해방 봉기를 일으키자 상황이 돌변했다. 소련이 진군을 멈추는 바람에 결국 봉기가 실패했는데(동부 전선에서 독일군과 교전을 벌이다 진군이 지체됐다는 설과 폴란드를 자기 영토로 삼기 위해 기회를 보다 늦어졌다는 설이 엇갈린다), 화가 난 독일군은 바르샤바를 그야말로 초토화시켰다. 이때 그간 가까스로 살아남았던 바르샤바 궁전도 폭파됐다. 당시 25만 명 이상이 살육됐다.

기록에는 전쟁 전에 바르샤바에 957곳에 이르는 역사 기념물이 있었는데 독일의 초토화 작전으로 782곳이 완전히 파괴됐고 141곳이 부분

제2차 세계대전이 끝난 1945년 1월 폴란드 통신사 〈폴리시 프레스 에이전시(Polish Press Agency)〉의 한 기자가 찍은 바르샤바 시 구도심 사진. 대부분의 건물이 폭격으로 뼈대만 남을 정도로 파괴됐다.

파괴됐으며 34곳만이 화를 면했다고 되어 있다. 34곳이 화를 피한 것은 진군을 멈췄던 소련군이 다시 진격하는 바람에 폭탄을 설치할 시간이 부족했기 때문이었다고 한다. 결과적으로 도시의 85%가 파괴됐고 80만 명이 사망했다.

▲
베르나르도 벨로토가 1779년경 그린 〈바르샤바의 므니제치 궁전 (Mniszech Palace in Warswa)〉.

지금의 바르샤바는 이후 복원된 것이다. 그렇다면 그 이전과 완전히 다른 모습일까? 답은 '그렇지 않다'이다. 폴란드가 독립국으로 재수립된 것은 1918년이었다. 그동안 수도 없이 나라가 외세에 의해 찢어진 경험을 한 폴란드인들은 제1차 세계대전을 겪고서는 독립국이 되기 전 나라가 3개로 쪼개진 상태에서도 건축물 복원을 위해 전문가들이 머리를 맞댔다. 이어 제2차 세계대전의 기운이 감돌던 즈음에 건축 유산을 보존하는 법안을 발의했다. 때는 1928년, 이 건축물 보존 법안에 따라 사유지이건 국유지이건 역사적 의미가 있는 건물이라면 모두 보호하도록 결정됐다. 이를 바탕으로 폴란드 건축가와 미술사가는 독일군이 코앞에 다가왔을 때까지도 재건을 염두에 두고 건축물을 기록해나갔던 것이다.

매일 밤 왕궁에서 문짝과 벽난로, 기둥, 널빤지를 반출했고 일부 유물들은 수도원의 수도사 무덤 속에 감추기도 했다. 이

▲ 제2차 세계대전 때 크게 부서졌으나 벨로토의 그림을 바탕으로 재건되어 현재 벨기에 대사관으로 사용되고 있다.

렇게 수집한 자료는 1만 점 이상이었고 확보한 건물 도면은 3만 5,000장이나 됐다. 여기에 이탈리아 화가 베르나르도 벨로토(Bernardo Belloto, 1721~1780)의 그림이 큰 도움이 됐다.

그는 18세기에 폴란드 스타니스와프 2세의 궁정화가였다. 당시 12년간 바르샤바에 머물며 많은 바르샤바 풍경화를 남겼는데, 이 그림을 통해 건물의 모습을 유추할 수 있었던 것이다.

이를 바탕으로 폴란드는 1945년 해방 후부터 굶주리는 가운데서도 도시 복구에 돌입했다. 궁전과 교회, 거리가 수십 년에 걸쳐 전쟁 전 모습으로 돌아왔다. 앞서 제정했던 건축물 보존 법안은 1967년까지만 살아 있었고, 해방 후에도 소련군이 진주하면서 일부 건축물은 복원이 더디어졌지만 그들의 집념을 꺾을 수는 없었다. 수십 년간의 복원 과정을 거쳐 역사의 일부인 전쟁의 흔적은 완전히 사라졌다. 폴란드인들은 아픈 기억을 추억하기보다 망각하기를 택한 것이다.

그 결과 폴란드인들은 1980년 바르샤바 구시가지(역사지구)를 유네스코 세계문화유산에 올렸다. 유엔은 구시가지의 아름다움뿐만 아니라, 파괴된 역사를 복원하려는 인간의 의지를 인정한 것이다.

《유토피아》는 사회주의 교과서인가

'유토피아(Utopia)'는 천국과 같은 이상적인 곳, 이상향으로 널리 알려진 말이다. 이 말은 영국의 학자였던 토머스 모어(Thomas More, 1478~1535)가 만들었다. 1516년에 《최선의 국가 형태와 새로운 섬 유토피아에 관하여》라는 긴 라틴어 책 제목을 통해서 처음 등장했다. 유토피아의 원래 뜻은 '아무 데도 없는 곳' 혹은 '좋은 곳'이다. 그리스어 ou(없다 혹은 좋다)+topos(장소)+ia(명사형 어미)로 조어(造語)한 것이다.

여행기 형식을 취한 일종의 판타지 소설과 같은 이 책에서 토머스 모어는 1부와 2부로 나누어 1부에서는 영국의 현실을 비판한 뒤 2부에서는 신대륙 탐험에 나섰다가 유토피아 섬에 표류한 선원의 이야기를 전하는 방식으로 영국의 모순점에 대한 대안을 제시한다. 그가 책에서 제시한 방안 중 핵심은 사유재산제 폐지와 재산공유제였다. 책 내용 중 해당 부분을 인용하면 이렇다. 1부는 대화 형식으로 꾸며졌다.

"한 현자(賢者)는 공공복지에 이르는 유일한 길이 재화의 평등한 배분에 있다는 것을 알아차렸지요. 개인이 재산을 소유하고 있는 곳에서 평등이 이루어질 수는 없을 테니까요. 아무리 재화가 풍부하다고 해도, 개개인이 무슨 구실이든 내세워 많은 것을 끌어모으면 소수의 사람이 많은 것을 나누어 가지고, 나머지 다수는 가난을 면치 못하게 됩니다. 이래서 나는 사유재산제가 완전히 폐지되지 않는 한 재화의 공정한 분배는 이루어질 수 없고, 사람들의 생업 또한 제대로 이루어질 수 없다고 믿습니다. 사유재산제가 있는 한 그러한 사회악들을 없애고 사회를 건강하게 되돌릴 수는 없습니다. 어떤 사람에게 무엇인가를 주기 위해서는 다른 어떤 사람에게서 빼앗아야만 하니까요."

"난 그렇게 보지 않습니다. 내 생각에는 모든 것을 공유하는 곳에선 사람들이 잘살 수 없을 것 같습니다. 모두가 일을 그만뒀는데 어떻게 풍부한 생산품이 나오겠습니까? 이득을 챙기려는 생각이 사라지면, 남들에게 기대게 되어 게을러집니다. 가난을 벗어나기 위해 일을 하려 해도 자기가 일해서 얻은 것을 법적으로 보호받을 수 없다면, 끊임없는 유혈과 난동이 뒤따를 수밖에 없지 않겠습니까? 공무원들에 대한 존경심이 없어지고 그들의 권위가 상실되었을 때는 특히 그럴 것입니다."

이 대화 형식의 글을 보면 토머스 모어의 생각은 평등, 재화의 공유에 맞춰져 있다. 사회주의의 연원을 제공했다고 해도 좋을 정도다. 실제로 토머스 모어는 '함께 나누고 함께 쓰는 것'이 최선이라고 생각했다. 사회주의 사상의 근간에 도달했던 셈이다.

다만 그의 통찰력은 사유재산제 폐지에 머물지 않았다. 나태함이 재산 공유 체제를 저해할 것으로 본 것이다. 이 부분은 현재 몰락한 사회주의 체제가 가진 모순을 미리 짚은 것이나 다름없다.

흥미로운 것은 유토피아의 내용 못지않게 이 책을 쓴 토머스 모어의 모순된 일생이다. 그는 애당초 수도사가 되려고 했지만 27세 때 17세 소녀인 제인을 만나 결혼하면서 포기하고 만다. 옥스퍼드 대학을 다녔고, 유명한 법학자였던 아버지의 뜻에 따라 법학을 전공하다가 갑자기 수도사가 되기로 한 것만큼이나 느닷없는 행동이었다. 수도사가 되기로 한 뒤로 수도

▲
1527년 영국 화가 한스
홀바인이 그린 토머스
모어의 초상화.

원 옆에 살면서 금욕주의적 생활을 한다고 자기 몸에 채찍질을 가할 정도로 맹신적인 모습까지 보인 터였기 때문이다.

그의 튀는 행동은 26세에 영국 의회에 들어간 뒤에도 벌어졌다. 절대왕정 시대인 헨리 7세 당시에 증세(增稅)에 반대해 미움을 산 것이다. 그의 반대로 결국 증세에 실패한 헨리 7세는 모어에게 벌금을 부과하는 등의 보복을 했다. 이에 미련 없이 정계를 떠난 모어는 헨리 8세 때 다시 런던 시 행정관으로 복귀하면서 국정에 참여한다. 외교부, 재무부 등을 거쳐 헨리 8세의 유력한 조언자이자 비서 역할을 하면서는 승승장구했다. 헨리 8세의 신임을 얻어 대법관으로까지 진출했다.

종교개혁 덕분에 두 사람의 사이는 더욱 가까워졌다. 루터가 1520년 헨리 8세에게 그를 비판하는 책자인 《교회의 바빌론 포로(Babylonian Captivity of the Church)》를 보냈을 때도 그랬다. 바빌론 포로는 고대 이집트에서 유대인들이 포로로 잡혀 노예 생활을 했던 당시를 연상시키는 말이다. 가톨릭교회의 포로가 되어 잘못된 믿음을 가진 당시의 종교 현실을 루터가 비판한 내용이 중심이다. 여기서 루터는 헨리 8세에게 욕설을 퍼부었다. "무뇌아, 글도 모르는 교황 주의자 짐승, 더러운

재 덩어리…."

그러자 가톨릭 성향이던 모어는 1521년 헨리 8세를 대신해 마틴 루터에 대한 반박문을 보냈다. 여기서 모어도 루터를 '악마의 사도, 뚜쟁이, 배교자, 촌놈' 등으로 불렀다. 이런 대응에 교황은 헨리 8세를 추켜세웠고, 모어와 루터의 상호 반박문은 이어졌다. 여기에는 서로의 교리대로 상호 입장을 반박하는 글이 주류를 이루지만 원색적인 비방도 다수 포함되어 있었다. 모어가 루터에게 "썩어빠진 입에서 나는 입 냄새에 구역질이 난다"는 글을 보내면 루터는 모어에게 "돼지, 머저리, 거짓말쟁이"라고 응수하는 식이었다. 모어는 오직 가톨릭교회만이 유일한 교회이며, 루터와 개신교를 사회 질서를 파괴하는 악으로 규정했다.

이 과정에서 모어는 직접 나서서 개신교도들을 고문하거나 자기 집 지하에 가두었다. 대법관인 모어는 6명의 개신교도를 화형에 처하는 데 적극 개입했다. 자신의 책인 《유토피아》에서는 종교적 관용을 이야기해놓고는 전혀 다른 행동을 한 것이다.

그러다 반전이 일어난 것은 헨리 8세가 개종을 하면서였다. 캐서린 왕비와 이혼하고 앤 볼린과 재혼하려는 과정에서 이혼을 반대하는 교황과 등을 진 것이다. 교황과 대립각을 세우는 헨리 8세와 교황을 두둔하는 모어의 결별은 필연적인 것이었다. 헨리 8세가 교황에게 캐서린 왕비와의 결혼 취소를 요청하는 편지를 보내려 하자 모어는 서명을 거부했고, 나중에는 헨리 8세가 결혼한 앤 볼린의 자녀가 왕위를 계승하는 것을 반대하다 투옥되는 사태로 발전했다. 이 일로 끝내 모어는 처형당하고 만다. 가톨릭 편에 섰다가 희생당한 점을 생각해서였는지 2000년에 로마 교회는 모어를 '정치가와 공직자의 수호성인'으로 올렸다. 일종의 보은인사였던 셈이다.

    대법관을 지내는 등 주류 사회에 속해 있던 모어가 사유재산제 폐지와 같은 급진적 사고방식과 함께 가톨릭을 옹호하는 보수적 태도를 동시에 취하고 있었다는 점은 이율배반적이다. 그의 인생 자체가 이중적이라서일지 모른다.

남자와 여자는 어떻게 다른가

 남자와 여자는 당연히 다르다. 신체의 기능과 생김새뿐만 아니라 사고방식도 다르다. 이런 건 상식도 아니지만 어떻게 다른지로 넘어가면 이야기가 달라진다.
 남녀의 차이를 실험을 통해 확인해본 사람이 있다. 미국의 발달심리학자인 캐럴린 잰-왁슬러다. 실험에는 2~3세 남녀 어린이가 등장한다. 잰-왁슬러의 이론에 맞추어 국내에서 실험했을 때 엄마와 함께 도구를 사용해 놀던 아이들이 갑자기 엄마가 다친 시늉을 하자 다른 반응을 보였다. 손가락을 다친 듯 우는 연기를 하자 여자아이들은 엄마를 물끄러미 보다가 따라 울기 시작했다. 시늉이 아니라 진짜 눈물을 흘렸다. 반면 남자아이들은 그런 엄마를 잠시 보다가 원래 자기가 하던 놀이로 돌아갔다. 무심한 얼굴로 말이다. 심지어 다친 손가락을 보여주려는 엄마를 밀어내기까지 하거나 상황을 회피하려는 것인지 웃는 아이도 있었다.

이 연구는 '가상 부상(simulated injury) 패러다임'이라는 실험이다. 이 실험이 있기 전까지는 어린아이들의 인지 능력이 완전히 발달하지 않아 타인의 고통이나 분노, 두려움과 같은 감정을 제대로 간파하지 못한다고 여겨졌다. 그러나 이 실험을 통해 사람은 선천적으로 타인의 감정에 반응할 수 있으며, 특히 여성이 남성보다 타인의 감정에 훨씬 더 동조한다는 것을 확인할 수 있었다. 이러한 분석은 여성이 남성보다 타인을 잘 위로하거나 쉽게 감정 이입을 한다는 의미로 받아들여졌다.

잰-왁슬러는 이런 연구 결과를 토대로 여성은 남성보다 타인의 고통이 2배 더 전이되어 우울증을 더 쉽게 겪게 된다는 분석도 내놓았다. 또 성인 여성이 우울증 등의 정신적 고통을 겪을 경우 어렸을 때 부모들의 문제에 깊이 개입했다고 유추할 수 있다고도 했다. 이렇게 되는 것은 해당 성인 여성이 어린 시절, 부모가 겪게 된 문제에 자신도 책임이 있다고 느꼈기 때문이라고 풀이했다.

이런 분석을 통해 내릴 수 있는 결론은 여성이 남성보다 타인에 대한 공감능력이 뛰어나다는 것이다.

그럼 남성은 공감능력 대신 어떤 능력이 뛰어날까? 이 실험에서는 명시적으로 나타나지 않았으나 여러 발달심리학자의 연구 결과에 따르면 '체계화 능력'이 뛰어나다는 분석이 있다.

예를 들어 컴퓨터가 고장이 나서 작업을 할 수 없게 된 상황에 처한 여자친구가 남자친구에게 전화를 걸어 사정을 설명하는 경우를 가정해보자.

여: 오빠, 노트북이 고장 났는지 모니터가 켜지지 않아. 어떡해. 내일 리포트를 내야 하는데, 이러면 난 학점이 빵구난다구….

남: 아, 그래. 먼저 전선이 연결돼 있는지 확인해봐.

여: 리포트를 못 내면 이번 학기에 경고를 받을 거야. 그럼 난 졸업도 못 해.

남: 그러지 말고 전선부터 확인해봐. 연결돼 있으면 컴퓨터를 다시 켜봐.

여: 리포트 주제도 어려워서 작업을 오래 해야 하는데, 벌써 이러면 안 되는데….

남: 아니, 전선부터 확인하라니까!

여: 오빠, 왜 나한테 짜증을 내? 전화 끊어!

자신이 얼마나 난처한지를 구구절절 털어놓는 여자친구와 문제를 해결하는 게 급하다고 생각하는 남자친구. 둘 사이의 생각의 차이는 말 그대로 화성과 금성만큼이나 떨어져 있다. 여자는 자기의 처지를 하소연함으로써 상대가 공감해주기를 바라는 반면, 남자는 문제 해결에 초점을 두고 있기 때문이다.

결국 남녀 관계를 잘 유지하는 방법은 '남성은 여성을 대할 때 여성의 공감을 사는 방식으로 해야 하고, 여성은 남성이 이해할 수 있도록 체계적으로 설명해야 한다'가 된다.

이렇게 서로 다른 존재가 부부로 합쳐서 살 때, 서로 맞춰가며 사는 법을 터득하기까지 시간이 걸리는 것은 어쩌면 당연하다. 그 과정 자체가 부부생활의 묘미일 수도 있고 말이다.

노인의 '나이 기준'은 언제부터 있었을까?

노인의 연령 기준은 몇 살인가. 우리나라는 60세 환갑 풍습을 갖고 있으므로 60세 이후인가, 아니면 일반 직장의 정년 기준이 55세이므로(2016년부터는 60세) 55세 이후로 봐야 하나. 전 세계적으로는 65세부터가 노인이라는 인식이 일반적이다. 그 나이에 정년퇴직하는 것이 통상적이기 때문이다.

  그럼 이 기준은 어디서 나온 것일까? 독일에서다. 보불 전쟁(1870~1871)으로 독일을 통일한 프로이센의 철혈 재상 오토 폰 비스마르크(Otto von Bismarck, 1815~1898)가 도입한 제도 덕분이다. 그가 도입한 3가지 사회보험 중 '노인-장애인 보험'

▲ 1881년경의 비스마르크.

이 1889년 도입됐는데 여기에 연금을 받을 수 있는 나이가 규정되어 있다.

독일 통일을 꾀한 비스마르크는 이를 저지하려는 나폴레옹 3세를 꺾고 독일 제국을 건설했다. 징병제로 청년들을 모아 훈련시킨 프로이센은 군비 면에서 프랑스보다 우세했다. 결국 프랑스의 패전으로 끝나면서 프랑스의 알자스-로렌 지방이 대부분 독일 땅이 됐다(우리에게 많이 알려진 알퐁스 도데의 《마지막 수업(The Last Lesson)》의 지역 배경이 이곳이다. 독일에 패한 뒤 이 지역 프랑스 주민들이 독일어를 배워야 하는 장면이 소설의 핵심 내용이다. 이곳은 제1차 세계대전에서 독일이 패함으로써 1919년에 다시 프랑스로 돌아간다).

문제는 그다음에 발생했다. 당시 징집됐던 청년들은 종전 후 10년이 넘어도 각자 살던 지방으로 돌아갈 생각을 하지 않았다. 이들이 결혼하고 아이를 낳으면서 도시는 포화 상태가 됐다. 그런 인구가 100만 명이 넘었다. 실업으로 인해 먹고 사는 문제만이 아니라 치안 문제도 발생하기 시작했다. 당시 평균 수명은 45~49세 정도로 알려졌다. 영아 사망률까지 포함된 것이었다 해도 수명이 지금보다 짧았던 것은 분명했다. 이렇게 사회 분위기가 뒤숭숭해지는 가운데 사회 혁명의 조짐이 유럽 곳곳에서 나타나기 시작했다. 좌파들의 목소리가 커지고 있었던 것이다.

비스마르크는 이런 목소리를 잠재우기 위해 사회보험 제도를 도입하기로 했다. 의료보험(1883년), 산재보험(1884년)과 같은 오늘날까지 살아 있는 제도를 그가 만들었다. 그는 마지막으로 노인-장애인보험을 통해 일종의 정년 제도를 마련했다. 공장에서 노인들을 내보내고 그 자리를 청년들로 채우겠다는 발상이다. 일자리가 생기면 그만큼 사회와 정부를 향한 불만의 목소리는 줄어드는 법이다. 대신 노령연금을 받는 대상은 연 2,000마르크 미만 소득자여야 하며, 생산직이어야 한다고 규정했다. 그야말로 생활이 어려운 사람을 국가가 돕는 근대적 의미의 사회보험 형식을 취한 것이다. 또 오늘날의 연금처럼 정부와 기업이 보험료를 반씩 부담하는 형태였다.

이 과정에서 한 가지 사실이 잘못 알려졌다. 비스마르크가 처음에 정한 정년은 65세가 아니라 70세였다. 그가 만든 법안에는 '70세에 이르는 해부터 연금을 받는다'로 되어 있다. 이 법안이 1916년부터 65세로 바뀌었다. 이렇게 된 과정이 잘못 전파되어 독일이 처음부터 노인 기준을 65세로 정했다고 알려진 것으로 추정된다. 수령액은 기초생활비 일부였다가 1957년 콘라드 아데나워(Konrad Adenauer, 1876~1967) 수상의 노령연금보험 개혁조치로 기초 생활비 전액으로 바뀌었다.

이후 나라별로 정년 제도를 도입할 때 비스마르크의 법안을 참조했을 것으로 보인다. 우리나라는 정년 제도가 바뀌어 현재 55세에서 2016년부터는 60세가 된다. 일본을 비롯해 65세 정년 제도를 두고 있는 다른 유럽 국가에 비하면 그래도 젊은 편이다. 요즘에는 다들 건강해진 덕분인지 60세에 환갑잔치를 하는 사람도 사라졌다. 칠순잔치도 남우세스럽다고 잘 하지 않는 분위기다. 이제 노인에 대한 기준이 좀 달라져야 할 때다.

체제에 순응하지 않거나

기존의 논리를 거부하며 괴상한 짓을 즐기는 사람들이 있다.

그런 괴짜들로 인해 세상은 한 번씩 들썩이고 변화의 계기를 맞았다.

체제에 순응하지 않거나

기존의 논리를 거부하며 괴상한 짓을 즐기는 사람들이 있다.

그런 괴짜들로 인해 세상은 한 번씩 들썩이고 변화의 계기를 맞았다.

세상은

괴짜가
바꾼다

시작하며

세상은 다수의 평범한 사람들로 인해 돌아간다. 어제와 다르지 않은 오늘을 살고, 예측 가능한 내일을 준비하는 사람들이 대부분이다. 대다수는 누군가의 아들이거나 딸이고, 남편이거나 아내이며, 아버지거나 어머니다. 일정한 월급을 받아 노후를 위해 저축하고 사업을 벌여 손익을 따지며 하루하루를 보낸다. 일상이 흥미롭고 재미로 가득 찬 날은 얼마 되지 않는다. 쳇바퀴 돌듯이 살아가는 세상은 쉽게 변하지 않을 것 같다. 발전이란 게 있을지도 장담할 수 없다. 그럼 세상이 고인 물처럼 썩어가야 하는데, 꼭 그렇지는 않다. 이유는 바로 튀는 인물이나 체제 순응적이지 않은 사람들로 인해 한 번씩 들썩이고 변화의 계기를 맞기 때문이다. 앞서 모든 혁명가, 오늘날의 모든 괴짜가 그 주인공이다.

총칼을 들어야 세상을 변하게 할 수 있었던 것만은 아니다. 그 괴짜들의 공통점에서 발견되는 것은 조직 논리, 상식을 거부했던 사람들이라는 점이다. 기존의 논리를 따르다 보면 매일 하던 일에서 벗어날 수가 없다는 것을 그들은 일찌감치 간파한 것이다. 물론, 매일매일 해야 하는 일을 누군가 하지 않으면 그 조직 자체가 운영되지 못한다. 평범한 인물들이 사회나 조직을 떠받치고 돌아가게 하는 것이다. 그들의 존재 가치는 그들대로 가진 셈이다.

그렇게 밑바탕이 튼튼한 가운데 돌출하는 몇몇 별종들이 조직을 변화시킨다. 때론 그 조직을 망치기도 하지만, 그런 존재를 얼마나 포용할 수 있느냐가 그 사회와 조직의 흥망과 연관된다. 그런 인물들은 과연 어떤 사람이었을까? 우리가 상식적으로 알던 사람들의 특장점은 전혀 다른 곳에 있었다는 것을 알 수 있다. 백의의 천사로만 알고 있던 나이팅게일부터 시작해보자.

 세상은 괴짜가 바꾼다

나이팅게일은 백의의 천사라기보다 냉정한 행정가였다

2014년 우크라이나 사태* 와중에 러시아로의 합병 선언을 한 흑해 북부 크림 반도는 1854년 러시아와 오스만 제국(및 동맹국) 간의 전쟁(크림 전쟁**)이 벌어져 우리에게도 익숙한 곳이다. 러시아의 남하 정책과 이에 대한 다른 유럽 각국의 견제로 벌어진 이 전쟁에서 위인이 탄생하는데 바로 플로렌스 나이팅게일(Florence Nightingale, 1820~1910)이다. 전쟁에서의 간호를 통해 헌신적인 여성으로 여겨졌다. 이런 인식이 전혀 틀린 것은 아니지만, 사실 나이팅게일은 '백의 천사'만은 아니었다는 것이 많은 전기 작가들의 말이다.

▲
1858년경의 나이팅게일. 1913년 에드워드 쿡이 지은 《플로렌스 나이팅게일의 일생(Life of Florence Nightingale)》에 수록된 사진.

1854년 11월 4일, 나이팅게일은 38명의 간호사와 함께 전쟁터인 터키 보스포루스 해협 인근의 스쿠타리에 도착해 영국군 야전 병원에서 부상병에 대한 간호 활동을 시작한다. 일종의 자원봉사였다. 나이팅게일이 처음에 주목한 것은 당시 영국군 전사자가 5,000명이었던 데 비해 전염병으로 인한 전사자가 1만 5,000명에 이르는 사실이었다.

원인은 관료적인 영국 군부(軍部)가 병사를 소모품으로 생각해 보급품이나 의약품을 거의 보내주지 않는 데 있었다. 병원은 빈민가 수준이어서 내부를 흐르는 시궁창에서 악취가 진동하고 있었다. 덕분에 오늘날 간호사의 대명사인 나이팅게일은 전문적인 간호 대신 빨래와 청소 같은 허드렛일부터 해야 했다. 군인들에게 군복과 양말을 만들어 입히기 위해 개인 재산을 쓰기도 했다.

당시 그녀의 별명은 '등불을 든 여인'이었다. 등불을 들고 병원 곳곳을 다니며 시설이 미비한 곳을 찾아 개선에 힘썼기 때문이다. 게다가 '흰색'이 아니라 짙은 색의 검소한 옷을 입었고, 성격 역시 '천사'와는 상당히 거리가 있었다고 한다. 영국 정부와 군부, 그리고 터키 정부의 관료주의와 싸우면서 야전 병원을 운영하는 그에게서는 간호사로서의 자상함보다는 행정가로서의 철저함이 더 두드러졌다. 영국 군부에 보낸 편지에는 보급품이 부족하고 그나마도 더디게 도착하는 데 대한 항의의 목소리와 군부에 대한 거친 비난이 가득했다고 한다. 그녀가 남긴 말은 이러한 그녀의 실천력을 반영한다.

I think one's feelings waste themselves in words; They ought all to be stilled into actions which bring results(사람들은 말로만 떠들면서 정력을 낭비한다. 그 대신 결과를 낳는 행동을 해야 한다).

이밖에 그녀는 야전 병원 운영 정상화를 위해 여러 가지 현황을 쉽게 알아볼 수 있도록 새로운 그래프 작성법을 고안해 냈다. 직접 조사한 내역을 통계화한 것이다. 1859년에 여성 최초로 왕립통계학회 회원이 된 것은 그 덕분이다. 여기서도 그녀의 행정가다운 면모가 돋보인다.

이러한 나이팅게일의 노력으로 1855년 봄 환자의 사망률은 42%에서 2%로 떨어졌다. 1856년 2월 파리 협정으로 3년여 만에 전쟁이 끝나 7월에 귀국한 나이팅게일에게 찬사가 쏟아진 것은 당연한 일이었다.

그 뒤로 나이팅게일은 1859년 세인트토머스 병원에 '나이팅게일 간호학교'를 설립했고, 같은 해에 간호학의 고전으로 불리는 《간호론(Notes on Nursing)》을 펴냈다. 나이팅게일이 근대 간호학의 창시자로 불리는 것도 철저한 위생 관리와 영양 공급, 정서적인 안정을 강조했기 때문이다. 1869년에는 영국 최초의 여의사인 엘리자베스 블랙웰(Elizabeth Blackwell, 1821~1910)과 함께 여성 의과 대학을 설립했다.

나이팅게일의 생일인 5월 12일은 매년 세계 간호사의 날***로 기념된다. 또 그녀는 1975년부터 1994년까지 영국의 10파운드 지폐 뒷면을 장식하기도 했다.

---

* 2014년 우크라이나 사태는 소련 연방이었다가 소련 붕괴로 독립한 우크라이나에서 친소 세력이 자기 지역을 소련으로 합병할 것을 요구하며 내전에 이를 뻔한 사건이다. 소련으로의 합병을 주장하는 세력의 요구로 합병 찬반 투표까지 벌어지면서 소련이 사태에 개입하려는 의지를 보이고, 서방 국가들이 이를 견제하면서 긴장이 심화되기도 했다.

** 크림 전쟁은 1853년부터 1856년까지 러시아 대 영국, 프랑스, 사르데냐 왕국, 오스만제국 연합국 간에 벌어진 전쟁이다. 발단은 러시아가 오스만제국 내의 정교회 교도들을 보호하겠다고 나선 것이다. 실제로는 중동을 둘러싼 열강들의 이권 다툼이 핵심 내용이다. 파리 조약으로 전쟁이 끝나면서 러시아는 흑해 인근에서의 영향력을 상실했다.

***1999년 4월 영국 브라이튼에서 열린 유니슨(UNISON) 총회에서 세계 간호사의 날을 다른 날로 바꾸고 나이팅게일에 대한 추앙을 중단해야 한다는 목소리가 나왔다. 유니슨은 25만 명의 간호사를 포함한 총 46만 명의 의료 종사자들이 가입한 영국 내 최대 공공분야 노동조합이다. 유니슨이 이런 목소리를 낸 이유로 나이팅게일이 당시 간호사의 역할을 의사의 보조자로 국한함으로써 현재의 저임금체계를 유도한 데다가 크림 전쟁 때 나이팅게일 외에도 활약한 간호사들이 많이 있다는 점을 들었다. 유니슨은 그러면서 당시 자신의 전 재산을 팔아 간호한 메리 시콜(Mary Seacole, 1805~1881)이 흑인혼혈이었다는 이유로 인종차별을 당한 사례를 들었다.

환자를 위해 기도나 간호만 하던 종전의 방식에서 탈피한 나이팅게일은 엄청난 혁신가인 셈이다. 개혁가들에게서 공통적으로 나타나는 추진력을 보여준 나이팅게일은 당시로서는 대하기가 상당히 껄끄러운 여성이었을 것이다. 나긋나긋하고 자애롭기만 한 여성이었다면 해내지 못했을 일이었다. 여성이라는 한계에 머물지 않고 장벽을 강하게 밀어붙여 뚫고 나간 사람이니까 가능했을 것이다. 이런 사람이 역사를 만들거나 바꾸는 법이다.

역사의 진정한 반항아, 《홍길동전》의 허균

때는 1601년(선조 34년). 왕이 사용하는 말과 수레를 관장하는 사복시(司僕寺)의 낭관(종6품 벼슬)으로 있던 교산 허균(許筠, 1569~1618)이 전운 판관(轉運判官)이 되어 조운(漕運)을 감독하게 됐다. 이 과정에 대한 기록이 허균의 〈조관기행(漕官紀行)〉이다. 일종의 기행문이지만 공무(세금으로 받던 쌀과 그 운반)에 관한 기록도 있다. 그런데 여기에 허균이 함께 놀던 기생 이름이 여럿 등장한다.

7월 23일 부안에 도착하니 비가 몹시 내려 머물기로 했다. 창기(倡

妓)* 계생은 이옥여(인조반정의 중심 인물인 이귀를 말함)의 정인(情人)이다. 거문고를 뜯으며 시를 읊는데 생김새는 시원치 않으나 재주와 정감이 있어 함께 이야기할 만하여 술잔을 놓고 시를 읊으며 서로 화답하였다. 밤에는 계생의 조카를 침소에 들였으니 혐의를 피하기 위해서다.

26일 법성창(法聖倉)에 이르렀을 때 서울 기녀인 낙빈, 선래, 산월이 함께 그곳에 살고 있어 모두 와서 위로해주었다. 술은 잔에 넘쳐흐르고 거문고와 노래를 번갈아 연주하는데 우스갯소리를 하다가 달구리(새벽에 닭이 울 무렵)가 되어서야 파하였다.

28일 해질 무렵 도착한 광주에서는 젊은 날 서울에서 정을 준 기녀 광산월과 평생의 즐거움을 나누며 밤을 새웠다.

이때가 허균 나이 33세였다. 허균은 이렇게 여색을 마다하지 않았다. 31세에 황해도사로 부임할 때 기생을 데리고 갔다가 사헌부의 탄핵을 받아 파직을 당할 정도였다. 이후 〈조관기행〉을 쓸 무렵 모친상을 당하고도 3일장이 끝난 뒤 기생과 놀아나 문제가 되기도 했다. 숙부인(淑夫人) 김 씨가 숨진 뒤에는 새 장가를 두 번이나 들었다.

안정복은 문집인 《순암문집(順菴文集)》에서 "허균은 총명하고 문장에 능하지만 행동을 절제하지 않았다. 상중(喪中)에도 고기를 먹고 애를 낳았다. 이 때문에 사람들이 모두 침을 뱉으며 더러워했다"고 평했다.

그밖에 집에 별실을 만들어 서울의 기생을 거처하게 했다 하여 비난을 받자 허균은 이렇게 항변했다. "남녀 사이의 정욕과 식욕은 천(天)이 내린 것이요, 인륜과 기강은 성인(聖人)의 가르침이다. 나는 성인의 가르침을 어길지언정 하늘의 본성을 어길 수는 없다."

이런 점 때문에 광해군은 허균에 대해 좋지 않은 인상을 가지고 있었다. 광해군이 허균을 처형한 후 내린 다음의 반교문(頒敎文)을 통해 알 수 있다. 반교문은 나라에 경사가 있을 때 왕이 널리 알리기 위해 발표하는 교서로, 그만큼 허균은 광해군에게 눈엣가시였다.

역적의 우두머리 허균은 성품이 사납고 행실이 개돼지와 같았다. 윤리를 어지럽히고 음란을 자행하여 인간으로서의 도리가 전혀 없었으며, 윤리를 멸시하고 상례를 폐지하여 스스로 인간의 도리를 끊었다. 붓을 놀리는 자그마한 기예로 출세하여 작위를 차지하고 녹을 훔쳤다《조선왕조실록-광해군일기(光海君日記)》10년, 9월 6일).

허균이 이렇게 여러 사람의 눈 밖에 난 것은 그가 남의 눈이나 규칙에 신경 쓰지 않았고, 신분을 가리지 않고 사람을 사귀었기 때문이다. 또 가리지 않고 정욕을 발산하는 등 본성대로 산 점도 영향을 끼쳤다. 체면을 중시하는 사회에서 볼 때 인간 말종이고 이단아였던 셈이다.

▲ 한글판《홍길동전》.

이런 사람이니 여섯 번의 파직과 세 번의 유배를 당한 것이 전혀 이상하지 않다. 선비가 중심인 유교 조선 사회에서 불교를 숭상하다 파직을 당한 일도 있다. 여섯 번의 파직을 당했다는 것은 파직 당할 때마다 다시 공직으로 복귀했다는 뜻이기도 하다. 그만큼 그는 기행(奇行)과 상관없이 능력이 있는 사람이었다.

이런 점을 이해하면 우리나라 문학사에 큰 획을 긋는《홍길동전(洪吉童傳)》도 이해할 수 있다.《홍길동전》에는 적서(嫡庶) 차별이나 탐관오리의 횡포가 없는 이상적인 사회인 '율도국'이 등장한다. 봉건 사회인 조선 시대에 이런 발상을 하는 것부터가 대역죄를 저지르는 것이나 다름없지만 허균은 그런 것을 아랑곳할 사람이 아니었다. 그는 진정한 조선의 반항아, '자유로운 영혼'이었던 것이다.

---

* 노래와 춤으로 먹고사는 기생

정신병자는 만들어질 수 있다

정신이상과 정상이 존재한다면, 우리는 그 두 가지를 어떻게 알아차릴까? 이런 도발적인 질문을 던진 논문이 1972년 저명 학술지인 〈사이언스(Science)〉에 제출되면서 학계에 파란이 일었다. 논문 제목은 〈정신이상자들이 있는 곳에서 정상으로 지내기(On Being Sane in Insane Places)〉. 논문 제출자는 스탠퍼드 대학의 심리학과 교수인 데이비드 로젠한(David Rosenhan, 1929~2012) 박사였다.

이 논문이 충격을 안긴 것은 8명의 정상인을 정신이상으로 가장해 정신병원에 '침투'시켜 정신이상 진단을 받는 과정을 보여주었기 때문이었다. 이들 정상인은 여성 3명, 남성 5명으로 총 8명이었는데 20대 대학원생을 뺀 나머지는 심리학자, 소아과 의사, 화가, 주부 등이었다(처음에는 자신도 포함해 9명이었으나 로젠한 박사가 정신병원을 찾아가자마자 병원 직원들에 의해 신분이 드러나 실패했다). 로젠한 박사는 이들을 교육한 후 가짜 환자 행세를 하게 했다. 미국 내 5개 주에 있는 12개 병원이 대상이었다. 그런데 이들이 정신병원에 입원하는 과정을 보면 '정신이상 진단'이 이렇게 허술한가 놀라게 된다.

▲
미국의 심리학자인 로젠한 박사. 의사들의 정신병 진단에 대한 적합성 여부에 반기를 든 실험으로 유명해졌다.

먼저 실험 대상자 1명이 한 정신병원 진료소에 들러 "툭(thud) 하는 소리가 얼마 전부터 들린다"고 호소한다. 의사는 이 환자에 대해 툭 하는 환청이 들리는 정신이상 증상이 있다고 진단하고 입원시켰다. 다른 7명의 가짜 환자도 각각 정신병원에 찾아가 꾸며낸 증상을 말하고 입원했다. 이들 중 7명은 정신 분열이라는 진단을 받았고, 1명은 조울증 판정을 받았다. 이들은 짧게는 9일, 길게는 52일을 입원해 있었다. 그러고는 일시적으로 회복됐다는 판정에 따라 퇴원했다. 로젠한 박사의 논문은 이들 8명을 인터뷰한 결과물이다. 논문의 결론은 정신병원에서 정신이상과 정상을 구분하는 것은 불가능하다는 것이었다.

로젠한 박사의 주장은 단순하다. 정신병의 진단 기준이나 체계가 없으니 환자 말만 듣고 비과학적이고 자의적으로 의사가 판정하는 현실이 문제라는 것이다.

의사들의 반응은 어땠을까? 엄청난 반발이 일었다. 이에 2차 연구가 진행됐다. 정신이상자 판정을 잘못했던 병원 중 한 곳에 향후 석 달 내에 1명 이상의 가짜 환자가 방문할 것이라는 정보가 들어갔다. 이 병원은 석 달 후 총 193명의 내원자 중 41명의 가짜 환자를 찾아냈다고 발표했다. 하지만 실제로 로젠한 박사는 가짜 환자를 단 한 명도 보내지 않았다. 이로써 병원들의 진단이 얼마나 엉터리인지 재확인시켜주고 말았다.

그로부터 30년이 지난 시점에서 정신과 의사들의 판단 기준은 달라졌을까? 로젠한 박사와 비슷한 사람이 한 명 더 나오면서 논쟁이 이어졌다. 이번에는 2005년이었다. 우리나라에서도 출간된 《스키너의 심리상자 열기(Opening Skinner's Box)》의 저자인 로런 슬레이터(Lauren Slater, 1963~)가 논란의 중심이었다. 그녀는 9차례나 병원 응급실에 가서 로젠한이 말한 것처럼 귀에서 툭 하는 소리가 들린다고 호소했고, 총 80여 차례의 항우울증 등의 정신과 약을 처방받았다고 책에서 주장했다. 이에 다시 정신의학계가 슬레이터 진단서

미국의 심리학자이자 작가인 로런 슬레이터. 하버드 대학과 보스턴 대학에서 각각 심리학 석박사학위를 받았다.
▼

를 놓고 재실험을 벌이면서 슬레이터의 주장을 반박하는 재반박이 이어졌다.

  결론은 여전히 논란의 와중에 있지만, 미국정신의학계는 진단 기준을 체계화시키고 있다. 어찌 됐건 '고인 물은 썩게 마련'이라는 속담에 맞게, 고인 물을 뒤집어 놓은 효과는 있었던 셈이다. 로젠한 박사의 무모하기도 하면서 위험한 실험이 잔잔한 물 위에 돌을 던진 것과 같으니 말이다.

매혹적 그림의 비밀을 풀다

〈진주 귀걸이를 한 소녀(Girl with a Pearl Earring)〉*라는 그림으로 유명한 네덜란드 델프트 태생의 화가 요하네스 페르메이르(Johannes Vermeer, 1632~1675). 그의 예술성이 돋보이는 작품들은 늘 도둑들의 표적이 됐다. 심지어 위작 파동**까지 낳기도 했다. 〈진주 귀걸이를 한 소녀〉는 37점의 그림만 남긴 그의 대표작이다. 입술과 눈썹을 잘 보면 뚜렷한 윤곽이 없이 경계가 사라진데다(스푸마토 기법) 입술은 살짝 벌리고, 눈의 초점도 느슨하다. 다소 몽환적이기까지 한 이 그림을 비롯해 페르메이르 작품에는 특징이 있다. 오늘날의 사진기와 유사한

'카메라 옵스큐라(camera obscura)'라는 도구를 썼다는 의심을 받을 정도로 선이 분명하면서도 원근감 조절을 사실적으로 함으로써, 이 도구를 쓴 다른 화가들과 차별화된다는 점이다. 실제로 스칼렛 요한슨 주연의 영화 〈진주 귀걸이를 한 소녀〉에서는 페르메이르가 이 도구를 쓰는 것으로 표현됐다.

라틴어인 카메라 옵스큐라는 '어두운 방'이라는 뜻이다. 방을 캄캄하게 해놓고는 벽 한 쪽에 작은 구멍을 뚫어놓으면 반대 측면에 풍경이 거꾸로 뒤집혀 찍힌다. 이 원리를 응용해 거울과 렌즈를 단 작은 구멍을 통해 대상을 찍을 수 있도록 해놓은 상자다. 17~19세기의 화가들이 초벌 그림을 그릴 때 자주 이용했다고 한다. 대상이 그림자처럼 나타나면 그 윤곽을 따라 그림을 그린 것이다.

이렇게 되면 화가가 아니라 그냥 기능인이 아니냐고 할 수도 있다. 진짜 그림 위에 반투명 기름종이를 얹어 놓고 선을 베껴 그리던 기억이 있는 사람이라면 더욱 그렇게 생각할 수 있다.

하지만 사진기는 화가들에게 세밀한 묘사를 위해 보조적으로 사용한 도구 정도로 생각하는 게 맞을 듯하다. 프랑스 인상주의 화가 중 발레 하는 여성들을 부드러운 색조 변화로 그려낸 에드가 드가(Edgar De Gas, 1834~1917)도 사진기를 최대한 활용한 화가 중 한 명이다. 그가 활동하던 19세기에 사진기는

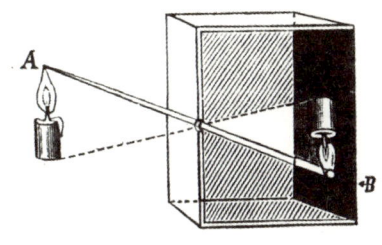

▲
카메라의 원조 격인 카메라 옵스큐라의 원리. 피사체의 이미지가 빛이 없는 상자의 좁은 구멍을 통과하면서 뒤집혀 상이 맺히는 도구다.

독립적인 예술 수단으로 여겨지지 않았다. 당시 막 발명된 최신 기기였기 때문이다. 드가는 그런 점에서 실험 정신이 강했던 모양이다. 그는 적극적으로 모델을 활용해 사진 작업을 주도하거나, 스스로 자기 사진의 피사체로 등장했다.

드가는 사진을 찍고, 그 모습대로 그림을 그리기도 했다. 그림과 사진을 함께 놓고 보면 그가 얼마나 대상을 자세히 관찰해서 그리려 했는지 알 수 있다. 예를 들어 〈목욕 후 몸을 닦는 여인(After the Bath, Woman drying herself)〉에 등장하는 여성들의 포즈나 발레리나들의 동적인 제스처들이 그렇다. 사진을 통해 피사체의 구도를 연구했기 때문에 가능한 일이었다.

드가는 평생 독신으로 살았다. 그런 그가 여성 그림을 많이 그리고 주목했다는 것을 두고 관음증 환자라거나 변태라고 보는 해석도 나온다. 평론가 중에는 문의 열쇠구멍으로 들여다보는 것 같이 그렸다고 평하는 사람도 있다. 그가 여성 혐오증을 가져서 결혼하지 않았다는 말도 있는데, 그랬다면 이렇게 사진으로 찍어가며 자세히 관찰했을 리는 없다.

사진 기술을 그림에 도입한 것을 두고 여러 말이 나올 수는 있지만, 사실 그림물감이나 캔버스를 포함한 각종 도구의 발전은 그다지 심각한 문제라고 할 수 없을 것 같다. 어차피 동굴에 숯검정으로 그림을 그리던 시대가 아니라면 말이다.

---

* 1665~1666년 작. 이후 1882년 경매에 이 그림이 나왔을 때 팔린 가격은 2길더 50센트였다. 우리 돈으로 약 1,000원 가량. 지금은 상상도 할 수 없는 가격이다.

** 제2차 세계대전 말, 연합군이 오스트리아의 소금 광산에서 전범 헤르만 괴링의 미술 수집품을 발견했다. 그중 페르메이르의 작품 〈간음한 여인과 그리스도(Christ with the Adulteress)〉를 발견한 전문가들은 이 그림을 암스테르담에서 나이트클럽을 운영하는 한 판 메이헤런(Han van Meegeren, 1889~1947)이라는 인물이 괴링에게 판매한 사실을 확인했다. 메이헤런은 1945년 5월 나치에 협력한 죄로 네덜란드 경찰에 체포됐다. 그러나 메이헤런은 신문 과정에서 "그 그림은 내가 그린 위작"이라고 주장했다. 경찰은 직접 그려보여야 믿을 수 있다면서 3개월간 가택 연금 상태에서 경찰의 감시하에 위작을 만들도록 했다. 그때 그는 〈신전에서 설교하는 젊은 예수(Young Jesus preaching in the Temple)〉라는 작품을 모사했다. 이어 1947년 8월에 열린 재판에서 그는 미술품 위조 혐의로 2년 형을 선고받았다. 괴링의 소장품이 위작인 사실이 인정된 것이다. 페르메이르가 살던 17세기에는 그림에 사용되지 않던 코발트블루가 여러 위작에서 발견된 점이 감안됐다. 국보급 미술품을 팔아넘긴 매국노가 아니라 나치를 속인 사기꾼으로 탈바꿈한 것이다.

메이헤런은 델프트 공대에서 건축을 전공하다 미술을 배웠지만 미술 비평가들로부터 좋은 평을 듣지 못했다. 결국 비평가들을 경멸하게 된 그는 그들을 골탕 먹이기 위해 위작을 만들기로 했다. 그의 표적은 페르메이르 전문가였던 아브라함 브레디위스 박사였다.

메이헤런은 그림이 오래되어 보이도록 17세기에 만들어진 캔버스에 페르메이르가 사용한 것과 같은 붓을 사용해 그림을 그리기 시작했다고 한다. 페놀과 포름알데히드를 이용해 색을 희미하게 만들고, 불에 그슬려 물감을 말린 데 이어 그림 위에 물건을 굴려 물감에 균열이 생기게 한 뒤 갈라진 틈에 검은색 잉크를 채워 넣었다. 그렇게 만든 〈엠마우스에서의 만찬(The Supper at Emmaus)〉을 들고 브레디위스 박사를 찾아간 그는 진품이라는 감정 결과를 얻었다. 이 그림은 수백만 달러에 네덜란드예술협회에 팔렸다. 그는 1938년부터 1945년까지 6개의 위작을 만들었는데 이 작품들은 모두 엄청난 액수에 팔렸다고 한다. 여기서 다시 반전이 일어난다. 메이헤런은 괴링으로부터 받은 돈을 보관하고 있었는데 이 돈은 모두 위조지폐였다. 속고 속이는 연출이 이뤄진 희대의 사기극은 메이헤런이 형을 선고받은 후 요양원에서 1947년 12월 사망함으로써 끝났다.

광기를 예술로 만든 천재 화가들

노르웨이의 표현주의 화가 에드바르 뭉크(Edvard Munch, 1863~1944)의 세계적인 작품 〈절규(The Scream)〉*에는 한 사람이 두 손을 귀에 대고 비명을 지르는 모습이 나온다. 정말로 무언가에 쫓겨 절망감에 비명을 지르고 있는 듯하다. 다른 피사체는 흐느적거리듯 휘어 보이고 하늘은 붉다. 세밀하지 않고 간략히 눈, 코, 입만 드러낸 채 두려움이 가득한 얼굴에다 주변 풍경은 선이 요동치듯 흘러 환상적 분위기가 연출된다.

보기에 '아름답다'는 느낌을 주지 않는 그림인데 인기가 높다. 현대인들이 일상 속의 스트레스와 고통을 잘 표현했다고 느끼기 때문이다.

이 그림의 탄생에 관한 메모가 뭉크의 일기에 있다. 크리스티아니아(노르웨이의 수도인 오슬로의 옛 이름) 교외에서 산책하고 있을 때의 일이었다고 한다.

어느 날 저녁, 나는 친구 두 명과 함께 산책하고 있었다. 한쪽에는 마을이 있고 내 아래에는 피오르가 있었다. 나는 엄청난 피로감에 난간에 기대어 섰다.…(중략)…해가 지면서 구름은 피처럼 붉은색으로 변했다. 친구들은 계속 걸어갔고 나는 혼자 불안에 떨며 자연을 관통하는 거대한 절규를 느꼈다. 실제로 그 절규를 듣고 있는 것 같았다. 나는 진짜 피 같은 구름이 있는 이 그림을 그렸다. 색채들이 비명을 질러댔다.

▲
뭉크가 그린 여러 버전 중 하나인 1893년 작 〈절규〉. 노르웨이 국립 미술관 소장.

그 시절 그는 공황 발작(갑작스런 극단적 불안증세. 심장이 심하게 뛰거나 숨이 차고 땀이 나는 증상이 나타난다)을 겪고 있었다. 그는 같은 그림을 여럿 그렸는데 한 그림에다가는 연필로 "미친 사람만이 그릴 수 있는 것이었다"라고 쓰기도 했다. 그는 또 자신의 아버지에 대해 언급하면서 "나는 사람에게 가장 무서운 두 가지를 물려받았다. 하나는 병약함이고, 다른 하나는 정신병이다"라고 말했다. 정신병적으로 그린 그림이었다고 토로한 셈이다. 그는 이 작품에 얼마나 애착을 가졌던지 같은 주제의 그림을 50점 넘게 그렸다. 이것도 어떤 면에서는 병적이다.

그가 내면세계에 대한 탐구, 자의식의 발견을 평생의 주제로 삼았던 것도 그런 이유였다. 그의 동생들이 어린 시절 죽고 자신도 류머티즘 등 각종 질병에 시달린 것도 세상에 대한 비관적 관점을 갖게 한 연유로 추정된다. 그의 그림 중에 죽음과 관련된 소재의 그림이 많은 것도 이와 무관하지 않다. 〈병실에서의 죽음(Death in the Sick Room)〉, 〈병든 아이(The Sick Child)〉, 〈죽은 어머니(The Dead Mother)〉, 〈죽음의 침대(The Death Bed)〉, 〈흡혈귀(Vampire)〉, 〈불안(Angst)〉 등등.

〈절규〉는 물감 재료에 따라 모두 4가지 버전이 있다. 1893년(템페라, 유채, 파스텔), 1893년(파스텔), 1895년(파스텔), 1910년(템페라, 유채) 등이다. 이 중 1893년 작 중 노르웨이 국립미술관 소장본은 1994년 도난됐다가 몇 달 뒤 발견됐고, 1910년 작은 2004년 도난당했다가 2006년에 되찾았다. 2012년 뉴욕 소더비 경매장에서 〈절규〉는 1억 1,992달러로 경매된 바 있다. 당시로서는 최고 기록이었다.

흥미로운 점은 손을 머리에 대고 비명을 지르는

1921년 당시의 뭉크.
▼

사람의 모습이 어디선가 본 듯하다는 것이다. 뭉크 연구자들은 1889년 파리 엑스포에 전시됐던 페루의 미라에서 영감을 얻었을 것이라고 주장한다. 뭉크의 친구였던 고갱도 이 미라에서 영감을 받아 작업했다는 기록이 있다.

뭉크처럼 정신질환을 앓은 화가로는 빈센트 반 고흐(Vincent Van Gogh, 1853~1890)가 있다. 그가 정신질환으로 자신의 귀를 잘라버린 일은 유명하다. 그런 일을 한 후 붕대를 두른 자신의 모습을 자화상으로 그리기까지 했으니 정신이 좀 이상하기는 이상했던 모양이다. 고흐가 살아 있을 때는 그림에 대해 인정을 받지 못했던 것을 생각하면 이해가 안 가는 것도 아니다. 끊임없는 생활고로 평생의 후원자였던 친동생 테오에게 편지를 보내 그림을 팔아달라고 요구하는 일이 자주 있을 정도였으니 말이다. 생활은 어렵고, 그림은 인정을 받지 못하면 그 어떤 화가라도 절망 속에 정신이 이상해지지 않을까?

그와는 조금 다르지만 스페인의 살바도르 달리(Salvador Dali, 1904~1989)도 튀는 행동때문에 정신이 이상하다는 소리를 많이 들은 화가다. 그의 〈기억의 지속(The Persistence of Memory)〉과 같은 그림은 초현실주의의 대표작으로 분류되는데, 극

1960년대의 달리. 자신의 초현실주의 화풍을 상징하기 위해 콧수염을 불꽃 모양으로 만들고 기괴한 표정을 지었다.
▼

심한 두통 속에서 그린 그림이었다. 그림 중 녹아내리는 시계는 해변에서 햇볕에 녹는 까망베르 치즈에서 영감을 얻었다고 한다.

정신적으로 문제가 있는 사람들이 모두 화가가 되는 것은 아니다. 반대로 화가 대부분이 정신적으로 문제가 있는 것도 아니다. 뭉크나 고흐, 달리의 이상한 정신세계가 저마다 독특한 화풍을 낳았다고는 해도 기본적으로 그림에 대한 소질이 바탕에 있었기 때문일 것이다. 이것이 천재가 일반인과 다른 출발점이다.

---

* 원제는 노르웨이어로 'Skrik'다. 영어로는 'Scream'으로 번역되어 이 말이 세계적으로 널리 알려졌지만, 어감을 살리면 영어로도 'Shriek(날카로운 비명, 꺅하고 소리를 지르다)'가 맞다고 한다. 그래서 '절규'라는 시적 표현보다 '비명'이라는 표현이 더 어울린다고 말하는 비평가도 있다. 제대로 제목을 달자면 '꺅' 정도가 맞을 것 같다.

'Guy'는 저항을 상징하는 인물에서 나온 표현

"헤이, 가이즈(Hey, Guys)!" 요즘 유행하는 미국 드라마만 봐도 등장인물이 동료를 부를 때 쉽게 들을 수 있는 표현이다. 실제로 일상생활에서 쓰이는 말이다. '안녕, 얘들아!' 정도로 번역할 수 있는 이 가이(Guy)라는 표현은 바로 저항을 상징하는 인물의 이름에서 나왔다.

주인공의 원래 이름은 가이 포크스(Guy Fawkes, 1570~1606)다. 영국의 테러리스트로서 36세의 젊은 나이에 처형된 그가 오늘날 일상 표현으로 등장한 데는 복잡한 사정이 있다. 그것은 그가 세계적인 저항의 상징으로 자리매김하는 것과 직접적인 연관이 있다. 그 연원은 1605년 11월로 거슬러 올라간다.

그의 이름이 역사에 등장한 것은 1605년 11월 5일, 영국 의회의사당을 폭파하려는 음모에 가담했기 때문이었다. 당시 잉글랜드 왕 제임스 1세와 대신들을 몰살하려 한 혐의였다. 여기에는 종교적인 이유가 상당히 작용했다.

앞서 스코틀랜드의 왕이었던 제임스 1세는 2년 전인 1603년에 잉글랜드의 왕이 되면서 두 지역을 모두 통치하게 됐다*. 제임스 1세는 장로파 기독교인이었으나 이를 계기로 영국국교도(성공회)로 개종했다. 잉글랜드는 헨리 8세로 인해 1534년에 가톨릭에서 영국국교로 개종한 상태. 헨리 8세는 스페인 아라곤의 캐서린과 결혼했다가, 그녀의 시녀인 앤 볼린에게 반해 캐서린과 이혼하고 앤과 결혼하기 위해 가톨릭과 등을 돌린 일로 일종의 내전을 겪게 됐다(가톨릭이 이혼을 반대했기 때문이다). 헨리 8세가 죽은 뒤 캐서린의 딸인 메리 1세가 죽은 어머니를 위해 복수하는 심정으로 폭정을 휘두르면서 피의 메리(Bloody Mary)**라는 별명을 얻게 된다. 이어 메리 1세 사후 후계자가 된 엘리자베스 1세는 앤 볼린의 딸로서 가톨릭과 청교도를 탄압하는 정책을 폈다. 엘리자베스 1세를 이어받은 제임스 1세도 같은 정책을 폈는데, 그는 잉글랜드 왕이 된 1년 뒤인 1604년에는 종교계 대표들을 소집해놓고는 대놓고 가톨릭과 청교도를 억압하겠다고 공표해버렸다.

가톨릭 집안에서 자라 신심(信心)이 깊은 가이 포크스는 이런 상황을 받아들일 수 없었다. 그는 다른 가톨릭 세력들과 힘을 합쳐 영국국교도를 몰아낼 목표를 세웠다. 심지어 그는 21세에 아버지의 유산인 집을 팔고는 스페인군과 함께 네덜란드의 신교도 세력과 싸우기 위해 프랑스로 떠나기도 했다. 제임스 1세가 가톨릭 억압 정책을 발표하던 1604년에도 그는 신교도들과 싸우느라 스페인에 머물고 있었다. 그때 잉글랜드에서 한 사람이 찾아왔다. 1년 뒤 벌어질 화약 음모 사건의 공모자 중 한 명이었다. 당장 모의 내용에 동조한 그는 1년 반 동안 다른 동료들과 함께 사건을 준비했다.

사건이 성공하지 못하고 '음모'에 그친 것은 공교롭게도 전염병 때문이었다. 거사일을 의회 개회일인 10월 3일로 정했지만 전염병이 도는 바람에 의회 개회일이 한 달 연기된 것이다. 그런 와중에 계획이 중간에 새버렸다. 의회 의원 중에는 가톨릭교도도 있었는데, 공모자 중 한 명이 의사당 폭파 때 이 가톨릭 의원도 함께 폭사되는 것을 부담스럽게 여긴 나머지 그 의원에게 '당일 의회에 출석하지 말라'는 편지를 보낸 것이다. 고민하던 이 의원은 거사 며칠 전 이를 제임스 1세에게 알렸고, 대대적인 검거 작전이 벌어졌다. 화약 앞에서 성냥을 들고 있다 붙잡힌 가이 포크스는 모진 고문을 당한 뒤 교수대에서 뛰어내려 목이 부러져 숨졌다.

이후 영국 의회는 1606년 1월 사건이 미수에 그친 11월 5일을 기념해 폭죽을 터뜨리며 축하하기로 했다. 영국 국왕이 살해될 위기를 넘긴 것을 축하하는 뜻에서. 하지만 받아들이는 쪽에 따라 행사의 의미도 달라진다. 이날 일부는 가이 포크스 가면을 태우기도 하지만, 일부는 이 가면을 쓰고 행진을 한다. 가이 포크스의 행위를 부정하는 쪽과 긍정하는 쪽이 함께 즐기는 행사가 된 것이다. 가이 포크스가 범행에 실패한 것을 다행스럽게 여기는 사람과 그것을 아쉬워하는 사람들이 어우러지는 것이다.

가이 포크스의 가면을 쓴 시위대가 2008년 영국에서 시위를 벌이고 있다.
▼

이 사건은 훗날 숱한 예술 작품에 모티프로 작용했다. 그를 주제로 한 소설이 19세기 중엽 영국에서 나왔으며 1982년에는 만화 시리즈 《브이 포 벤데타(V for Vendetta)》가 나와 그를 무정부주의자 영웅으로 묘사했다. 이 만화는 2005년 제임스 맥티그(James McTeigue, 1967~) 감독의 영화 〈브이 포 벤데타〉로도 제작됐다. 전체주의 정부에 대항하는 영웅의 이미지는 이 영화를 통해 확립됐다. 절대왕정의 시대에 일반 시민의 왕권에 대해 저항을 시도한 사건이라는 해석에 따른 것이다.

이후 해커 그룹 '어노니머스(Anonymous)' 회원들의 시위와 뉴욕에서 벌어진 금융그룹에 대한 저항 시위 '아큐파이(Occupy)'에서 시위 참가자들이 짙은 콧수염이 그려진 가이 포크스 가면을 쓴 모습이 알려지면서 그는 '저항의 상징'이 됐다.

---

* 흔히 우리가 영국이라고 부르는 나라는 '잉글랜드(England)'인데, 실제로 영국은 북쪽의 스코틀랜드, 동남쪽의 잉글랜드, 남서쪽의 웨일즈, 북동쪽의 북아일랜드로 구성된 나라다. 이를 합쳐서 '그레이트 브리튼(Great Briton)' 혹은 '유나이티드 킹덤(United Kingdom)'이라고 부른다. 2014년 10월 스코틀랜드가 잉글랜드로부터 분리 독립을 하기 위한 주민 투표를 실시했다가 부결된 바 있다.

** 여기서 본딴 같은 이름의 칵테일이 있다. 보드카와 토마토 주스를 기본으로, 매운 맛을 내는 타바스코 소스와 레몬즙 등을 섞어 만든다. 토마토 주스로 인해 붉은 색을 띠는 것이 특징이다.

미켈란젤로는 위작으로 명성을 얻기 시작했다

르네상스 시대의 위대한 이탈리아 예술가 미켈란젤로 부오나로티(Michelangelo Buonarroti, 1475~1564)는 몹시 괴팍하고 모순된 성격의 소유자였다. 10대에 피렌체의 예술 공방에서 처음 도제 생활을 시작하면서 동료 화가인 토리자니와 싸워 코뼈가 부러지기도 했다. 토리자니는 "부오나로티는 나쁜만 아니라 다른 화가들을 조롱하는 버릇이 있었다. 화가 난 나는 그에게 주먹을 날렸고 그는 그 상처를 죽을 때까지 안고 살아야 했다"라고 말하기도 했다. 미켈란젤로는 이렇게 다른 예술가와 경쟁하려 들었고, 오만함과 겸손함을 번갈아 보여주면서 주변에 적을 만들기도 했다.

그런 그의 실력이 처음 드러난 것이 21세 때 제작한 〈잠자는 큐피드(Sleeping Cupid)〉 상이었다. 이 작품은 현재 소실되어 전해지지는 않는다. 이 작품이 미켈란젤로를 유명하게 한 것은 '위작(僞作)'임에도 너무나 뛰어난 작품이었기 때문이다. 그것도 일부러 작심하고 만든 가짜였지만 이를 통해 실력이 거꾸로 확인된 것이다. 이 이야기는 미술사의 아버지로 불리는 화가이자 건축가 조르조 바사리(Giorgio Vasari, 1511~1574)가 쓴 《예술가 열전(Lives of the Artists)》*에 처음 소개됐다.

미켈란젤로는 피렌체에 있을 당시 2세기 때 큐피드 조각을 본떠 〈잠자는 큐피드〉를 조각했다. 미켈란젤로가 위작을 만들기로 작심한 데는 당시 사회 분위기가 한몫했다. 새것보다 옛것이 더 가치 있다는 관념이 널리 퍼져 있던 당시 분위기에 반항심이 발동해 일종의 장난을 친 것이다.

기원전 4세기경 아테네의 조각가인 프락시텔레스가 만든 대리석 큐피드 조각을 바탕으로 한 청동 조각으로, 1635~1640년경 제작됐다. 미켈란젤로의 조각도 이런 모양이었을 것으로 추정된다.
▼

이를 본 친구가 "이 조각을 땅에 한동안 묻었다가 파낸 후 고대 조각 작품이라며 로마에 보내면 피렌체에서보다 훨씬 많은 돈을 받을 거야"라고 했다. 미켈란젤로는 친구 말대로 조각상을 땅에 묻었다. 하얀 대리석의 반짝거리는 표면을 거칠게

해 오래된 것처럼 보이게 하려는 술수였다.

이어 골동품상 발다사레는 이 작품을 진품으로 팔자고 제의했다. 얼마 후 이 조각을 땅에 묻었다가 파내면서 진품을 발견한 것처럼 소문을 냈다. 발다사레는 조각상을 로마로 가지고 가 당시 대단한 미술 수집가였던 산 조르조 추기경(본명 라파엘레 리아리오)에게 200두카티를 받고 팔았다. 문제는 미켈란젤로에게 30두카티만 주고 나머지는 발다사레 자신이 챙겼던 점이다. 뒤에 이 사실을 안 미켈란젤로가 아버지에게 보낸 편지에서 불만을 토로했다.

추기경은 이 조각이 위작이라는 것을 알게 되는데, 작품이 옛것이라고 하기에는 아주 완벽하게 최근 조각 분야의 유행을 따르고 있었기 때문이다. 고전적인 큐피드와 다른 것을 눈치챈 추기경은 먼저 돈을 돌려받으려 했다. 이어 이런 '훌륭한' 위작을 제작한 조각가가 누구인지 만나고 싶어 했다. 주위의 반응도 추기경에게 냉소적이었다. 위작이라도 그 자체로서 훌륭한 가치를 지녔는데 그걸 알아보지 못한다고 추기경을 비웃은 것이다.

추기경은 미켈란젤로를 만나보고는 그의 재능을 인정했다. 그리고 정식으로 제작 주문을 했다. 위작이 아닌 그의 작품을 만들어달라는 것이었다. 그 작품이 〈바쿠스(Bacchus)〉

였다. 〈잠자는 큐피드〉상 위작을 만든 것이 오히려 미켈란젤로가 명성을 얻게 된 동기가 된 셈이다. 미켈란젤로의 위작은 여러 수집가의 손을 거치다가 1698년경 한 프랑스 수집가의 집에서 화재로 소실된 것으로 알려져 있다.

이 일화는 이후 올리베이라의 《미켈란젤로 미술의 비밀(A Arte Secreta de Michelangelo)》, 범죄과학자이면서 작가인 브라이언 이니스의 《발칙하고 기발한 사기와 위조의 행진(Fakes and Forgeries)》에도 주요 사례로 등장한다.

미켈란젤로는 조각 행위를 '대리석에서 불필요한 부분을 제거하는 과정'이라고 정의한 바 있다. 돌덩어리를 놓고 어떻게 다듬을지를 머릿속에 그려 넣은 뒤 남길 부분을 제외한 나머지를 제거해나가는 과정이라고 본 것이다. 그의 천재성을 엿볼 수 있는 일면이다.

---

* 원제는 '가장 뚜렷한 화가, 조각가, 건축가들의 일생'. 이탈리아 르네상스 시대의 화가 200여 명의 일대기를 기록했다. '르네상스', '고딕'이라는 표현도 이 책에서 처음으로 나왔다. 르네상스라는 말은 당시에는 '고대 그리스문화가 재생됐다'는 뜻이었다고 한다. 이 책에서 미술사적 시대 구분과 개념을 정의하고, 비잔틴 양식이나 매너리즘 등의 영역을 밝힘으로써 미술사 전반에 큰 영향을 줬다. 이 책의 내용 중 일부가 나중에 잘못된 것으로 밝혀지기는 했지만, 바사리는 미켈란젤로의 친구이자 제자이기도 해서 그가 소개하는 미켈란젤로에 대한 일화는 사실로 여겨지고 있다.

프로이센이 강성해진 것은 섹스 장려 덕분이다

18세기 들어 독일 통일의 중추 세력은 프로이센이었다. 원래 프로이센은 당시 인구가 200만 명이 안 되는 수준으로 유럽에서는 인구로 13번째 국가였다. 군 병력은 3만 8,000명. 그나마도 국가 재정이 열악해서 외국의 지원을 받고 있었다. 그런 나라가 어떻게 독일을 통일했을까?

17세기는 유럽 전역에 '중상주의' 바람이 불던 때였다. 중상주의는 국가 주도로 무역을 추진해서 나라를 부강하게 하겠다는 목표 의식 아래 추진된 경제 정책이다. 앞서 독일을 무대로 한 신-구교 간의 종교 전쟁인 30년 전쟁(1618~1648)을 겪은 뒤라 프로이센의 인구는 급감해 있었다. 당시는 농업 중심 경제였기 때문에 인구가 줄면서 국가 전체의 경제난으로 이어졌다. 이를 타개하려면 인구가 늘어야 했다. 그래야 조세 수입이 늘고 나라를 부강하게 만들 수 있다는 논리가 득세했다.

이를 위해 프로이센이 가장 먼저 사용한 방법은 외국 이주민 우대 정책이었다. 그중에서도 새로 이주해오는 외국인 기술자들을 우대했다. 유럽 내에서 기피 대상이었던 유대인도 받아들였고, 프랑스에서 종교 박해를 피해온 신교도인 위그노 교도들의 이주도 허용했다.

이러한 정책의 중심에는 프리드리히 빌헬름 1세(Friedrich Wilhelm I, 1688~1740)가 있었다. 그는 '군인 왕'이라고 불릴 정도로 성격이 급하면서도 과격했고 군 우선 정책을 폈다. 국가 예산은 우선적으로 군대에 썼다. 그래서 국가 예산의 80%가 군에 투입됐다. 그 예산을 마련하기 위해 엄청나게 절약하는 생활을 했다. 음식은 매일 양배추절임(샤워크라프트)만 먹었고, 경비 절감을 위해 살던 왕궁의 방을 대부분 폐쇄해버렸다. 궁전 내 시종들도 대폭 줄였다.

그의 목표는 오로지 부국강병이었다. 기초 의무 교육 실시, 양모 산업 육성, 징병제 실시(일반 농민

프로이센의 궁정 화가가 그린 빌헬름 1세 초상화. 1733년경 작품으로 추정된다.
▼

은 1년에 3개월씩 징집, 귀족들은 병역 대신 세금을 내고 면제하는 방식) 등의 제도를 도입했다. 주변 국가들과 전쟁이 잦았던 그 시절, 무엇보다 병력을 늘리는 것이 그로서는 큰 관건이었다.

그래서 생각해낸 것이 황당하게도 '일부다처제' 의무화였다. 권장 사항도 아니고 2명 이상의 부인을 두라고 국가가 명령한 것이다. 당연히 다산이 목적이었다. 또 10~60세 사이의 남성은 수도승이 될 수 없도록 했다. 애를 낳지 않고 금욕 생활을 해서는 안 된다는 것이다. 게다가 성범죄범에 대해서도 처벌을 완화하거나 면제했고, 혼전 출산한 아이를 받아주는 수용 시설까지 만들었다. 그 결과 그가 즉위한 1713년 3만 8,000명이었던 병력은 1740년 그가 죽을 때 220만 명의 인구 중 약 8만 3,000명으로 늘어났다.

이런 전통(?)을 계승한 것은 아들 프리드리히 2세(Friedrich the Great, 1712~1786)였다. 후세가 '대왕'이라는 호칭을 부여할 정도로 프리드리히 2세 덕분에 프로이센은 러시아, 프랑스에 이은 유럽의 3대 강국으로 떠오른다.

프리드리히 대왕 역시 인구 증가는 당면 과제였는데, 이 점에서 그는 아버지를 능가했다. 간통죄 폐지, 혼전 성관계 및 미혼모 허용, 심지어 강간과 근친상간까지 허용한 것이다. 품행이 나쁘다거나 정절을 지키지 못한 사람을 비난하는 사람에 대해 처벌하는 규정까지 만들었다고 한다. 그로 인해 병력은 19만 명으로 늘어날 수 있었다. 이쯤 되면 '국가를 위해 섹스하라'는 명령이 내려진 것이나 다름없다.

그런데 정작 프리드리히 대왕 자신은 아이를 낳지 않았다. 왕위 계승은 그의 조카가 했다. 그가 아이를 낳지 않은 데는 아버지 프리드리히 빌헬름 1세와의 관계가 큰 작용을 했다. 프리드리히 대왕은 음악과 예술을 사랑하는 계몽주의적인 측면이 강한 인물이었는데, 아버지는 그런 그가 마음에 들지 않았다. 그래서인지 상습적으로 아들을 때렸다. 빌헬름 1세는 아들 이외에도 시녀나 신하, 군인들도 수시로 때렸다고 하니 성격이 보통 과격했던 게 아니었던 모양이다. 그가 죽었을 때 아내와 딸이 "정말 다행이다"라고 했다는 것을 보면 알 만하다.

프리드리히 대왕은 그런 아버지가 정해줘서인지 배우자와 사이가 좋지 않았다. 후사가 없는 것은 어쩌면 당연한 일인지 모른다. 이를 두고 후대 역사학자들 중에는 프리드리히 대왕이 동성애자였다는 설을 제기하는 사람도 있다. 온갖 편법을 써서라도 애를 낳아 인구를 늘리려던 사람이 정작 본인은 애를 낳는 데는 관심이 없었다는 것 역시 역사의 아이러니다.

당시로도 '상식 밖'이라는 소리를 들었던 섹스 장려책의 효과는 컸다. 목적을 위해서라면 수단과 방법을 가리지 않는 엉뚱한 왕들의 작품이지만, 그 덕에 프로이센의 국민들은 후대에 더 편한 세상을 살 수 있었다. 이런 게 이른바 성군 아닐까 싶다.

특정 인물과 사물의 정확한 실체 혹은
진실을 알고 싶다면 그것을 뒤집어 이면을 살펴보자.
상식이라고 사람을 배신하지 말라는 법도 없기 때문이다.

특정 인물과 사물의 정확한 실체 혹은
진실을 알고 싶다면 그것을 뒤집어 이면을 살펴보자.
상식이라고 사람을 배신하지 말라는 법도 없기 때문이다.

상식에
/
배반
당하다

시작하며

'악마의 대변인(Devil's Advocate)'은 의사 결정 과정에서 무조건 다수와 반대되는 입장을 견지하도록 지정된 인물을 뜻한다. 교인이나 신부 가운데 성인(聖人)임을 승인하는 시성식에 앞서 교황청에서 해당 인물에 대해 찬반 토론이 벌어지는데, 이때 등장하는 인물이다. 성인으로 승인하는 데 찬성하는 쪽은 God's Advocate, 반대하는 쪽은 Devil's Advocate라고 불렀다.
이 중 악마의 대변인은 교황청이 임명한 역할이다.

이 역할을 맡게 되면 자기 생각과 다르더라도 무조건 반대 의견을 내야 한다. 이를 통해 한 인물에 대한 평가에서 균형을 잡고 공정한 판단을 할 수 있다고 본 것이다. 1587년 교황 식스투스 5세가 시작한 제도로 아직까지 지속되고 있다.

이 제도는 서양의 경우 일반 사회에서도 사용되고 있다. 대표적인 예가 미국 대학들의 교수 선발 과정이다. 교수선발위원회가 구성되면 위원 가운데 1명이 해당 교수 후보자의 단점이나 결점만 조사한다. 연구 성과 등 교수 임명에 손색이 없는 인물로 알려졌더라도 사람들이 잘 모르는 하자가 뒤늦게 드러나 문제가 되는 것을 막으려는 것이다.

상식도 마찬가지다. 상식이란 기본적으로 당연한 것, 으레 그러한 것이라는 판단에 근거한다. 이런 사고에서 벗어나야 인물 혹은 사물의 정확한 실체와 진실을 알 수 있다. 어떻게 하면 벗어날 수 있을까? 악마의 대변인처럼 굳이 상식의 이면을 뒤집어보는 것이다. 상식이라고 사람을 배신하는 면이 없을 리는 없기 때문이다.

상식에 배반 당하다

이들은 사실, 색마였다

간디와 마틴 루터 킹 모두 위인이라는 것 말고 어떤 공통점이 있을까? 이들은 똑같은 약점을 안고 있었다. 그들은 이것을 약점이라고 생각하지 않았을 수도 있겠지만, 일반인들의 눈에는 적어도 그렇게 볼 여지가 있다.

이들의 공통점은 바로 '색마'였다는 점이다. 색정광(섹스중독자)이라는 소리를 들을 정도로 이들의 여성 편력은 화려하고도 넘친다. 무저항주의로 인도 독립의 정신적 지주로 등장한 간디, 미국 흑인 인권 운동의 아버지로 오늘날에도 추앙받는 마틴 루터 킹. 이들에게 이런 면이 있다는 사실 자체가 믿기지 않지만 이들을 제대로 이해하려면 꼭 언급하고 넘어가지 않을 수 없는 부분이다.

금욕을 지키기 위해 기상천외한 실험을 했던 간디

모한다스 카람찬드 간디는 '마하트마(위대한 영혼이라는 뜻)'라는 말이 이름에 붙을 정도로 인도 독립에 결정적 역할을 해서 높이 평가받는 인물이다. 하지만 그의 정치적 성공과 사생활에 대한 평가가 반드시 일치하는 것은 아니었다.

그는 자신도 인정하듯이 평생 성적인 면에 집착했다. 13세에 카스투르바 마칸지(그녀는 당시 14세였다)와 결혼해 신혼 시절 아버지 초상 날에도 아내와 섹스를 하느라 임종을 지키지 못했다. 또 67세에 몽정을 했다고 대중 앞에서 고백할 정도로 넘치는 성 에너지의 소유자였다.

그랬던 그가 36세 때 아내에게 뜻밖의 제안을 했다. 이제부터 독신주의자로 살겠다고. 아내는 여러 차례 그 제안을 거절했지만, 그는 아내와 아이들까지 모두 내쳐버렸다. 그가 이후 어떻게 살았을까? 말과는 다른 일상생활이 이어졌다.

그는 금욕을 지키기 위해 노력하는 사람들로 구성된 조직을 만들었다. 그들에게는 지침을 줬는데, 남녀가 섞여서 목욕도

하고 자유롭게 왕래하지만 성적인 표현이나 대화를 나눠서는 안 됐다. 또 부부라도 다른 조직원과 떨어져 따로 있어서는 안 되고, 성욕이 생기면 찬물로 샤워를 해서 분위기를 다운시키라는 주문도 했다. 하지만 이런 규칙이 정작 그 자신에게는 적용되지 않았다.

그의 주위에는 늘 10여 명의 여성이 있었다. 그들 중에는 지적인 서구 여성도 있었고 일부는 자기 친척의 부인이었다. 종손녀인 마누벤 간디는 당시 18세였다. 간디가 아프리카에서 활동하다 인도로 돌아온 후 수백 통의 연서를 교환한 여인도 있었다. 게다가 우리에게 시성(詩聖)으로 알려진 타고르의 조카이기도 했던 사랄데비 초드리와는 성관계까지 발전했다고 간디가 고백했다. 그러니 독신주의 선언이 위선적이라는 평가를 받지 않을 수가 없었다.

간디는 이들 중 일부와는 잘 때 나체로 한 침대에서 잤다. 오한이 나니까 체온으로 덥혀달라는 간디의 요구를 여성들이 따랐다는 것이 그의 주장이다. 그 여성들의 남편이 이를 알고 와서 간디에게 "내가 대신 몸을 덥혀드리겠다"고 하면 간디는 "나 자신의 금욕을 실험하기 위한 목적도 있다"면서 거절했다고 한다. 간디는 여인과 나체로 한 침대에 있으면서 성욕을 억제했다는 것이 자랑스럽다는 내용의 글을 쓰기도 했다. 심지어 2013년 7월 공개된 마누벤의 당시 일기에는 간디와 함께 자는 것을 중단해달라는 요청이 나온다.

바푸(Bapu, 아버지라는 뜻으로 간디를 지칭함)에게 따로 자겠다고 했을 때, 바푸는 실험(금욕)의 목적은 만족스럽지만 이제 실험을 끝낼 때가 됐다고 했다(1947년 3월 2일).

하여간 이 여성들은 간디의 이런 요구에 기꺼이 응했다. "간디에게 예속되는 것은 영광이었다. 내가 간디와의 관계에서 특별한 위치에 놓여 있다는 것 자체가 자랑스러웠다"라고 말하는 여성도 있었다. 물론 자기가 옷을 벗지 않으면 다른 여성이 간디의 옆자리를 차지할 것이 두려워 질투심으로 옷을 벗은 여성도 있었다. 이런 모습을 본 추종자 중에는 간디가 평소에도 자신을 페미니스트라고 말하고 다니는 데 역겨움을 느껴 돌아선 사람들이 있었다. 그의 비서뿐만 아니라, 그가 운영하던 신문의 편집장들도 사임했다.

영국의 전기 작가인 재드 애덤스는 《간디(Gandhi)》라는 책을 2010년에 출간했는데, "자신의 금욕을 지키려는 의도에서 여성들과 뒹굴었다는 간디의 말을 믿는 사람은 아무도 없을 것"이라고 쓰기도 했다.

이중적인 삶을 살았던 마틴 루터 킹

1963년 8월 28일, '나에게는 꿈이 있습니다(I have a dream)'라는 연설을 통해 미국 흑인 인권 운동의 기수로 우뚝 선 마틴 루터 킹 목사. 그의 연설 중 중요 대목은 이렇다.

나는 언젠가 이 나라 국민들이 일어나 '우리는 모든 인간이 평등하게 창조되었음을 자명한 진리로 삼는다'는 이 나라 국민 신조의 참뜻을 체험하게 될 것이라는 꿈을 가지고 있습니다. 나는 언젠가는 조지아주의 붉은 언덕에서 옛 노예의 자손들이 옛 노예 소유주의 자손들과 함께 형제애의 테이블에 앉을 수 있게 되리라는 꿈을 가지고 있습니다. 나는 나의 4명의 자녀가 언젠가는 그들의 피부색으로 판단되지 않고 그들의 인품에 의해 판단되는 나라에서 살게 되리라는 꿈을 가지고 있습니다.

그는 미국 인권사에 뚜렷한 발자취를 남겨 그의 이름으로 된 공휴일이 존재할 정도다. 인종 차별이 횡행하던 당시 미국의 백인들에게는 더없이 가시 같은 존재였을 수밖에 없었다. 그런 그의 행위를 염탐한 것은 FBI(연방수사국)였다. 그 우두머리인 존 에드거 후버(John Edgar Hoover, 1895~1972)의 지시에 따른 것이다.

▲
1964년경 마틴 루터 킹.
미국 의회도서관 소장.

처음에 후버는 킹 목사에게 공산주의 혐의를 덮어씌워 사회적으로 매장할 목적으로 도청을 시도했다. 1959년부터 1964년까지 20여 차례의 도청이 실시됐는데, 뜻밖에도 거기서 드러난 것은 공산주의 활동 증거가 아니라 그의 문란한 성생활이었다.

'나에게는 꿈이 있습니다'의 연설을 마친 그날도 킹 목사는 워싱턴 D.C.의 윌라드 호텔에 투숙해서 일행과 창녀들을 불러 섹스 파티를 벌였다. 그곳에 설치된 도청 장치에 포착된 것이다.

킹 목사의 동료이자 킹 목사 사후(死後) 흑인 인권 단체의 지도자로 활동했던 랠프 애버내시(Ralph Abernathy, 1926~1990) 목사도 이런 점을 시인했다. 애버내시 목사는 킹 목사가 죽은 뒤 관에 시신을 안치하는 역할도 했던 인물이다. 그가 쓴 1989년 책 《벽이 무너져내렸다(The Walls Came Tumbling Down)》에서 킹 목사가 여성 편력 약점을 갖고 있다고 고백했다. 또 바람기도 있다고 증언했다. 킹 목사가 살해되기 전날 밤에도 흑인, 백인 창녀들을 불러 모텔에서 파티를 벌였다고도 적었다.

킹 목사는 친구에게 이런 고백도 했다. "한 달에 25~27일을 집 밖에 나가 있는 나에게 성행위는 피로 해소의 수단"이라고 말이다. 또 "내 속에는 마틴 루터 킹이 둘이 있는 것 같아. 사람들이 칭송하는 마틴 루터 킹은 다른 사람같이 느껴져. 내 인생에는 일종의 이중성 같은 게 있어"라고도 했다.

FBI는 흑인 인권 운동을 주도하는 킹 목사를 견제하려는 의도로 1964년에 킹 목사가 성행위 도중 내지르는 거친 숨소리와 추잡한 농담 등의 소리를 담은 발신인 불명의 테이프를 집으로 보냈다. 거기에 메모를 함께 담았는데, "넌 이제 끝장이야. 네가 할 수 있는 길은 하나야. 너의 더럽고 추잡한 사기 행위가 국민 앞에 드러나기 전에 뭔가 수를 쓰는 게 좋을 거야"라는 내용이었다. FBI는 단순히 킹 목사가 인권 단체에서 물러나기를 바랐는데 정작 킹 목사는 이를 자살하라는 암시로 받아들였다고 한다.

FBI는 심지어 킹 목사가 기부금으로 들어온 돈을 섹스 파티에 쓰고 있다는 사실까지 담은 편지를 언론사와 정치인들에게 보냈지만 다들 주저했다. 이미 측근을 포함해 주변에 그의 불미스런 행적이 많이 알려졌지만 누구 하나 먼저 나서서 방울을 달 생각은 없었다. 킹 목사는 섣불리 건드릴 수 없는 존재가 됐기 때문이다. 1963년 한 해에 300회가 넘는 연설을 하고 1964년 10월 노벨평화상 수상자가 된 킹 목사를 흠집 내는 것은 여러모로 불편한 일이 되어버렸다.

그렇다면, FBI가 도청한 기록들은 전부 어디에 있을까? 후버 국장은 킹 목사가 암살당한 지(1968년 4월 4일) 4년 만인 1972년 5월 사망했다. 당시 미국 대통령이었던 닉슨 대통령은 즉시 후버의 사무실을 봉쇄한 뒤 사망 사실을 발표하라고 지시했다. 그의 사무실에는 후버가 도청한 각종 자료가 가득했기 때문이다. 킹 목사와 관련된 파일 캐비닛은 15개 분량이었는데 이 중 14개가 킹의 혼외정사에 대한 자료였다고 한다. 이 자료들은 지금 미국 국립문서보관소에 있다. 2027년에야 봉인이 해제된다. 미연방 판사가 FBI 수사 문서철 전체를 50년간 기밀로서 봉인하라고 결정했기 때문이다.

그 자료들이 공개되면 미국에서 어떤 일이 벌어질까. 흑인의 사회적 지위를 상승시킨 인권 운동가인 킹 목사의 또 다른 얼굴을 보고 '배반당했다'고 느낄 미국인들의 표정이 자못 궁금해진다.

기적의 치료제 '페니실린' 발견의 뒷이야기

페니실린을 발견한 것은 알렉산더 플레밍(Alexander Fleming, 1881~1955) 혼자의 힘이 맞다. 하지만 엄밀히 말해 그것이 기적의 치료제로 세상에 널리 쓰이는 데 플레밍은 큰 역할을 못했다. 그저 푸른곰팡이의 효능을 발견만 했을 뿐, 약제로 만든 것은 다른 사람이었기 때문이다.

플레밍이 약제로 만들려고 노력하지 않은 것은 아니다. 다만 운이 따라주지 않았다. 과학 이야기를 하면서 운에 맡긴다는 따위의 말을 하는 것이 우습지만, 실제로 페니실린의 약제화 과정은 우연과 운의 연속이었다고 해도 과언이 아니다. 그냥 노력만으로 모든 게 다 이뤄진다면 처음부터 약제화를 시도했던 플레밍이 그렇게 고생하지는 않았을 것이다.

미생물학자였던 플레밍이 푸른곰팡이에서 항생 물질을 발견한 것부터가 우연이었다. 플레밍이 항생제에 관심을 두게 된 것은 제1차 세계대전 때 군의관으로 참전했을 때부터였다. 그때 부상병들이 상처에 감염된 세균 때문에 사망하는 사례를 속절없이 지켜볼 수밖에 없었다. 한번은 프랑스 불로뉴의 한 야전 병원에서 허벅지 봉합 수술 부위가 세균에 감염된 부상병을 만났다. 그 부상병도 플레밍과 같은 스코틀랜드 출신이었다. 외과 의사는 부상병의 상태로 봐서 다리를 잘라야 할지에 대한 의견을 플레밍에게 물어왔다. 당시로서는 감염 부위를 절단하는 것이 최선의 예방책이었다. 하지만 그는 하루 더 상황을 보자고 했고, 기적은 일어나지 않았다. 그 부상병은 다음날 병상에서 숨진 채 발견됐다.

그 뒤로 그는 박테리아와의 싸움에 박차를 가했다. 인체에 해를 끼치지 않으면서 인체에 침투한 병원균을 박멸할 방법을 찾느라 온갖 노력을 기울였다. 항생 물질을 찾기 위해 그는 인공적으로 배양한 세균액에 약초의 즙을 섞어보기도 하고, 일반 살균제를 써보기도 했다. 약초즙은 아무런 효과가 없었고, 살균제는 세균을 죽이기는 했으나 인체에도 나빴다. 전쟁이 끝난 후 인체의 눈물과 콧물에 든 항생 물질 '라이소자임'을 발견하기도 했으나 질병의 원인이 되지 않는 수준의 박테리아 정도만 파괴할 뿐이었다.

그렇게 10년이 훌쩍 넘어버린 1928년 어느 여름날, 여전히 항생 물질을 찾고 있던 그는 직장인 영국 런던 세인트마리 병원에서 퇴근하기 전(그는 교수이자 예방접종 과장이었다) 포도상구균 배양 접시를 들여다봤다. 접시에는 푸른곰팡이가 끼어 있었다. 여름철 문을 열어놓은 사이 어디선가 이물질이 침투한 것이라고 판단한 그는 배양 접시를 버리려 했다. 그러다 문득 푸른곰팡이를 유심히 들여다보게 됐다. 곰팡이 주위에는 포도상구균이 모두 사라져 있었기 때문이다. 푸른곰팡이의 학명은 '페니실리움 노타툼(Penicillium notatum)'. 이를 계기로 이 균의 배설물이 박테리아를 죽이는 것으로 확인됐다. 혈액을 일부러 감염시켜 실험해도 혈액이 파괴되지 않았다. 이 배설물만 분리해서 환자에게 주사할 수 있다면 대성공이었다.

문제는 여기서부터였다. 이런 사실을 1929년 2월 학계(런던 메디컬 리서치클럽)에 발표했을 때 아무도 알아주지 않았다. 어떤 가치가 있는 연구인지를 아무도 몰랐던 것이다. 게다가 상용화 가능성도 아직 확인되지 않은 상태였다. 플레밍은 그걸 스스로 증명하기로 했다. 푸른곰팡이 농축액을 만들어내기만

하면 되는데, 아무리 노력해도 실패했다. 유명 화학자의 도움을 받아도 잘 되지 않았다. 이런 사실이 소문이 나면서 그는 학계에서 조롱거리가 됐다. '곰팡이 플레밍'이라고도 불렸다. 다시 혼자서 실험을 거듭했지만 실패가 계속되자 그도 서서히 지쳐갔다.

이러면서 페니실린이라는 단어도 사실상 학계에서 사라졌다. 그로부터 다시 10년이 흘러 옥스퍼드 대학의 병리학자 하워드 플로리(Howard Florey, 1898~1968)와 생화학자 언스트 체인(Ernst Chain, 1906~1979)이 연구에 나서게 된다. 여기서도 우연이 개입한다. 체인은 잊혀져 있던 플레밍의 1929년 발표 논문을 우연히 보고는 실험에 돌입했다. 그는 1939년 말에 노란 페니실린 농축 가루를 추출하는 데 성공했고, 두 사람은 1940년 쥐 실험을 통해 이 농축물의 효과가 플레밍의 초기 발견 때보다 수천 배나 강하다는 사실도 확인했다.

그렇다면 이제 대량 생산만 남았다. 이들은 성공했을까? 그렇지 않았다. 그 연구 결과로는 소량의 페니실린만 확보할 수 있는 수준이었다. 효과가 있는 것은 확실한데 양이 모자라 이를 처방받은 환자가 끝내 숨졌을 정도였다. 게다가 당시 유럽은 제2차 세계대전으로 어수선한 때였다. 군비 물자에 돈을 쓰느라 제약 연구비용으로 쓸 돈이 모자란 상태였다. 플로리와

◀
1945년 노벨의학상 수상자인 알렉산더 플레밍, 하워드 플로리, 언스트 체인(왼쪽부터).

체인은 결국 미국으로 떠나기로 했다. 그리고 그 선택은 탁월한 것이었다. 운명처럼 과학자를 한 명 만났기 때문이다.

미국에 온 두 사람은 연구를 거듭해 종전보다는 약의 생산량을 늘릴 수 있었지만 대량 생산이라고 부를 만한 상태로까지는 발전하지 못했다. 그들은 여기서 일대 전환을 도모했다. 플레밍이 발견한 푸른곰팡이와는 다른 푸른곰팡이로 실험해보자고 생각한 것이다. 이런 아이디어에 가장 적극적으로 나선 사람이 메리 헌트 박사였다. 창고나 시궁창 등 여기저기서 푸른곰팡이를 수집하던 그녀는 마침내 1943년 시장에서 새로운 푸른곰팡이를 발견했다. 과일을 사러 갔다가 썩은 멜론에서 찾아낸 것이다. 이 다른 푸른곰팡이의 학명은 '페니실리움 크리소제눔(Penicillium chrysogenum)'이다. 동료 과학자들은 이 멜론에 '곰팡이 넘버 72'라는 라벨을 붙였다. 이 새 곰팡이 덕에 페니실린은 대량 생산의 길이 열렸다. 메리의 별명도 '곰팡이 메리'로 불렸다.

  이러한 공로로 플레밍과 플로리, 체인은 1945년 노벨의학상을 수상했다. 페니실린을 발견하고 약제화의 길을 최초로 연 데 대한 인정이었다. 약제 대량 생산에 기여한 나머지 사람들은 제외됐다. 인류가 박테리아로부터 사실상 해방되는 과정은 이렇게 길고 멀었다. 잊혔다가 되살리기를 수차례 했다. 끈을 놓지 않고 덤벼든 과학자들의 열정과 노력이 있었기 때문에 가능했다. 그 혜택을 지금 전 인류가 맛보고 있다.

파스퇴르는 1세대 황우석이었다?

2005년 황우석 사태(줄기세포 배양 증거가 없는데도 증거를 조작한 사건)가 터지면서 과학자들의 윤리 의식이 문제가 됐다. 사회과학과 달리 의학이나 생물학, 화학 등에서는 가설을 입증할 증거 자료가 없으면 이론으로 성립하지 않는다. 과학자가 의욕이 앞서서 자신의 가설을 증명하기 위해 자료를 조작한다면 큰일이다. 실험 과정과 다른 엉뚱한 결론이 나올 수 있기 때문이다.

그 조작의 원조 격이랄까, 1세대라고 할 수 있는 인물이 프랑스의 미생물학자 루이 파스퇴르(Louis Pasteur, 1822~1895)

1895년경 루이 파스퇴르.

다. 증거 조작이냐를 놓고 아직도 논란이 있기는 하지만, 실험 과정과 발표된 실험 결과가 다르다는 점은 인정되고 있다. 무엇이 문제였을까?

시작은 1995년 미국에서 출간된 한 역사학자의 책이었다. 프린스턴 대학의 과학사학자인 제럴드 기슨(Gerald Geison, 1943~2001) 교수가 쓴 《루이 파스퇴르의 사적인 과학(The Private Science of Louis Pasteur)》이었다. 그는 이 책으로 이듬해 미국과학사협회가 수여하는 상도 받았다. 파스퇴르 사후 100년이 된 해에 나온 책인데도 상찬(기리어 칭찬함)하는 내용이 아니라 정반대로 비판하는 내용이었다.

널리 알려졌다시피 파스퇴르의 미생물학 연구 성과는 인류사에 한 획을 그을 정도로 엄청나다. 탄저병, 광견병 백신을 개발하고 저온살균법을 사용해 와인의 저장 기간을 대폭 늘리는 등 수많은 혜택을 가져왔다. 프랑스가 그를 '국민 과학자'로 대접하는 게 조금도 이상하지 않다.

하지만 그런 연구 성과의 이면은 좀 다른 모습이었다. 기슨 교수가 그걸 밝혀낼 수 있었던 것은 그즈음 파스퇴르의 연구 노트가 일반에 공개됐기 때문이었다.

기슨 교수가 한 첫 작업은 노트를 꼼꼼히 분석하는 일이었다. 그 노트에는 실험 일지가 들어 있었다. 이를 분석함으로써 연구 활동 과정을 복원할 수 있었다. 그리고 파스퇴르가 대중에게 공개했던 발표 내용이나 발언을 비교 대조했다.

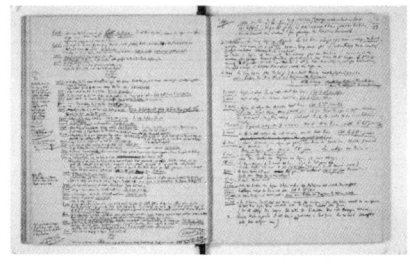

▲ 1995년경 일반에 공개된 파스퇴르의 연구 일지.

이를 통해 드러난 것은 백신 접종 실험 때 사용한 탄저병 백신이 대외적으로 밝힌 것과는 다른 백신이었다는 사실이다. 백신의 효능을 입증하기 위해 평소 주장해오던 자기 방식의 백신이 아닌 다른 백신을 사용했던 것이다. 한마디로 실험 과정을 조작한 것이다.

백신 접종 실험은 1881년 6월 2일, 프랑스의 푸이 르 포르 지역의 한 농장에서 공개 진행됐다. 탄저병 백신의 효능에 의심을 품은 수의사 로시뇰이 파스퇴르에게 명예를 걸고 공개 실험을 하자고 제안했기 때문이다. 로시뇰의 농가에서 양 50마리를 골라 절반에는 두 차례 예방 접종하고, 나머지 절반에는 하지 않았다. 이어 50마리 전체에 탄저균을 주사했다. 그리고 6월 2일 관료, 수의사, 정치인, 신문 기자 등 200여 명이 모인 가운데 그 결과를 보기로 한 것이다.

결과는 이미 알려진 대로 파스퇴르의 이론이 맞는다는 것이었다. 백신을 맞지 않은 양은 21마리가 죽은 반면, 백신을 맞은 양은 모두 살아 있었다. 그 후 열흘 뒤 파스퇴르는 프랑스 과학아카데미에서 강연하면서 탄저병 백신이 앞서 다른 질병의 백신을 만들 때와 같이 저온 상태의 공기에 노출해 병균을 약화하는 방법을 썼다고 발표했다. 그런데 일지에는 다르게 되어 있다는 사실이 기슨의 연구로 드러났다. 파스퇴르는 공개 실험의 압박감 때문에 확실한 결과가 나올 수 있도록 자신이 주장하던 방법이 아니라, 조수가 약품 처리해 병균을 약화시킨 백신을 사용했다. 이밖에 광견병 백신 제조 과정, 세균의 자연발생설 부인(否認) 실험 등의 과정에서도 발표 내용과 연구 일지가 다른 부분이 드러났다.

그렇다고 광견병이나 탄저병 백신이 오늘날 문제가 있는 것은 아니다. "검은 고양이든, 흰 고양이든 쥐만 잘 잡으면 된다"는 덩샤오핑의 말처럼 결과가 좋다면 과정은 아무래도 상관없을 수도 있다. 하지만 과학의 세계는 좀 다르다. 파스퇴르는 왜 그랬을까? 기슨 교수가 문제를 제기한 뒤 수많은 과학자가 후속 연구를 하면서 내린 결론은 역시 '정치가 문제'라는 것이었다.

파스퇴르는 백신 개발을 놓고 다른 과학자들과 경쟁을 벌이는 중이었다. 미생물로 인해 질병이 발생한다는 사실은 당시 과학자들 사이에서 널리 인정된 상태였지만 미생물 자체가 원인인지, 미생물이 만드는 독소가 원인인지를 놓고는 논쟁이 이어지고 있었다. 어느 쪽이냐에 따라 백신 제조 과정도 달라져야 하는데, 파스퇴르는 경쟁 연구자가 사용한 방법이 자신의 백신 제조에 영향을 줬다는 인식을 주지 않기 위해 자세한 발표를 생략해버린 것이다. 또 자신의 방법이 우선권을 얻어야 국가 지원 등에서도 우위를 점할 수 있다는 판단이 한몫했다. 실제로 이후 연구 기금은 파스퇴르에게 집중됐다. 기슨 교수가 "19세기 말 프랑스 정부가 과학자들에게 지원한 기금 총액의 10%를 파스퇴르가 가져갔다"라고 말할 정도였다.

  데이터를 바꾸어서라도 자신의 가설을 입증하려는 무리수의 이면에는 이런 식의 정치가 개입되어 있었다.

광해군은 한 여인 탓에
알고도 역모를 당했다

선조 임금의 아들인 광해군은 조선 시대에 대표적으로 평가가 엇갈리는 왕이다. 당대에는 폭군이라는 이미지로 인해 조(祖)나 종(宗)이 아닌 '군(君)'으로 격하되어 실록에 이름이 올랐다. 뒤늦게 그가 명나라와 후금 사이에서 절묘한 외교술로 힘 약한 조선을 유지했다는 후세의 평가가 나오면서 폭군의 이미지도 많이 희석되고 있다. 〈광해〉 같은 영화가 대표적이다. '외교술의 달인, 혹은 백성을 위했으나 권력 다툼에 희생된 불운의 왕'이라는 이미지가 덧칠해진 것이다.

그래도 실록에는 광해군이 실각한 과정이 폭군을 견디지 못한 신하들의 반란에 의한 것으로 묘사되어 있다. 하지만 그 과정을 자세히 뜯어보면 좀 어처구니가 없다는 느낌을 받지 않을 수 없다. 사전에 계획이 발각되어 거사 음모를 알고 있었으나 뒤처리를 흐지부지한 탓이 크기 때문이다. 그것도 한 여자의 말만 믿고 말이다.

광해군을 내몬 인조반정은 1623년 4월 11일(음력 3월 12일)에 일어났다. 앞서 3년 전부터 반정에 대한 분위기가 감돌고 있었다. 역모 조짐이 사전에 발각되어 무산된 일도 있었다. 인목 대비를 폐위한 사건과 명나라와 거리를 두고 후금과 가까이하면서 등거리 외교를 하는 데에 대한 신하들의 거부감이 커지고 있는 상황이었다. 이 두 가지는 무엇보다 유교의 지침인 부모에 대한 효도와 주군(명나라)에 대한 신하(조선)의 도리에 맞지 않는다는 것이었다.

인조반정은 이서, 이귀, 김유 등 서인(西人) 세력이 주도했다. 그것도 능양군 이종이 상당히 개입해서 벌어졌다.

반정이 일어나던 날, 광해군은 창덕궁 연못인 애련지에서 연회를 갖고 있었다. 연회를 갖기에 앞서 그에게 정변 계획이 진행되고 있다는 내용의 상소문이 한 장 올라왔다. 반란군에 포섭됐던 이이반의 고변(변고를 알림)에 따른 것이었다. 이이반은 역모가 실패했을 때의 보복이 두려워 사전에 계획을 누설

한 것이다(그는 이 일로 정변이 성공한 뒤 참수당한다).

그날 저녁에 의금부는 추국청을 설치해 고발된 모든 사람을 체포하려 했다. 하지만 광해군은 이를 재가하지 않았다. 이미 체포된 훈련 대장 이흥립도 풀어주었다. 이흥립은 궁궐 문을 열어주어 반란군이 힘들이지 않고 궁궐을 접수하게 되는 결정적인 역할을 하는 인물이다. 반란군은 고변으로 계획이 들통나자 오히려 계획을 서둘러 진행하기로 해 성공했다.

당시 광해군은 왜 그런 결정을 내렸을까? 술에 취해서? 아니면 후궁들과 노느라 정신이 팔려서? 역사 기록에는 평소 믿던 상궁 김개시의 말에 따른 것으로 되어 있다. 광해군이 김개시와 이 문제를 상의했으나 "대수롭지 않은 일"이라고 했기 때문이라는 것이다. 《조선왕조실록-광해군일기》에도 그렇게 기록되어 있다.

상궁 김개시에 관한 기록이 있는 《조선왕조실록-광해군일기》 9권 5년 11번째 기사. 김개시가 흉악하고 악한 데다 잠자리 비방으로 갑자기 선조 임금의 사랑을 얻었다고 되어 있다.
▼

김개시는 이미 반란군의 한 명인 김자점과 결탁한 상태였다. 김개시가 어떤 사람이기에 광해군은 그의 말만 믿고 덜컥 반란군을 풀어줬을까? 김개시가 정5품인 상궁이 되는 과정을 알면 곧바로 이해할 수 있다.

김개시는 사극에도 자주 등장하는 흥미로운 인물이다. 천민 출신으로 이름도 원래는 개똥이었다. 김개시의 개시는 한자로 '介屎'인데, 이 중 시는 '똥 시' 자다. 어릴 때 궁에 나인으로 들어와 광해군과 함께 컸다. 나이는 광해군보다 좀 많고 "나이가 차도 용모가 피지 않았다"는 기록이 있는 것을 보면 절세미인은 아니었던 듯하다. 그러나 그녀에게는 남들이 갖지 않은 비상한 머리가 있었던 모양이다. 김개시는 심지어 선조 임금의 승은을 입어 선조로부터 '김가희'라는 이름까지 하사받는다. 그만큼 처세술이 뛰어나고 정보력이 좋아 궁내에서 함부로 대하지 못하는 인물이 된 것이다. 이긍익의 《연려실기술(練藜室記述)》에는 "김 상궁의 붓으로 일이 좌우됐다"는 기록도 있다. 이런 점으로 미루어 광해군에게 궁궐 내 정보를 물어다주는 역할과 정치적 조력자 역할을 하면서 신임을 얻은 것으로 추정된다. 여기에 여러 옥사(반역이나 살인 따위의 크고 중대한 범죄를 다스림)를 일으켰던 광해군이 거듭된 역모 소식에 감각이 무디어졌거나 피로감을 호소했을 가능성도 있다.

하여간 김개시는 김자점으로부터 뇌물을 받고 광해군이 고변을 묵살하도록 만들었지만 결국 정변 직후 참수된다.

반정 후 인조와 조선의 운명은 알려진 대로다. 명나라에 줄대기를 하던 조선은 1627년 정묘호란, 1636년 병자호란 때 후금의 침략을 받았다. 병자호란 때는 남한산성에 피해 있던 인조가 삼전도까지 불려가 침략자를 향해 세 번 절하고 아홉 번 머리를 조아리는 항복 의식을 치렀다. 임금이 치욕을 당할 때 그 백성들이 호사를 누리지는 못했을 것이다. 인조의 등극과 함께 백성의 수난 시대가 열린 것은 반정(바른 상태로 돌아가게 함)이 아니었다는 이야기가 아닐까?

공정무역은 과연 공정한가

요즘 유행하는 공정무역(公正貿易, fair trade)은 '과연 공정한가?'라는 의문이 제기되기도 한다. 조금 도발적인 이 질문에는 꼭 그렇지만은 않다는 의미가 포함되어 있다.

공정무역의 시작은 생산자에게 정당한 대가를 지불하지 않고 생산물을 사들인 판매자와 중간도매상이 큰 수익을 낼 수 있는 생산 및 유통시스템을 비판하는 데서 비롯한다. 대표적인 작물이 커피다. 커피는 세계 기구가 저개발 국가들의 수익 증대 방안 중 하나로 생산을 권장한 작물이기도 하다. 실제로 주산지가 브라질, 에티오피아, 베트남, 컬럼비아, 인도네시아 등 제3세계 국가로 불리는 곳들이다.

이들 나라가 세계적인 커피 생산국이 됐는데, 그래서 저개발국가 농가의 살림살이가 나아졌을까?

커피 원두는 중간도매상, 수집상 등 여러 단계를 거쳐 카길 같은 다국적 기업에 판매되고 소비자에 도달하면 10배 정도 비싸진다. 따라서 공정무역을 통해 중간 유통 단계를 줄이면 커피 소비자 가격을 올리지 않더라도 생산자들이 가져가는 몫이 늘어날 수 있다. 또 공정무역 거래자는 중간 유통 단계 축소로 생긴 이익금을 농민들에게 주면서 친환경, 유기농 방식으로 커피콩을 생산할 것을 요구하기도 한다. 공정무역 커피를 마시는 소비자들로서는 커피 농가에 이득을 주면서도 친환경적인 커피를 마실 수 있으니 일거양득이다.

공정무역을 통한 커피 거래 흐름도

커피콩 생산자 ➜ 생산 현지 수매업자 ➜ 수출업자 ➜ 카길 등 곡물 수입업자 ➜ 가공업자(맥스웰하우스, 폴저스, 네슬레, 스타벅스 등 바로 수입하는 경우도 있음) ➜ 소비자

※밑줄 친 부분의 중간 유통 단계를 생략하고 현지 구매를 통해 유통 과정을 단축함으로써 비용을 절감함.

다만 공정무역에도 그늘이라고 할 수 있는 부분은 있다. 우선 공정무역을 하면 유통 단계가 줄어들면서 생산자에 비해 판매자의 수익이 더 늘어날 가능성이 커진다. 예컨대 100원을 받던 생산자가 110원을 받게 된 반면, 4,000원에 판매해 500원의 수익을 남기던 판매자는 가격을 그대로 두고서도 550원의 수익을 올리게 되는 것이다. 세계적인 커피 유통업체인 스타벅스 커피가 공정무역에 참여하면서도 소비자 가격을 내리지 않는 데 대한 의심의 눈초리가 가는 것도 이런 맥락이다. 스타벅스 커피가 현재의 판매가를 유지하면서 공정무역 농가에 더 나눠주면 수익이 줄어드는데 그걸 감수할 리가 없기 때문이다.

또한 커피 생산 지역에서 공정무역에 참여하는 생산자는 수익이 올라가지만, 같은 지역이라도 공정무역 거래에 참여하지 않는 생산자는 수익이 오르지 않아 생산지 내에서 양극화 현상이 벌어지는 점도 비판의 대상이다. 빈부 간 양극화는 공정무역 주창자들이 가장 싫어하는 말인데 현실은 다르게 나타나는 셈이다. 그 지역의 생산 농가 전체가 공정무역에 참여하면 되겠지만 수매업자가 전부 수용할 수 없다는 한계가 있다. 친환경 농법을 쓰라는 수매업자의 요구를 받아들이지 못하는 농가도 있다. 그러면 생산량이 줄어들어 수지 타산을 맞출 수 없는 탓이다.

게다가 공정무역 커피 품종이 고급 커피인 아라비카종에 국한되는 것도 문제다. 아라비카종은 전체 커피 생산량의 75%를 차지하므로 전 세계적으로는 생산자 간 차별을 심화시키는 원인이기도 하다. 전체 원두의 24%를 차지하는 로부스타종(캔 커피, 인스턴트 커피 원료) 생산자의 경우 공정무역의 혜택을 못 받는 것이다. 세계 2위의 커피 생산국인 베트남의 경우가 그렇다. 로부스타를 주로 생산하기 때문에 공정무역의 혜택을 받기 어렵다.

이런 그늘은 공정무역을 전면화하면 사라질 것이다. 생산자, 중간도매상, 수입업자, 판매자 등이 모두 합의하는 날이 언제 올지는 알 수 없지만.

테레사 수녀는 신의 존재를 의심했다

주여, 당신이 버리신 저는 누구입니까?…(중략)…당신은 저를 더 이상 사랑하지 않고 원하지 않고 버렸습니다. 저의 간구에도 대답은 없습니다. 저의 믿음은 어디에 있습니까? 제 안에 주님이 계시다고 들었지만 오로지 공허함과 어둠만이 있을 뿐입니다. 헤아릴 수 없는 고통 속에서 저는 믿음을 잃었습니다.…(중략)…대답을 얻지 못한 수많은 의문이 가슴을 메워 토로할 수조차 없습니다. 주님의 부름에 맹종한 저는 진정 실수한 것일까요?

거리의 성녀(聖女)로 불리는 테레사(Teresa, 1910~1997) 수녀

▲
테레사 수녀가 1985년 미국 워싱턴 D.C.에서 레이건 대통령으로부터 자유의 메달을 받고 있다.

에게는 이런 믿기지 않는 '의심'의 편린이 있었다. 그녀의 편지 40여 편을 모은 책 《마더 테레사 나의 빛이 되어라 (Mother Teresa: Come Be My Light)》에 그런 흔적들이 여기저기서 발견된다.

1948년부터 인도 콜카타에서 40여 년간 거리의 빈자(貧者)들을 위한 봉사와 희생을 한 그는 1979년 노벨평화상을 수상하기도 했지만 믿음에 대한 내면의 갈등은 있었던 것이다.

테레사 수녀는 유고슬라비아의 알바니아계 가정에서 태어났다. 현재의 마케도니아 수도인 스코페가 고향이다. 세례명은 아그네스. 1931년부터 1947년까지 인도 콜카타의 수녀원 부속학교에서 지리학을 가르쳤고 교장으로 승진도 했다. 이렇게 안온할 것만 같던 그의 인생은 1946년에 갑자기 바뀐다. 콜카타에서 다르질링으로 피정*을 가던 기차 안에서 '가난한 사람들을 위해 봉사하라'는 하느님의 계시를 받은 것이다.

테레사 수녀의 요청에도 교단은 신변 보호 문제, 인도에서의 종교 활동의 문제 등을 이유로 2년을 끌었다. 1948년에야 인도 콜카타의 빈민굴로 들어가 구호소를 연 것은 이런 이유 때문이었다. 1950년에는 '사랑의 선교회'라는 조직을 만들어 가난한 사람들의 고통을 나누며 봉사 활동에 전념했다. 노벨평화상 상금도 그들을 위해 썼다. 상금을 받으면서도 "이 상금으로 빵을 몇 개 살 수 있을까요?"라고 물었다. 또 구호소 활동을 하면서 대부분 힌두교를 믿는 인도인들이 천주교 포교활동을 하는 것으로 오해할까봐 수녀복을 벗고 인도 전통옷인 흰색 사리(sari)를 입기도 했다.

그래서 테레사 수녀에게 신앙적 갈등이 있었다는 사실은 놀랍게 받아들여졌다. 그 사실은 40년간 신앙생활을 하는 동안 몇몇 신부에게 보낸 편지로 확인됐다. 1959년 한 신부에게 쓴 편지에는 "내 영혼에 왜 이렇게 많은 고통과 어둠이 있는지 가르쳐달라"고 적기도 했다. 또 "저는 무엇을 위해 일할까요? 만약 주께서 존재하지 않는다면 영혼은 있을 수 없습니다. 영혼이 없다면 예수님 당신도 진실이 아닐 것입니다"라며 의구심을 표출하기도 했다. 테레사 수녀는 신의 존재에 대한 자신의 의심을 지옥에 비유하며 괴로워하기도 했다.

1979년 9월쯤 미카엘 반 데어 페트 신부에게 보낸 편지에서는 "신은 당신을 매우 특별히 사랑하시는데 나에게는 그 침묵과 공허가 너무 큽니다. 나는 보고 있으나 볼 수 없고, 듣고 있으나 들리지 않으며 (기도할 동안) 혀를 움직여보지만 말할 수 없습니다. 나를 위해 기도해주시길 원합니다. 저로 하여금 예수님이 자유로운 손을 가지실 수 있도록요"라고 적었다.

이 편지들은 테레사 수녀의 시복(諡福)** 절차를 관장해 온 브라이언 콜로디에이추크 신부가 엮어 책으로 나왔다. 그 책을 소개하는 기사를 실은 미국 시사 잡지 〈타임(Time)〉지는 테레사 수녀가 자애로운 미소로 남들에게 감동을 주었지만 정작 스스로는 "웃음은 모든 것을 감추려는 가면"이라고 표현했다고 전하기도 했다. 또 자신의 선교하는 모습을 스스로 '위선'이라고 말한 적도 있다는 것이다.

테레사 수녀는 신앙에 회의하는 내용이 든 편지를 모두 없애버리기를 원했지만 콜로디에이추크 신부는 오히려 이런 고민이 큰 업적을 이루게 만든 발판이 됐다고 풀이했다. 신부는 "그녀의 마음속에도 성체에도 신은 없었다"라고 적었다.

결국 따지고 보면 완벽한 인간은 없다는 결론에 도달하게 된다. 테레사 수녀조차 끊임없이 회의하고 고통스러워했다. 그가 일반인과 달랐던 것은 그런 의심과 번민 가운데서도 가난한 사람들을 돕겠다는 목표를 향한 의지를 굽히지 않았다는 점이다.

---

* 일상생활에서 벗어나 성당이나 수도원에서 묵상과 기도를 통해 자신을 살피며 지냄.
** 천주교가 거룩한 인생을 살았거나 순교한 사람에게 복자(福者, 신자들의 공경 대상이 된 사람으로 일종의 준 성인이다) 칭호를 주는 행위를 말한다. 시복은 로마 교황청이 심사해 결정한다. 복자가 된 후에 성인이 되는 절차를 밟을 수 있다.

혈액형별
성격 판정법을 믿을 것인가

"B형 남자는 나쁜 남자 유형이고, A형 남자는 머리는 좋으나 소심한 편이다"라고들 한다. 또 우리나라 축구 국가대표 감독을 지낸 최강희 감독이 혈액형을 근거로 선수들의 성향을 이야기한 사실이 보도되기도 했다. 맞을까?

결론부터 말해 혈액형으로 성향이나 두뇌의 명석한 정도, 인종의 우월성을 가늠하는 것은 애당초 틀린 이야기다. 사람의 피가 그런 것을 규정할 리가 없다는 생각이 더욱 상식적이고 이성적이다. 그런데 어쩌다 이런 식의 그릇된 우생학적 규정이 횡행하게 된 것일까?

발단은 독일의 학자 루드비히 히르츠펠트(Ludwig Hirszfeld, 1884~1957)가 1919년 의학전문지 〈랜싯(The Lancet)〉에 게재한 〈인종별 혈액의 혈청학적 차이(Serological Differences between the Blood of Different Races)〉라는 조사 결과를 발표하면서였다. 그는 제1차 세계대전 당시 8,500여 명의 혈액형을 분류해 인종 계수를 작성한 뒤 "진화된 민족일수록 B형보다 A형이 많다"고 분석했다. 그의 논리에 따르면 "B형에 비해 A형이 진화된 형태이며, 백인종일수록 A형 빈도가 높고 유색인종일수록 B형 빈도가 높다"는 것이었다. A형인 사람 수를 B형인 사람 수로 나눈 값을 '생화학적 인종 계수'로 만들었더니 서유럽인들은 모두 2.0 이상을 넘었고, 아시아인들은 그 이하였다고 했다. 유대인이나 러시아인도 1.3에 그쳤으며 심지어 베트남인, 인도인들은 0.5에 불과했다.

이런 논리가 우리나라에 들어온 것은 1922년이었다. 규슈제국대학 법의학교실의 후카마치 박사가 그 해에 서울과 평양에서 조선인 혈액형 사례 363건, 중국 동북 3성에서 만주인 혈액형 사례 199건을 수집한 결과를 발표했다. 그는 히르츠펠트의 방식을 따라 조선인의 인종 계수는 1.16, 만주인은 0.75라고 밝혔다. 이어 경성의학전문학교 외과 교실의 키리하라와 그의 제자 백인제가 조선총독부의원의 외래 환자, 병원 직원,

경성 감옥 재소자를 대상으로 재조선 일본인 502명, 조선인 1,167명을 조사해 같은 해 발표했다. 내용은 조선에 있는 일본인의 인종 계수는 1.78인데 비해 조선인은 0.83~1.41로 아시아·아프리카 형에 속한다는 것이었다. 조선인은 열등하기 때문에 식민 지배를 받을 수밖에 없다는 논리를 혈액형에 접목해 편 것이다.

혈액형별로 성격이나 지능 지수를 따지는 방식이 틀렸다는 것을 입증하는 대표적인 사례는 미국 나바호 인디언과 브라질 보로로 인디언들이다. 나바호 원주민은 전원 O형 아니면 A형이었고, 보로로 원주민은 모두 O형이었기 때문이다. 그렇다고

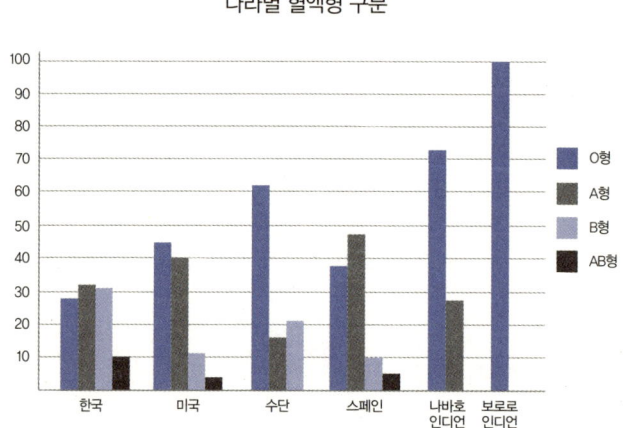

나라별 혈액형 구분

그들이 모두 같은 성격에 같은 지능 지수를 가졌을 리는 없다.

사람들이 혈액형별 성격 분류를 믿고 싶어 하는 경향은 심리학적으로 바넘 효과*로 불린다. 일반적인 성격 특성을 자기만의 성격 특성으로 받아들여버리는 심리 경향을 일컫는다. 이는 1948년 심리학자 버트럼 포러(Bertram Forer, 1914~2000)의 실험을 통해 증명됐다. 포러의 실험 방식은 학생들을 상대로 심리 테스트를 한 뒤 분석한 결과를 나눠주는 식으로 진행됐다. 결과표에는 이렇게 적혀 있었다.

당신은 다른 사람에게 사랑받고 존경받고 싶어 하는 욕구가 있지만 자신에 대해 비판적인 경향도 있습니다. 겉으로는 잘 절제하지만 내면으로는 불안정한 면도 있습니다. 적당히 변화와 다양성을 추구하면서도 규칙이나 규제에 둘러싸이는 것을 싫어합니다. 때로 당신은 외향적이고 사교적이며 사회성이 있는데 가끔은 내향적이고 주의 깊고 과묵할 경우도 있습니다. 당신의 희망 중에는 다소 비현실적인 것도 있습니다.

이 내용은 한 신문의 점성술 코너에 나온 것이었다. 이를 약간 수정해 전체 학생에게 똑같이 나눠준 것인데도 학생들의 85%는 '내 성격과 똑같다'고 반응했다. 이처럼 '확증 편향'이라는 게 사람들에게 있다. 대충 그럴 수도 있다고 생각하는 중에 이를 뒷받침하는 증거가 나오면 쉽게 받아들인다는 것이다. 거꾸로 이러한 애매한 정보를 더욱 확정적으로 믿으면서 자신의 성격을 그쪽으로 규정해버리는 경우도 있다. "너 왜 이렇게 소심하냐!"는 이야기를 들은 혈액형 A형 소유자는 "내가 A형이라 소심해"라고 믿어버리는 식이다.

그런데도 현재까지 사람들이 이런 논리를 믿고 있는 이유는 1971년 일본의 방송작가 노미 마사히코(能見正比古, 1925~1981)가 쓴 《혈액형 인간학(血液型 人間學)》이라는 책 탓이다. 그의 아들까지 가세해 혈액형별 성격설을 주장하는 책을 내면서 혈액형에 따라 몸의 구성 물질이 달라 성격을 결정한다는 주장이 퍼졌다. 마사히코의 책은 2000년대 중반까지 우리말로 번역되어 판매되기도 했다. 이런 내막을 알면 절대로 사보지 않았을 책들이다.

---

* 19세기 말 미국 서커스단에서 관객들의 성격과 특징을 알아내 쇼에 반영했던 피니어스 테일러 바넘(Phineas Taylor Barnum, 1810~1891)의 이름을 땄다. 그는 자신의 서커스에 미라, 복화술사, 뱀, 원숭이 등을 동원함으로써 엄청난 흥행을 일궈냈다. 또 동물의 털을 붙인 물고기, 원숭이 몸통에 큰 물고기 머리를 붙인 인어 등의 가짜 캐릭터로 큰돈을 벌었다.

다수결이 항상 옳은 것은 아니다

민주주의의 기본 원칙 중 하나가 '다수결의 원칙'이다. 다수가 선택한 것을 소수가 따라가는 것이다. 대표적인 것이 선거로, 미국처럼 승자 독식(winner takes all 방식)으로 하는 경우도 있으나 대부분 나라는 다득표자가 이기는 방식이다.

그런데 많은 표를 얻은 사람이 최선일까? 혹시 대중이 그릇된 선택을 할 수도 있는 것 아닐까? 이 물음을 던진 학자가 있다. 옳고 그름을 따질 때 다수의 의견이 옳은 의견이냐는 것은 본질과 상관없는 별개의 문제라는 것을 실험을 통해 입증한 것이다. 바로 미국의 심리학자 솔로몬 아시(Solomon Asch,

1907~1996) 교수다. 1952년, 솔로몬 아시 교수는 시력 검사라는 이름으로 7~9명씩을 한 조로 묶어 100명 이상을 상대로 실험했다. 그림의 왼쪽에 있는 기준선과 오른쪽 A, B, C 선을 놓고 기준선과 길이가 같은 것이 어느 것인지를 묻는 실험이었다.

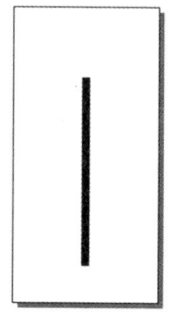
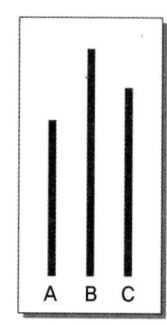

▲
왼쪽 기준선과 같은 길이의 선은 A, B, C선 중 어느 것일까? 뜻밖에도 실험 대상자들은 다수의 선택을 따라 '아닌 줄 알면서도' 틀린 답을 골랐다.

그때 아시 교수는 조마다 1명의 실험 대상자를 투입하고, 나머지 실험 협력자들과는 사전에 거짓말하도록 '약속'했다. 총 18번의 실험을 진행하는 동안 6번은 실험 대상자를 제외한 협력자들이 정답을 말했지만, 나머지 12번은 일부러 틀린 답을 말하도록 한 것이다.

결과는 어떻게 나왔을까? 놀랍게도 실험 대상자들은 다수가 틀린 답을 선택하자 몹시 당혹해하다가도 결국 다수를 따라갔다. 사전에 약속된 사실을 모르는 실험 대상자 중 4분의 1만 그대로 정답을 고수했고, 나머지는 대체로 다수가 말하는 틀린 답을 선택했다. 실험 참가자가 실험 과정을 모두 볼 수 있는 공개 실험에서는 이랬다.

이후 이들을 대상으로 똑같은 내용을 비공개로 실험했더니 오답을 골랐던 실험 대상자들도 전원 정답을 선택하는 결과가 나왔다. 자신의 의견이 다른 사람에게 노출되지 않으면 타인의 영향을 받지 않게 된다는 풀이가 가능한 것이다.

특히 혼자 실험에 참가하는 상황에서는 실험 대상자가 99%까지 답을 맞혔지만 여럿이 함께(협력자가 끼어 있는 상태로) 실험하면 정답률은 63%까지 떨어졌다. 후속 실험을 통해서는 실험 대상자가 단둘이 있는 상황에서는 오답을 말하는 일이 발생하지 않았으나 협력자가 3명일 경우에는 실험 대상자가 대부분 오답을 내놓는다는 점도 확인됐다.

이 실험은 '동조(conformity) 효과'라는 이름으로 널리 알려졌다. 옳고 그르고를 떠나 다수가 선택하면 소수는 다수를 따라가는 현상이 생긴다는 뜻이다. 집단의 유무언 압력에 의해 개인이 태도와 행동을 변화시킨다고 보는 것이다.

'밴드왜건 효과'라는 말도 같은 의미다. 미국 서부 개척 시대에 서부로 떠나는 포장마차(band wagon)들이 줄지어 가는 모습을 빗댄 것이다. 뒤에 따라가는 포장마차는 앞의 포장마차가 가는 대로 따라갈 뿐이다. 이는 선거에서 투표할 후보를 결정하지 못한 부동층(浮動層)이 여론 조사 결과를 본 뒤 지지도가 높은 것으로 나타난 후보에게 투표하는 경향을 설명하는 용어이기도 하다.

이처럼 사람들이 다수의 힘, 권위에 복종하는 경향이 있다는 것은 스탠리 밀그램의 실험*에서도 확인됐다. 그러니까 다수가 선택한 대상이 반드시 최선이 아닐 수도 있으며 소수의 선택이 반드시 틀렸다고도 할 수 없다는 말이 된다.

사람은 자유 의지를 갖지만, 늘 자유롭게 사는 것은 아니다. 주변 눈치를 보며 사는 경우가 더 많다. 따라서 집단의식에 마취되지 않은 소수의 역할이 중요하다. 이 소수의 목소리를 존중하지 않으면 일방통행식 획일적 사고로 인한 재앙을 막을 수가 없다**.

---

* 예일대 스탠리 밀그램(Stanley Milgram, 1933~1984) 교수가 1961년부터 이듬해까지 진행한 실험이다. 실험 대상자가 문제를 내고 가짜 대상자가 틀리면 전류를 흘려(틀리는 횟수가 늘어나면 전압도 높아졌다) 고통을 주는 방식으로 진행됐다. 이때 실제로 전류를 흘린 것은 아니며 가짜 실험 대상자는 가짜 비명을 지르기로 약속이 되어 있었다. 이 실험에서 진짜 대상자는 비명을 듣고 괴로워하면서도 "실험의 결과에 대한 책임은 실험자가 진다"는 말을 듣고는 최고 450V까지 전압을 높였다. 이를 통해 사람들은 권위에 복종하는 경향이 있다는 것을 입증했다. 진짜 실험 대상자들은 실험이 끝난 뒤 왜 그렇게 전압을 높였느냐고 묻자 "시키는 대로 했다"라고 답했다. 결국 실험의 비윤리성이 문제가 되어 밀그램 교수는 1년간의 정직 처분을 받았다.

** 악의 평범성(banality of evil)은 나치 독일의 전범 아이히만을 비판하며 독일의 정치 철학자 한나 아렌트(Hannah Arendt, 1906~1975)가 사용한 용어다. 아이히만이 종전 후 재판을 받는 과정에서 유대인을 학살한 책임을 추궁하는 검찰에게 "명령에 따랐을 뿐"이라고 답했다. 그 재판 보고서를 본 아렌트는 "악행은 체제에 순응하며 자신의 행동이 평범하다고 느끼는 보통 사람에 의해 저질러졌다"라고 말했다. 나치와 일제의 군인들이 유대인과 한국인을 아무런 죄의식 없이 학살한 과정도 이 말로 풀어낼 수 있다.

지옥으로 가는 길은 '선의'로 포장되어 있다

1920년대, 오스트리아에서 사회민주당이 집권하면서 주택 임대료를 대폭 낮추는 통제 정책을 폈다. 결과는 주택 노후화(집주인의 수리 포기), 실업률 증가(계약 갱신 때만 임대료 상승이 가능해서 일자리 찾아가는 이사 중단), 새로운 투자 증발(임대료 저하로 인한 투자 여력 상실), 정부의 공공 임대 주택 건설 부담 증가 등으로 나타났다.

이를 분석한 1974년 노벨경제학상 수상자 프리드리히 하이에크(Friedrich Hayek, 1899~1992)는 "아무리 좋은 뜻을 가졌다고 해도 그 결과까지 장담할 수는 없다"라고 말했다. 좋은 의도로 시작한 일의 결과가 오히려 해악을 가져오는 사례는 역사상 수도 없이 많다. 그 사례를 보자.

민중을 위하려다 민중의 손에 죽은 로베스피에르

프랑스 혁명 당시 좌파 자코뱅 당을 이끈 막시밀리앙 로베스피에르(Maximilien Robespierre, 1758~1794)는 왕정을 폐지하고 공화정을 이끌어 민중들로부터 높은 지지를 받았다. 사람들은 그를 '빈자들의 변호사'라 불렀다. 대신 자신에게 반대하는 사람은 가차 없이 처형함으로써 공포 정치를 폈다. 공포 정치의 일환으로 나온 정책 중 하나가 '최고 가격제'였다. 빵, 밀가루, 고기, 장작, 종이, 가죽 등 생필품에 대해서는 일정한 가격 이상을 못 받도록 강제한 것이다. 그 가격 상한선은 1790년에 정해진 물품 가격에다 3분의 1만큼을 더한 가격이었다. 상인들은 가격표를 잘 보이는 곳에 붙여놔야 했고, 최고 가격제를 위반할 경우 소비자들은 경찰이나 공무원에게 신고할 권리가 있었다.

1793년 프랑스 혁명기에 생필품값이 올라 아이들이 우유를 먹기 힘들다는 이야기를 들은 로베스피에르는 "프랑스 어린이는 지금의 반값에 우유를 먹을 권리가 있다"고 선언했다. 그는 낙농업자에게 우윳값을 내리지 않으면 단두대로 보내겠다는 엄포를 놓았다. 곧이어 우유를 반값에 팔게 되자 수지 타산이 맞지 않은 낙농민들이 젖소 사육을 포기하기 시작했다. 당연히 우유 공급량이 줄어 반값이 아니라 그 몇 배를 주고도 구하기 어려워졌다. 로베스피에르는 우윳값이 다시 비싸진 이유가 젖소의 먹이인 건초값이 비싼 탓이라는 말을 듣고는 건초값을 내리라고 명령했다. 그러자 건초 재배 농민들은 건초 생산을 중단하거나 땅을 다른 용도로 바꾸었다. 우유에 이어 건초까지 값이 뛰자 대중이 폭발했다.

혁명의 주축 세력 중 하나였던 상 퀼로트(파리의 서민들)들은 생활고에 실망했고, 1794년 7월 테르미도르 반동(Thermidorian Reaction) 사건에서 로베스피에르와 자코뱅 당이 몰락할 때 그들은 혁명 세력을 지키려고 나서지 않았다.

로베스피에르는 결국 단두대에서 생을 마감했다. 그가 단두대로 끌려갈 때 민중들은 "저기 더러운 최고 가격제가 간다"라고 소리를 질렀다고 한다. 그의 별명이 '부패시킬 수 없는 자'였던 점을 생각하면 정말 아이러니하다. 그만큼 평생을 독신으로 검소하게 살며 민중의 편에서 싸워온 혁명가 로베스피에르의 '선의(善意)'는 이렇게 끝났다.

과연 누구를 위한 제도인가

남을 돕자고 한 일이 사태를 악화 혹은 개악하게 되는 사례는 빈번히 일어난다. 신발 한 켤레를 구입하면 한 켤레를 어린이들에게 기부한다는 콘셉트로 폭발적인 성공을 거둔 신발 브랜드 톰스(Toms)도 그런 예 중의 하나다. 이 업체는 2010년을 기준으로 100만 켤레 이상을 기부했다. 그런데 다시 생각해보면 한 켤레가 기부되는 과정에서 가난한 나라의 신발 산업이 클 가능성을 없애는 것은 아닐까라는 의문이 든다. 국내에도 들어와 있는 일본계 유명 의류 브랜드 유니클로(Uniqlo)도 전 세계 소비자들로부터 헌 옷을 받아 아프리카에 기부하고 있다. 그러면 아프리카 국가에서의 의류 산업은 어떻게 되는 것일까? 그냥 옷이나 신발을 기부하는 것이 아니라 이런 부작용까지 감안해 공장을 지을 수 있는 방식으로 기부가 이뤄져야 하는 게 아닐까?

같은 맥락으로 1993년 미국 톰 하킨 상원의원이 발의해 제정된 미성년자 노동 저지 법안을 보자. 아동들이 만든 제품을 수입하지 못하게 막는 내용이었다. 방글라데시의 한 공장에서 미국 월마트에 공급되는 의류를 만들기 위해 일하는 아이들이 공개된 뒤에 발의한 것이다. 결론은 당연히 아동 고용을 중단하는 쪽으로 이어졌다. 2008년 노벨경제학상 수상자인 미국

경제학자 폴 크루그먼은 2001년 4월 22일자 〈뉴욕타임스〉 칼럼에서 이 사실을 적으면서 이렇게 말했다.

그렇다면 아이들은 학교로 돌아갔을까? 아이들이 자신들의 행복한 가정으로 돌아갔을까? 옥스팜(Oxfam, 세계적인 구호단체)에 따르면 그렇지 않은 것으로 나타났다. 일자리를 잃은 아이들은 더 나쁜 일자리로 갔거나 노숙자가 됐다고 한다. 또 상당수의 아이가 몸을 파는 곳으로 내몰렸다고 한다(일자리와 소득을 잃어버렸기 때문에).…(중략)… 서구 기준으로는 형편없이 낮은 임금을 주는 나쁜 일자리라도 방글라데시에서는 좋은 일자리라는 점을 몰랐던 것이다.

베스트셀러 《로마인 이야기(ローマ人の物語)》를 쓴 시오노 나나미(鹽野七生, 1937~)는 군인 월급을 올려주는 등의 정책을 폈다가 로마 멸망의 길로 접어든 세베루스 황제를 예로 들었다. 원래 군인 월급이 300데나리우스(은화)였는데 세베루스 때 대폭 올려 375데나리우스를 지급하기 시작한 것이다. 이로 인해 군인은 장기 복무를 택했고, 군인들이 황제를 살해한 뒤 갈아치우는 식의 일이 빈번해졌다. 세베루스 자신도 살해됐다. 이후 50년 동안 황제가 26명이나 교체되는 군인황제 시대가 도래한다. 나나미는 이를 통해 선의는 자선 등 즉각적인 효과가

나타나는 경우에만 의미가 있다고 썼다. 뜻이 좋다고 결과가 늘 좋은 것만은 아님을 보여준다.

시민을 개조하려다 폭군이 된 칼뱅

자신이 옳다고 믿는 신념을 홀로 수행할 때와 남에게 강요할 때의 결과는 엄청난 차이를 낳는다. 강요함으로써 최악의 결과를 낳은 인물로 꼽히는 히틀러, 캄보디아의 폴 포트 등이 그렇고, 잘 알려지지 않았지만 중세 때 루터와 함께 종교개혁의 대명사였던 장 칼뱅(Jean Calvin, 1509~1564)이 그랬다.

▲
독일 화가 홀바인이 그린 칼뱅의 초상화.

부패한 구교를 비판하며 등장한 칼뱅의 주장은 '지성적 금욕주의' 혹은 '극단적 경건주의'였다. 그는 하나님의 명예를 높이기 위해 도덕적 품성이 필요하고 악과 싸우려면 형벌로 다스려야 한다고 생각했다. 교회 계율을 만들어 계율을 위반한 신도들을 처벌하는 것이 하나님이 자신에게 부여한 의무라고 믿은 것이다.

그의 신정(神政) 정치가 수행된 곳은 1541년 제네바였다. 세속적 권한은 여전히 시의회에 있었지만 칼뱅은 장로회 지도자의 자격으로 권한을 행사했다.

그는 법률을 대신한 교회 계율을 만든 데 이어 이를 잘 지키는지 감시할 특별 기구인 종교국과 도덕 경찰을 창설했다. 그가 권력을 행사하기 시작한 첫 5년간 56명이 교수대, 단두대, 화형장에서 사형당했다. 76명은 도시 밖으로 추방됐다. 그밖에 수많은 사람이 처벌되어 교도소에 수용 공간이 남아나지 않을 정도였다.

그들이 저지른 범죄는 지금 보면 어처구니가 없는 것들이었다. 세례식에서 웃거나 하품을 하고 예배 도중 졸면 구속됐다. 포도주를 상품으로 걸고 주사위 내기를 한 죄, '칼뱅 선생님'이라고 부르지 않고 '칼뱅 씨'라고 부른 죄, 예배당에서 사업 이야기를 한 죄, 칼뱅의 예정설을 비판한 죄 등이었다. 스케이트를 타면 벌금형에 처했고, 바이올린으로 춤곡을 연주하거나 거리에서 노래를 부르면 추방됐다. 술집은 문을 닫고 축제는 사라졌다. 또 식당에서는 기도 없이 음식을 주문할 수도 없었다.

다른 교리를 제시했다고 해서 화형에 처한 사람도 있었다. 1553년 칼뱅과 신학 논쟁을 벌이던 신학자 미카엘 세르베투스가 그랬다. 세르베투스가 삼위일체와 원죄설을 부인했다는 이유로 이단으로 몰려 쫓기다 제네바에 들어왔다. 칼뱅은 앞서 세르베투스가 자신에게 보내온 편지를 증거물로 그의 화형을 요구해 처형했다.

찬송가의 가사가 아니라 멜로디에 관심을 가지는 행위가 범죄로 간주되고, 장신구 달린 옷이나 남자들의 가르마, 여자의 머리치장이 금지됐다. 부부간의 선물교환이나 외국과의 서신 왕래, 연극, 춤, 축제가 처벌됐다. 사람들은 의심받지 않기 위해 서로를 감시하고 밀고했다.

그의 가혹한 정치가 부작용만 있었던 것은 아니다. 거리에 오물을 버리지 못하게 하고, 창문 발코니에 사람이 추락하지 않도록 난간을 설치하게 한 일 등 제도적 개선안도 많았다. 물가 안정을 위해 상품 가격을 과도하게 올리지 못하게 하는 조치도 그중 하나다. 덕분에 시민들의 생활수준이 비슷해져 빈부격차 없는 민주적 공화정이 유지될 수 있었다. 이 시기에 시계 산업이 발달하기 시작했는데 다른 군주정 국가로부터의 독립을 유지하려는 의도에서 비롯된 것이다.

그렇다 해도 제네바 시민들이 숨조차 쉬기 힘든 생활을 피할 수는 없었다. 아이러니하게도 이런 상황을 만든 사람들은 바로 제네바 시민들이었다. 칼뱅은 앞서 1538년에 한 차례 제네바의 종교개혁에 참여했다가 지나치게 엄격주의로 나서는 바람에 추방당한 바 있다. 1540년에 편지를 써 그런 그를 다시 불러들인 사람들이 바로 제네바 시민이었다. 개혁주의자들이 떠난 뒤 방종과 타락으로 뒤덮인 제네바를 더는 두고 볼 수 없었던 것이다. 칼뱅은 그 편지를 받고 "차라리 죽는 게 낫지, 그 십자가를 어떻게 또 짊어지나"라며 거절하다 마지못해 제네바로 돌아가 일을 벌였다.

칼뱅 입장에서는 모든 사람이 종교적 관점에서 타락하지 않고 깨끗한 삶을 살게 하는 것이 목표였다. 그걸 위해서라면 물불을 가리지 않을 자세였다. 자기의 행복이나 돈이 목적이 아니라, 바로 남들의 성스러운 삶을 위해 희생할 준비가 되어 있었던 것이다. 그런 의도와 달리 결과는 그리 성스럽지도, 아름답지도 않았다.

장 자크 루소*가 새로운 사상혁명을 불러올 때까지 제네바 사람들은 그렇게 200년을 살았다. 그 당시 제네바 시민들은 삶이 즐겁지만은 않았을 수도 있다. 가혹한 처벌이 범죄를 예방하는 최선의 선택이냐는 의문도 제기된다. 사형 제도 폐지론자들의 주장도 사형 제도가 있는데 잔혹 범죄는 왜 계속 일어나느냐는 의문에서 시작한다. 그렇다면 '재미있는 지옥과 따분한 천국' 가운데 어떤 것을 선택해야 할까?

---

* '자연으로 돌아가라'는 루소의 '자연주의'가 태동한 곳이 제네바다. 루소는 1712년 제네바에서 태어나 어린 시절을 보냈다. 나중에 《에밀》이 유럽 사회에 파문을 일으켜 금서로 지정되고 체포령이 떨어지자 제네바 시민권을 포기하게 되지만 그의 사상이 제네바를 바꿔놓는 데 지대한 역할을 한다.

네덜란드 댐 구멍을 막은 소년 이야기는 사실일까?

동화 줄거리를 하나 소개한다.

한스 브링커와 그레텔 브링커 남매는 네덜란드 암스테르담 인근에 산다. 한스는 15살이고, 그레텔은 그보다 어리다. 남매의 아버지는 수년 전 폭풍우가 몰아치는 밤에 제방 수리를 하다 머리를 다쳐 기억을 잃었다. 아버지가 일을 못하자 살림은 어려워지고, 스케이트화 살 돈조차 없는 한스는 나무로 만든 스케이트를 타야 했다. 그래도 스케이트를 타는 실력만큼은 친구들 사이에서 누구보다 뛰어났다. 어느 해 겨울, 은 스케이트를 상품으로 주는 스케이트 대회가 열린다. 하지만 남매는 쇠가 달린 스케이트를 사서 대회에 출전하려고 모은 돈을 아버지의 병을 고치는 데 쓰기로 한다. 한스는 의사 보에크만 씨를 찾아갔고 의사는 터무니없이 적은 돈을 제시하는 한스에게 코웃음을 친다. 하지만 돈이 어떻게 모였는지를 알게 된 그는 감동한 나머지 무료로 수술해준다. 결국 한스와 그레텔은 새 스케이트로 대회에 출전하고 그레텔은 여자부 대회에서 1등을 한다. 한스는 남자부 대회에서 자기보다 더 우승하고 싶어 하는 아이에게 양보한다. 아버지의 수술도 성공해 기억이 돌아오면서 사고 전에 도둑을 맞았거나 잃어버렸다고 생각한 거액의 돈도 찾게 된다. 훗날 한스는 보에크만 씨의 도움으로 의대에 진학해 외과 의사가 된다.

미국 동화 작가인 메리 도지(Mary Dodge, 1831~1905)가 1865년에 발표한 소설 《한스 브링커 혹은 은 스케이트(Hans Brinker or Silver Skate)》의 줄거리다. 짧은 스토리 몇 개를 담은 이 책을 쓸 때 도지는 주변에 사는 네덜란드 이민자들을 대상으로 자료를 수집해 네덜란드 풍경과 생활상을 세밀하게 묘사했다고 한다. 이 이야기는 따뜻한 가족애를 그린 내용인 데다 착하게 살면 좋은 결과가 온다는 식의 교훈적 내용도 담고 있어서 세계적인 베스트셀러가 됐다.

미국 아동 문학가이자 출판가였던 메리 도지. 뉴욕 시 태생이지만 주변의 네덜란드 이민자들로부터 이야기를 꾸며나갔다.
▼

이 책에는 한스와 그레텔 남매에 대한 이야기 외에도 유명한 동화가 하나 더 있다. 바로 제방의 구멍을 막은 소년 이야기다. 추운 겨울에 물이 새는 제방 구멍을 손가락으로 밤새 막고 있다가 죽은 채 발견된 이 소년 덕분에 제방이 무너지는 것을 막았다는 줄거리다. 살신성인의 표본으로 우리나라에도 널리 소개됐다.

하지만 이 두 이야기는 책을 쓴 작가의 상상력에서 우러나온 소설일 뿐이다. 실화가 아니라는 말이다. 또한 제방 구멍을 막은 소년의 이름도 원작 소설에는 나오지 않는다. 그저 "할렘(Haarlem)의 영웅"이라고만 되어 있다. 제방 구멍을 막은 소년의 이름을 한스라고 표기한 기록들도 간혹 있는데, 이는 스케이트 대회 이야기의 한스와 혼동한 것이다. 여기서 스케이트 이야기를 먼저 소개한 이유도 이 점 때문이다. 그래도 이 이야기는 대중에게 인기였다. 약 8년 뒤 미국의 피비 캐리라는 시인이 제방 소년 이야기를 장편 시로 쓸 정도였다. 캐리는 여기서 이 소년 영웅에게 이름이 없는 것을 안타깝게 여겼는지 피터라는 이름을 붙여주기도 했다.

제방 구멍을 막은 영웅적인 아이 이야기는 그것대로 세계적으로 유명해졌다. 그렇게 되자 네덜란드는 이 가공의 이야기를 상품화했다. 관광 차원에서 동상을 만든 것이다. 게다가 동

▲
제방의 구멍을 막은 소년의 이야기가 인기를 끌자 네덜란드 도시 곳곳에 이를 형상화한 동상이 만들어졌다. 사진은 마두로담의 한 제방에 설치된 형상물.

상은 한 지역에만 있는 것이 아니다. 네덜란드 마두로담, 스팜담, 할링겐 등의 지역에 동상이 있다. 일부 지역에 있는 동상에는 이야기의 주인공 이름이 한스로 표기되어 있다.

네덜란드는 '낮은 땅'이라는 뜻이다. 국토의 30%가 해수면보다 낮은 저지대에 있어서 붙은 이름이다. 제방을 쌓고 물을 퍼내는 풍차를 많이 만든 연유다. 그래서 네덜란드에는 '담(dam)'으로 끝나는 도시가 많다. 담이 바로 댐을 의미한다. 암스테르담, 로테르담 등등. 그 결과 운하*가 발달하여 겨울에 운하가 얼면 스케이트를 많이 탄다. 이런 배경이 제방 구멍을 막은 소년 이야기를 실화처럼 여기게 만든 이유이기도 하다.

---

* 네덜란드는 16세기까지 스페인의 지배를 받았다. 독립 전쟁이 80년 가까이 진행됐다. 그러던 1574년, 독립군이 레이던 시를 포위하고 있다가 시의 상류 쪽 제방을 폭파했다. 독립군 지도자인 오라녜 공 빌렘**의 지시였다. 덕분에 독립군은 운하를 따라 배로 천천히 진입하지 않고 바다에서 시내로 곧바로 진입할 수 있었다. 결과는 대승이었다. 독립 전쟁의 영웅이 된 빌렘은 네덜란드 왕가의 원조다. 네덜란드를 상징하는 색깔이 오렌지인 것도 빌렘의 영향이다. '오라녜(Oranje)'는 영어로 '오렌지'를 뜻한다. 네덜란드 국가대표 축구 선수를 '오렌지 군단'이라고 부르고 올림픽에 출전하는 네덜란드 국가대표팀이 주로 오렌지 색 유니폼을 입는 것도 이런 이유다.

** 빌렘(Willem)은 게르만어 빌러헬름(Willahelm)에서 비롯된 이름이다. 거기서 각 나라로 변형되어 프랑스어로는 기욤(Guillaume), 영어로는 빌(Bill) 혹은 윌리엄(William), 독일어로 빌헬름(Wilhelm)이 나왔다. 미국 전 대통령인 빌 클린턴의 원래 이름은 윌리엄 클린턴이다.

록펠러는 자선가 이전에 가혹한 자본가였다

100년 전인 1914년 4월 20일 오전, 미국 콜로라도주 러들로의 한 탄광에서 시끄러운 총소리가 울려 퍼졌다. 파업 중인 광부들을 향해 콜로라도 민병대가 기관총을 쏘아댄 것이다. 사망자 대부분은 어린이였다. 이어 민병대는 천막에 불을 지르고 토굴로 도망간 사람들을 향해 총격을 퍼부었다. 다시 여성 2명과 어린이 11명이 숨졌다. 이로써 사망자는 50명에 이르렀다. 이 탄광의 소유자는 존 록펠러(John Rockefeller, 1839~1937)였다. 우리가 아는 바로 그 '자선가 록펠러'다.

광부 400명이 약 7개월 전인 1913년 9월 파업에 돌입한 것은 열악한 노동환경 때문이었다. 당시 일당은 1달러 68센트였다. 그것마저도 현금이 아니라 회사 소유 상점에서 쓸 수 있는 쿠폰으로 주어졌다. 게다가 회사에서 운영하는 사택은 월세가 너무 비쌌다. 파업으로 사택에서 쫓겨난 광부들은 인근에 천막촌을 만들었다. 희생자가 대거 발생한 4월 20일 아침까지 추운 겨울도 견뎌내며 천막에서 농성 아닌 농성을 하던 중이었다.

광부들의 요구는 노동조합을 인정해주고 임금을 10% 인상해달라는 것이었다. 또 노동법 준수도 요구했다. 그런 와중에 사건이 벌어졌는데, 처벌받은 사람은 광부들이 더 많았다. 파업 참가자 400명 중 332명이 체포됐으나 사측에서는 민병대 장교 한 사람만 가벼운 처벌을 받은 것이다.

이 민병대는 회사 측이 고용한 구사대였다. 회사는 또 노조 설립을 막으려고 프락치도 고용했다. 광부 일당으로는 1달러 68센트를 지급하면서 노조 탄압 비용으로는 연 2만 달러가 넘게 썼다.

록펠러의 이런 모습은 자신이 세운 석유 회사에서도 나타났다. 록펠러는 1870년 동업자들과 오하이오주 클리블랜드에서 스탠더드오일 사를 설립했다. 채굴보다는 정유에 더 집중했다. 스탠더드오일 사는 즉시 미국 정유 시장의 점유율 88%를 차지했고, 1881년에는 95%까지 올라갔다. 이렇게 빨리 시장을 장악한 데는 비결이 있었다. 먼저 원가보다 더 낮게 가격을 매겼다. 당연히 경쟁사들이 나가떨어졌다. 그렇게 낮은 가격을 유지하기 위해 노동자들의 임금도 형편없는 수준으로 낮췄다. 비용을 줄이려고 원유 채굴장으로부터 정유장까지 철도를 이용하는 과정에서 철도업자들과 결탁했다. 뇌물로 운임을 할인받은 그는 경쟁사들을 무력화시킬 수 있었다.

▲
미국의 컬러 시사 만화 잡지인 〈퍽(Puck)〉에 1902년 독점 자본가로 묘사된 록펠러의 삽화.

시장을 독점한 그는 이번에는 거꾸로 석유 가격을 대폭 올렸다. 스탠더드오일이 횡포를 부리자 원성이 높아졌다. 이를 반영하듯 오하이오주 법원이 1890년에 제정된 '반(反)트러스트법'인 셔먼법을 동원해 회사를 해산시키는 조치가 뒤따랐다. 록펠러는 이에 맞서 본거지를 오하이오주에서 뉴저지주로 옮겼다. 그러자 이번에는 미 연방대법원이 나섰다. 1911년에 칼을 빼 든 미 대법원은 회사를 34개로 쪼갰다(이 회사는 나중에 현 세계 최대의 석유 회사인 엑손모빌로 변신한다). 미국에서 이뤄지는 어떠한 거래에서도 독점을 허용할 수 없다는 내용을 핵심으로 하는 이 법은 담합 등의 불공정 거래 행위를 금지하는 수단이었다.

하여간 이렇게 해서 축적한 그의 재산은 약 172조 원이었다고 한다. 록펠러는 97세까지 살았는데, 숨질 당시 재산은 미국 전체 자산의 1.53%에 달했다.

그는 이렇게 많은 돈을 모을 정도로 철저한 성격이었던 모양이다. 젊어서부터 술을 마시지 않았고, 주말에는 교회 예배에 꼭 참석했다. 기독교의 전통인 십일조(수입의 10분의 1을 헌금하는 것)도 빠뜨리지 않았다. 이런 습관은 그가 젊은 시절 주급 4달러를 받을 때도 유지했다. 싸구려 하숙집 집세로 1달러를 내고도 소액 기부 모임에 75센트, 한 교회의 주일 학교에 5센트, 빈민 구제 활동에 10센트, 해외 선교 활동에 10센트를 헌금했다. 이런 그의 독실함을 부각하는 《십일조의 비밀을 안 최고의 부자, 록펠러》라는 책도 있다.

결국 그는 말년에 비판 여론에 밀려 재산을 사회에 환원하기로 한다. 자선 사업가인 게이츠 목사의 조언을 받아들여 의학 분야에 가장 먼저 손을 댔다. 록펠러 재단을 설립하고, 록펠러 연구소 및 시카고 대학을 세웠다. 그가 후원하는 의학 연구소에서는 많은 성과가 나왔다. 유행성 뇌막염을 치료할 혈청을 개발하고 암의 원인 중 하나가 바이러스라는 사실도 밝혀냈다. 연구소 소속 연구원 중 19명이 노벨상을 받을 정도였다. 하지만 그가 미국 의료보험 제도에 악영향을 줬다는 비판도 있다. 의료 행위에 상업성을 도입함으로써 국민 전부가 의료보험을 갖는 체제로 가지 못하게 했다는 것이다.

오늘날 록펠러가 중점을 뒀던 석유 사업은 기후 환경에 악영향을 주는 산업으로 분류된다. 이산화탄소를 배출하는 대표적인 화석 연료인 탓이다. 이런 점을 의식해서인지 엑손모빌의 주주로서 상당한 지분을 가진 록펠러의 후손들은 최근 좀 다른 행보를 보이고 있다. 록펠러 가문 대표단은 지난 2008년 4월 뉴욕에서 기자 회견을 하고 "엑손모빌은 기후 변화가 개발도상국에 미칠 영향에 관한 연구 자금을 지원하라"고 촉구했다. 대체연료에 관한 연구와 온실가스 감축에 관한 입장도 발표할 것을 요구하기도 했다. 이 장면을 록펠러가 봤다면 뭐라고 했을까?

두 얼굴의 지식인, 장 자크 루소

위대한 사상가도 실제 행동은 말과 달랐던 경우가 많았다. 그런 인물의 대표 격은 자녀교육론 《에밀》을 쓴 프랑스 사상가 장 자크 루소다.

이 책은 가상의 제자인 에밀에게 연령대별로 아이를 양육하는 방식에 대한 설명을 하는 내용이며, 총 5부*로 구성되어 있다.

교육은 아이의 관점에서 출발해야 한다는 생각은 당시에는 정말 혁신적이었다. 학생과 선생은 1대 1로 실험 위주의 학습을 통해 정신과 육체의 조화로운 성장을 이뤄내야 한다는 생각이 근간이었다.

당시 이 책을 읽은 상류층 부인들은 책에 나온 대로 유모에게 수유를 시키는 것을 그만두고 자신들이 직접 아이에게 젖을 먹이기 시작했다. 아이를 낳으면 아들은 기숙 교육 시설인 콜레주로, 딸은 수녀원으로 보내는 경우가 많았던 당시의 풍토를 타파하려는 루소의 호소는 먹혀들었다. 5부 여성교육론에서는 여성은 남편의 말에 순종하고 겸손과 인내로 가정을 돌보는 데 최선을 다해야 한다는 현모양처론을 주장했다.

그런데 이런 책을 쓴 그의 실제 행동은 전혀 달랐다. 그는 머물던 파리의 여인숙 쌩 껭땡(Saint-Quentin)의 세탁부인 테레즈 르바쇠르(Therese Levasseur, 1721~1801)**와 1746년부터 1752년 사이에 낳은 5명의 아이를 고아원에 맡겨버렸다(1746년, 1747년, 1748년, 1751년, 1752년). 두 사람이 처음 만난 것은 1745년 루소가 33세, 테레즈가 24세일 때였다. 루소는 첫째 아이를 버릴 때 테레즈를 설득했다고 한다. 더 좋은 환경에서 아이가 자라야 한다고 말이다. 첫 아이를 고아원에 맡길 때 옷에 번호가 적힌 카드를 넣었는데, 나머지 4명에게는 그런 카드를 넣지도 않았다. 심지어 생년월일에 대한 기록도 남기지 않았고 아이들의 이름도 지어주지 않았다.

루소와 살면서 다섯 아이를 낳은 테레즈 르바쇠르. 1791년 독일 화가 요한 미카엘 바더가 그린 초상화다.
▼

▲
1753년경 장 자크 루소 초상화.

그의 저서 《에밀》에는 이런 구절이 나온다.

진정한 유모가 어머니이듯, 진정한 교사는 아버지다. 부모는 자신의 방식은 물론 자신의 직무에서도 서로 의견이 일치되어야 한다. 아이는 어머니의 품에서 아버지의 품으로 넘겨져야 한다. 시야는 좁지만 분별 있는 아버지가 세상에서 가장 유능한 교사보다 더 훌륭히 아이를 키울 것이다.
여러분들의 첫 번째 임무는 인간적이 되는 것이다. 아이들을 사랑하라. 부드러운 눈으로 아이들이 노는 게임과 그들의 즐거움, 사랑스러운 성향을 바라보라.

그런데 정작 그는 어떠했는가? 당시에는 일반 가정에서도 신생아들을 공립 고아원에 맡기는 일이 일상적이었다. 당시 파리 시의 통계에는 1745년에 3,234명의 신생아가 고아원에 버려졌고, 1750년에는 3,785명, 1760년에는 5,032명이 버려졌다고 되어 있다. 해마다 늘어 1772년에 이르면 7,676명이나 되는데, 이는 같은 해 태어난 신생아의 41%에 달했다고 한다.

그런 관행 때문에 아이를 버렸다는 설이 있지만 루소는 "나는 변변치 않은 아버지였고, 아이들은 돌봄 가정에서 크는 것이 더 낫다고 판단했다"라고 변명했다. 그것도 사상적 경쟁자였던 볼테르가 저서 《시민들의 감정(The Sentiment of Citizens)》***에서 이 사실을 폭로한 뒤에 말이다. 볼테르의 폭로가 있고 나서 비난 여론이 빗발쳤다. 루소는 〈고백록(The Confessions)〉을 써서 구구절절 자신의 모순된 행동에 대한 설명과 변명을 했다. 고아원에 보내는 것이 당시의 관행이었고, 테레즈와 그 어머니의 낭비벽을 아이들이 배울까 봐 그랬다는 것이다. 그러면서 이렇게 반성의 글을 남겼다.

아버지의 의무를 다하지 못하는 사람은 아버지가 될 자격이 없다. 가난과 일 때문에 아이들 양육을 소홀히 했다면 그것은 용서받을 수

---

* 제1부(출생~5세)는 신체 교육 중심의 유아 양육, 제2부(5세~12세)는 감각 훈련으로 경험 위주의 교육, 제3부(12세~15세)는 소유나 노동에 대한 교육, 제4부(15세~20세)는 도덕 및 종교 교육, 제5부는 여성 및 정치 교육.
** 파리에서 악보필경사로 일하던 루소는 33세부터 테레즈와 동거했다. 처음에는 테레즈와 결혼하지 않겠다고 선언했으나 무려 23년 뒤인 56세에 정식으로 결혼했다. 그때는 볼테르의 폭로가 있고 나서 2년 뒤였다. 루소는 죽을 때 테레즈에게 자신의 원고와 저작권 등을 모두 주었는데, 테레즈는 이듬해인 1779년 루소의 제자였던 사람의 시종(당시 34세)과 재혼했다.
*** 익명으로 출판됐으나 나중에 볼테르가 지은 것으로 확인됐다. 사실 책이라기보다는 팸플릿에 가까운 소책자. 8쪽에 불과했으니 말이다. 독실한 제네바의 교회 목사가 쓴 것처럼 가장했는데, 루소의 저작물인 《산중수고(The Letters Written from the Mountain)》의 모순성을 비판하는 와중에 루소가 고아원에 아이들을 버린 사실에 관한 언급이 나온다.

없는 일이다. 성스러운 의무를 저버리는 사람은, 자기의 죄 탓에 쓰디쓴 눈물을 흘릴 것이다.

뒤늦은 참회의 눈물이라지만, 전기 작가 폴 존슨은 루소가 아이들이 고아원에서 죽은 사실도 안다고 썼다. 이쯤 되면 일반인의 상식으로는 잘 이해가 안 된다. 위대한 사상가인 루소와 인간 루소는 조금 달랐던 것일까? 그렇다고 그가 계몽주의 사상가로서 남긴 흔적이 사라지지는 않는다. 모순된 행동과 업적은 분리해 생각하라는 일종의 지침을 보는 것 같다.

여성 해방을 외치면서 독립적 여성을 싫어한 입센

"아내이며 어머니이기 이전에 한 사람의 인간으로서 살겠다."

《인형의 집(A Doll's House)》에 나오는 주인공 노라의 이 말이 노르웨이 작가 헨리크 입센(Henrik Ibsen, 1828~1906)을 여성 해방 운동의 상징적 인물로 부상시켰다.

여성에 대한 이해가 깊고 동정적인 그는, 작품에 자신이 만난 여성들의 성향이나 이야기를 녹여 넣었다. 이렇게 여성의 사정과 희망을 잘 아는 입센은 좀 색다른 취향이 있었다. 어린 여성을 좋아하는 성향이 있었던 것이다. 그가 첫 연애 상대로 삼은 헨리케 홀스트는 당시 15살이었고 그때 입센은 25살이었다. 둘은 부모의 반대에도 비밀리에 만나서 결혼반지도 교환했지만 결국 들켜서 파국을 맞았다. 입센은 화가 난 부모가 쫓아오자 줄행랑을 치고 말았다.

이런 성향은 60세가 넘어서도 수그러들지 않았다. 1889년 오스트리아 티롤 지방의 여름 휴양지인 고센자스의 호텔에 휴양온 입센은 식당에서 저녁을 먹다 17세 소녀 에밀리에 바르다흐와 24세의 화가이자 소설가인 헬레네 라프를 만났다. 입센이 61세 때였다. 이들과 인사를 나누고 며칠 뒤 호텔에서 열린 '입센의 날' 행사에서 에밀리에를 다시 만난 입센은 그녀와 약 두 달간 매일 만나면서 데이트를 즐겼다. 에밀리에가 1923년, 입센 사망 후 17년이 지난 뒤에 쓴 〈에밀리에와 입센〉이라는 글에는 이 과정에서 결정적으로 가까워진 것이 에밀리에가 감기에 걸렸을 때 입센이 문병을 오면서였다고 쓰여 있다. 그때 입센은 그 나이에 정원 문을 타고 넘어 집안으로 들어왔다고 한다.

전기 작가 엘리스 로버츠는 《입센에 관한 비판적 연구(Henrik Ibsen, a Critical Study)》에서 "젊은 여성이 당시 예술계 명사를 만나 대화를 나누면서 흥분하게 된 것은 어쩌면 당연한 일"이라고 말했다. 팬의 입장으로 보면 이해하지 못할 바는 아니라는 것이다. 입센은 그런 팬의 마음을 이용했다. 처음에는 젊은 여성의 대시를 즐겼다. 그러다 에밀리에가 너무 적극적으로 나서자 부담을 느끼기 시작했다. 입센은 휴양지를 떠나기로 했고, 둘은 결별했다.

입센은 에밀리에와 헤어진 후 이 빈 출신의 젊은 여성에 대해 이렇게 말했다. "에밀리에는 잘 성장한 젊은 남성에게는 통 관심이 없었다. 그녀의 관심은 다른 여성의 남편을 유혹하는 것이었다." 얼핏 즐겨놓고 딴소리 하는 느낌이 드는 말이다.

휴양을 마치고 뮌헨으로 돌아온 입센은 집 근처에서 과거 에밀리에와 함께 만났던 헬레네 라프를 우연히 만나게 된다. 사실 이 만남은 우연이 아니었다. "수도 없이 입센이 사는 거리를 일부러 걷다가 드디어 성공했다"라고 쓴 라프의 일기가 나중에 발견됐기 때문이다. 라프는 입센과 가까이 지내던 에밀리에게 질투를 느끼고 기회를 엿보고 있었던 것이다. 입센은 그렇게 다가오는 라프를 마다하지 않았다.

사실 입센의 삶에 가장 큰 영향을 끼친 연인은 힐두르 안데르센이었다. 1891년 여름 고국 노르웨이로 피서를 간 입센은 아예 그곳에 눌러앉아버리는데 거기서 친구의 딸인 27세의 힐두르를 다시 만났다. 그녀는 유명한 피아니스트가 되어 있었다. 입센이 그녀를 처음 만났을 때 그녀는 10살

입센의 삶에 가장 큰 영향을 준 연인 힐두르 안데르센.
▼

이었다. 입센이 당시 46살이었으니까 이쯤 되면 '롤리타 증후군'이라고도 할 만하지 않을까 싶을 정도다. 힐두르를 다시 만났을 때 입센은 63세였다.

입센은 공연과 전시회, 강연에 늘 그녀와 다녔다. 두 사람에 관한 소문이 나돌았다. 그러자 입센의 장모가 입센의 아내인 딸 수잔에게 편지를 보내 소문을 확인해보라고까지 했다. 입센은 이를 강력히 부인했는데, 힐두르와 이런 식의 관계는 입센이 몸져눕기 전까지 9년간 지속했다. 입센이 1892년 발표한 《위대한 건축가(The Master Builder)》의 여주인공 힐데는 힐두르를 모델로 했다는 것이 정설이다.

이들 세 여성과 육체적 관계가 있었는지는 알 수 없다. 하지만 그 여성들 각각이 남긴 여러 기록에는 나이 차이와 상관없이 진정으로 사랑하는 사이였다고 생각한 흔적이 남아 있다. 덕분에 어린 여성을 끊임없이 꾀어댄 입센의 여성 편력을 비판하는 목소리가 많았다. 하긴 입센은 약국 조수로 일하던 18세 때에 10살 연상인 가정부와 만나 아이를 낳은 경력*이 있으니 여성 해방을 자기 좋을 대로만 해석한 것인지도 모른다.

특히 입센은 이런 취향 때문만이 아니라, 사상적으로도 여성들의 편에 선 것이 아니라는 비판을 받기도 했다. 뉴욕 롱아일랜드 대학의 영어비교문학과 조안 템플턴 교수는 저서 《입센의 여성들(Ibsen's Women)》에서 입센이 페미니스트가 아니라는 증거로 빈번히 거론되는 사례가 '공리주의'로 널리 알려진 철학자 존 스튜어트 밀의 발언**을 비판했던 점이라고 밝혔다. 또한 입센이 여성 인권에 대해 일말의 동정심을 갖고 있었다고 하더라도 그것은 오로지 여성 인권이 추구하는 방향에 대한 연민에서 비롯된 것이었을 뿐이라는 주장이 있다고 적었다. 사상적으로 페미니즘에 동조한 것이 아니었다는 말이다. 명성과 인격이 반드시 일치하지 않는다는 것을 알면서도 위인들의 이중성을 보는 순간 배신감이 드는 것은 어쩔 수가 없다.

---

* 엘제 소피 얀스다터 비르케달렌이라는 긴 이름의 여성이었다. 그녀는 임신한 사실을 알고 고향으로 돌아가 입센의 아들을 낳았다. 아이의 이름은 한스 야곱 헨드릭센 비르케달렌으로 붙여졌다. 입센은 아이가 14세가 될 때까지 양육비를 줬는데 단 한 번도 엘제나 한스를 만나러오지는 않았다고 한다. 엘제는 죽을 때까지 홀로 가난하게 살았다. 그녀가 죽고 한스가 입센을 찾아가자 그는 푼돈만 쥐어주고 내쫓았다고 한다.

** 밀은 사상적 동지이자 연인인 해리엇 테일러(Harriet Taylor, 1807~1858)와의 교류를 통해 적극적인 여성 인권 신장을 위한 《여성의 종속(The Subjection of Woman)》이라는 책을 썼다. 여성이 당시 사회에서 법적, 정치적으로 불리한 위치에 놓여 있다는 것을 대놓고 비판한 것이다. 그가 인본주의적이고 자유주의적이어서 그런 것은 사실이지만 그가 여성의 처지를 안타까워한 데는 해리엇 테일러라는 아이 둘 가진 여성의 역할이 컸다. 밀은 남편이 있는 테일러를 24세에 만났는데 그때 테일러는 23세였다. 그로부터 21년 동안 두 사람은 그야말로 플라토닉러브를 했다. 숱한 밀의 저서에 그 여성의 입김이 들어가지 않은 게 없었다. 거의 공동 저작이라고 해도 좋을 정도라고 밀이 털어놓기도 했다. 테일러는 남편이 죽자 만난 지 21년 만에 밀과 결혼했다. 둘은 단 7년만 같이 살았을 뿐이다.

시몬 드 보부아르도 암고양이었다

"여성은 태어나는 것이 아니라 만들어지는 것이다"라는 명언으로 여권 운동의 기수로 떠오른 프랑스 작가 시몬 드 보부아르. 그녀는 여성의 저열한 사회적 지위를 비판하며 그 근저에 남성 중심 사회의 권위적 행태가 있다고 지적했다. 여성을 남자의 노리개 혹은 장식물 정도로 여기는 풍토가 여성의 지위를 낮추고 사회 진출을 방해한다는 주장이었다.

실제로 보부아르는 남성에게 여성이 예속되는 것이 결혼 제도라며 결혼을 반대하고 사르트르와 동거 생활에 들어갔다. 당시로서는 엄청난 파격이었다. 현모양처가 되는 것이 여자의 운명으로 받아들여지던 시절이었으니까. 게다가 그들은 자녀도 갖지 않고 각자의 독립성을 유지하면서 남녀 관계의 새로운 형태를 보여줬다. 남자에게 종속되지 않는 여자의 모습 말이다.

사르트르와 보부아르는 따로 애인도 만들어 사생활을 가졌다. 일부일처제의 관점에서 보면 불륜이거나 불법인데 그들은 서로를 구속하지 않았다. 어차피 정식으로 결혼한 것도 아니었으니 서로 탓할 수도 없었다.

그들은 각자 몇 달씩 애인의 집에 머물다 돌아오기도 했고, 수시로 애인을 바꾸기도 했다. 사르트르의 애인 중에는 보부아르가 가르치던 학생도 있었다. 보부아르는 질투심에 눈이 멀 지경이었다. 그래도 사르트르는 보부아르를 떠나지 않았다. 이런 식의 애증 관계가 반복되어도 동거인으로서의 위치는 바꾸지 않았다. 부부 아닌 부부 관계를 유지한 것이다.

여기서 반전이 일어난다. 보부아르가 달라졌다. 1947년 미국에 강연을 갔다가 넬슨 올그런(Nelson Algren, 1909~1981)이라는 미국의 소설가를 알게 되면서 전혀 다른 사람이 된 것이다. 올그런을 통해 육체의 쾌락이 무엇인지를 알게 된 보부아르는 진심으로 올그런을 '남편'이라고 불렀다(사르트르에게는 그렇게 부르지 않았다). 그와 같이 살기 위해서라면 (사회 활동을 중

▲ 1960년 쿠바 하바나시에서 체 게바라를 인터뷰 중인 사르트르와 보부아르. 쿠바의 유명 사진가인 알베르토 코르더 촬영.

단하고) 평범한 주부가 될 수도 있다고까지 말했다. 1947~1964년 사이 17년간 올그런에게 보낸 수백 통의 연애편지에서는 여성 운동가 보부아르의 모습은 찾아볼 수 없을 지경이다. 그중 304통을 추려내 펴낸 《연애편지(Love Affair)》라는 책에 이런 구절들이 등장한다.

당신을 위해 잠옷을 샀어요. 입기 위해서가 아니라 벗기 위해서…. 당신을 괴롭히지 않을게요. 당신이 글을 쓸 때는 말도 걸지 않고 식사 준비만 하면서 청소도 할게요. 그러니까 어서 와줘요, 내 사랑.

어서 와서 저를 당신의 힘세고 부드러우며 탐욕스러운 두 손으로 안아줘요.

(섹스 후에) 내 몸이 나무토막이 아니라 폭신폭신한 빵처럼 부풀어 오르는 것을 느껴요.

사랑해요, 내 사랑. 난 여든까지 살려 했으나 당신이 77세에 죽을 것이므로 전 당신의 팔 안에서 78세에 죽고 싶어요. 당신에게 제 목숨의 두 해를 희생합니다.

보부아르는 자신을 사랑의 포로라고 부르며 올그런을 '악어'

로, 자신을 '개구리'로 묘사했다.

편지 내용은 그야말로 암고양이가 갸르릉대며 주인에게 안기려고 애쓰는 모습이다. 지금 봐도 오글거리는 이런 표현들을 과감히 쓸 수 있을 정도로 보부아르는 올그런에게 푹 빠져 있었던 것이다. 여성 전사였다가 완전히 항복한 모습이다. 그러고는 보부아르는 사르트르를 만나 이런 사실을 이야기했다. 사르트르의 질투심을 유발해보려던 심산이었다. 정작 사르트르가 별다른 반응을 보이지 않고 웃어넘기자 괴로워진 것은 보부아르였다. 그렇게도 몸이 달았던 올그런과도 과감히 헤어지고 돌아왔는데, 이제 두 사람을 모두 잃어버린 꼴이 된 것이다. 보부아르는 두 번째 자서전 《여자의 한창때(The Prime of Life)》에 이 연애편지를 실어버렸다. 언론이 난리가 났고, 올그런은 그런 보부아르를 '미친 여자' 취급했다.

▲
1956년 미국의 한 신문 사진 기자가 찍은 올그런. 자신이 쓴 책 《광란의 거리(A Walk on the Wild Side)》를 들고 있다.

어찌 보면 사랑을 위해 몸을 던진 보부아르는 솔직한 여자였다. 자신의 감정에 충실했으니까. 사회 일반의 도덕 기준을 과감히 무시했으므로 이름을 남길 수 있었을 것이다. 그 당대의 상식을 버렸기 때문에 그녀는 지금 시대의 상식이 될 수 있었다. 이 역시 역사의 아이러니다.

《닥터 지바고》는 CIA 덕분에 노벨상을 받았다

《닥터 지바고(Doctor Zhivago)》*는 러시아 혁명 시점에 닥터 지바고와 라라의 사랑을 그린 소설로, 대중의 많은 사랑을 받았다. 작가 보리스 파스퇴르나크(Boris Pasternak, 1890~1960)**는 출간 이듬해인 1958년 노벨문학상 수상자로 선정됐다. 러시아 혁명을 비판적으로 그린 내용 탓에 소련 정부의 압력을 받은 파스퇴르나크가 노벨상 수상을 거부했지만 말이다. 처음에 책을 소련 내에서 출간하지도 못했던 것을 생각하면 대단한 성공이었다(이탈리아 밀라노의 한 출판업자와 파스퇴르나크가 접촉한 끝에 1957년 말에 출간됐다. 소련에서는 1988년에야 공식적으로 출판이 허용됐다). 1965년에는 영화로 제작되어 대히트를 쳤다. 배우 오마 샤리프 주연의 영화였다.

그런데 2012년에 이 작품을 둘러싸고 일대 파란이 일었다. 그해 8월 1일 미국 정부문서 기밀해제 조치로 하나의 문서가 공개되면서였다.

미국 CIA(중앙정보국)가 1957년 12월 12일 이후 수십 차례 작성한 이 문서에는 놀라운 사실이 적혀 있었다. 닥터 지바고가 서방 세계에 널리 퍼져 노벨상을 받게 하는 데 CIA가 깊이 개입했다는 것이었다.

1950년대는 미국과 소련 간의 냉전이 한창일 때였다. 미국 내에서는 반공산주의 광풍인 매카시즘(McCarthyism)***이 기승을 부리고 있었다. 그로 인해 어지간한 유명 인사는 공산주의자로 몰려 사회적으로 매장되는 일이 비일비재했다.

그런 와중에 1958년 1월 CIA 본부에 영국 정보부 MI6가 보낸 소포가 도착했다. 소포 안에는 《닥터 지바고》 책 내용을 찍은 필름 2통이 들어 있었다. 바로 얼마 전 출간된 이 책은 로맨스가 중심 내용이지만 소련 체제를 비판하는 내용도 가득했다. CIA는 이 책을 즉시 출간해 서방 세계는 물론 공산권에도 뿌리기로 했다. 냉전 상황에서 소련을 공격하기에 이보다 좋은 재료는 없었던 것이다.

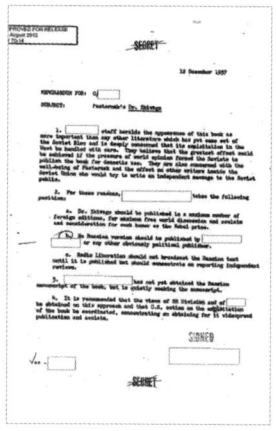

▲
《닥터 지바고》의 내용을 활용해 공산주의를 비판하자는 내용을 담은 CIA 내부 문서. 첫 문서에 "노벨상을 받도록 해야 한다"는 문구가 적혀 있다.

CIA는 앞서 1957년 12월에 이탈리아에서 이 책이 처음 출간되었을 당시부터 주목하고 있었다. 당시 작성한 문서에는 "최대한 많은 언어로 출간해 서방 국가들이 노벨상 수상을 위한 검토에 들어가도록 해야 한다"고 적혀 있다. 이어 영국에 요청해 필름을 받은 것이었다.

1958년 4월 24일에 작성된 문서에는 "이 책은 엄청난 선전 가치를 지니고 있다. 우리는 소련 국민이 그들의 정부에 무슨 문제가 있는지 의문을 갖게 할 기회를 얻었다"라는 표현도 나온다. 같은 해 7월 보고서에는 "이 책은 소련 공산당이 추구하는 세계관에 대한 분명한 위협"이라고 평가했다. 책 내용 중 "인간은 모두 정치적 성향이나 사회적 기여도와 상관없이 인간 자체로서 존경을 받아야 한다"는 부분을 소련 공산 체제와 사회주의 윤리에 대한 도전으로 판단한 것이다.

CIA는 양산 체제에 돌입했다. 먼저 네덜란드 정보국의 도움으로 헤이그에서 러시아어판을 출간했다. 이 책이 배포되도록 벨기에 브뤼셀에서 제2차 세계대전 이후 처음으로 43개국이 참가하는 북 페어를 열었다. 미국 부스에서는 감시자들 때문에 공산권 참가자들에게 책을 나눠줄 수 없었다. 이때 미국을 도운 곳이 바티칸이었다. 바티칸 부스 뒤편에 은밀한

미국 CIA가 1959년 러시아어로 출간한 《닥터 지바고》. 책 뒤에는 프랑스에서 출판한 사실을 적었다.
▼

공간을 마련해놓고 책을 나눠준 것이다. 공산권 참가자들은 책의 겉장을 떼어낸 뒤 수십 쪽씩 나누어 찢어서 본국으로 가져갔다고 한다. 당국의 검열을 피하기 위해서였다. CIA는 이 밖에 문고판(paper back)을 각 나라 언어로 워싱턴에서 찍어 배포하기도 했다.

지금 보면 어처구니가 없는 행태지만, 당시 서방과 공산권은 필사적이었을 것이다. 그만큼 서방과 공산권 간에 냉전의 골이 깊었다. 이런 과정을 거쳤다고 해도 《닥터 지바고》가 가진 원래의 문학적 완성도나 예술성이 평가 절하될 수는 없을 것이다. 다만 한 예술가의 창작물이 이렇게 정치적으로 이용됐던 과거가 있었다는 사실은 기억할 필요가 있다.

---

* 지바고는 주인공의 이름이다. '지바고'는 '살아 있는, 생명력 있는' 등의 의미인 러시아어 형용사 '지보이'에서 유래한 것으로 보인다. 러시아 혁명 이전 사회가 '살아 있었다'는 뜻을 함축해 혁명 후의 체제에 반대하는 것으로 풀이된다.

** 파스테르나크는 원래 음악을 전공하려다 철학을 공부한 지식인이었다. 독일 유학 중 신칸트주의를 공부했으나 러시아로 돌아와서는 미래파 문인의 영향을 받아 서정시를 쓰는 데 주력했다. 소련 체제에 비판적이었던 그는 혁명에 호의적인 입장을 피력했고 죽을 때까지 소련을 떠나지 않았다.

*** 미국 공화당 상원의원 조지프 매카시(Joseph McCarthy, 1908~1957)가 1950년 2월 "국무성 안에 205명의 공산주의자가 있다"고 연설한 데서 유래한다. 정치적 반대자나 집단을 공산주의자로 매도해 자기 세력을 확대하려는 것을 의미하는 말로 쓰인다. 매카시는 제2차 세계대전 이후의 냉전 분위기에 편승해 미국 내 지식인들을 무차별적으로 공격하면서 지식인 사회를 공포에 떨게 했다.

그들은 사실, 사회주의자였다

19세기 후반부터 20세기 초반 사이, 지식인들은 새로운 사상에 열광했다. 이 사상은 가진 자와 못 가진 자가 평등한 사회를 이루고, 생산물을 일한 정도에 맞추어 공평히 나누는 사회를 지향했다. 자본주의 초기에 나타난 노동 착취와 불공평한 분배 등에 넌더리가 난 지식인들은 그 적폐를 타파하고 신세계로 나아가자는 이 외침에 빠져들었다. 바로 사회주의의 물결이었다. 현실과 동떨어진 이상주의적 이론에 빠진 지식인들에게 그 시절 '사회주의자'라는 것은 몸에 걸쳐야 할 일종의 패션이었다. 우리가 사회주의와 상관없을 것으로 여기는 많은 위인 중에도 그런 사람들이 많았다. 누가 그런 뜻밖의 인물들인지 한번 보자.

마음속의 눈과 귀로 현실을 직시한 헬렌 켈러

어린 시절 읽은 위인전에 단골로 소개되는 인물 중 한 명이 헬렌 켈러(Helen Keller, 1880~1968)다. 선천적으로 듣고 보지 못하는 그녀는 스승 앤 설리번 선생을 통해 인간 승리의 주역으로 재탄생했다. 장애를 넘어선 훌륭한 신앙인으로서도 우리에게 익숙한 사람이다.

그녀는 성장해서 다방면의 활동을 폈다. 여성 참정권자, 산아제한 반대론자, 작가 등등. 그중 우리가 잘 모르는 일면이 그녀가 급진 사회주의자로서 정치 활동을 했다는 점이다.

1888년 7월 케이프 코드에서 휴양 중인 설리번 선생과 헬렌 켈러. 사진은 가족이 찍었다. ▼

누가 앞 못 보고 듣지 못하는 그녀를 사회주의의 세계로 인도했을까? 그 시작도 역시 설리번 선생이었다. 설리번 선생은 노동계급 출신이었다. 그녀는 어린 헬렌에게 허버트 조지 웰스(Herbert George Wells, 1866~1946)*의 《구시대를 대신할 신세계(New Worlds for Old)》를 읽도록 권했다. 이 책은 사회주의를 설명하는 내용이었다. 헬렌은 1912

년 〈나는 어떻게 사회주의자가 되었나?(How I Became a Socialist?)〉라는 글에서 설리번 선생이 권해준 이 책을 읽음으로써 사회주의자가 됐다고 밝혔다. 설리번 선생은 엄밀히 말해 사회주의자가 아니었지만 웰즈의 미려한 문장과 표현에 끌렸던 것 같다고도 말했다.

헬렌이 설리번 선생과 다른 점은 그 책을 읽는 것으로 그치지 않았다는 점이다. 이를 계기로 헬렌은 독일어로 된 사회주의 잡지를 탐독하기 시작했다. 점자로 읽어야 했으므로 시간이 오래 걸렸지만 멈추지 않았다. 마르크시즘에까지 도달하면서 그녀는 노동자와 못 가진 자를 위해 평생을 살 것을 다짐하게 된다.

그 일환으로 헬렌은 웰스의 책을 읽은 직후인 1909년(그녀가 19세 때)에 미국 사회당에 입당했다. 이어 사회주의자로 활동하게 된 결정적인 사건이 발생했다. 1912년 매사추세츠주 로렌스에서 섬유노동자들의 파업이 일어난 것이다. 열악한 노동환경에 처한 노동자들이 파업을 벌이면서 IWW(세계산업노동자연맹)**에 도움을 요청했는데, 이 파업을 지도한 IWW의 지도자이자 미국 사회당의 집행 위원인 빌 해이우드(Bill Haywood, 1869~1928)에게 미국 사회당이 1913년 1월 출당 조치를 내린 것이다.

북부 지역 도시를 돌아다니면서 파업 지원 기금을 모금하던 헬렌은 동시에 해이우드의 구명 운동을 벌였다. 당시 미국 사회당은 당원 11만 명 중 2만 명이 해이우드에 대한 제명 조치에 반발해 탈당할 만큼 내분에 휩싸여 있었다. 헬렌은 그를 위한 구명 운동에 나서면서 공개적으로 자신이 사회주의자임을 밝혔다. 〈나는 어떻게 사회주의자가 되었나?〉라는 글도 이 과정에서 나온 것이다.

이렇게 헬렌 켈러가 사회주의를 지지한다는 입장을 밝히자 기왕에 헬렌의 인간승리 스토리에 찬사를 보내던 언론들이 거꾸로 비판을 쏟아내기 시작했다. 그녀는 이렇게 토로했다.

시각장애인들을 위해 뉴욕에서 열린 회의에서 한 언론인이 나에게 너무 찬사를 퍼부어서 지금도 얼굴이 붉어질 정도다. 하지만 내가 사회주의자라고 공개 선언한 지금에 와서 그는 내가 시각장애인이자 청각장애인이라서 실수를 할 수밖에 없다고 말하고 있다.…(중략)…내가 만일 사회주의 운동에 기여할 수 있는 그런 책을 쓰게 된다면 책 이름을 '산업적 실명과 사회적 청각장애(Industrial Blindness and Social Deafness)'라고 지을 것이다.

또 그녀는 1916년에는 IWW에 가입한 이유를 글로 써서 발표했다. 당시 〈뉴욕트리뷴(New York Tribune)〉지 기자가 이에 관한 인터뷰를 요청하자 그녀는 말했다.

나는 사회당이 너무 굼떴다(slow)는 것을 깨달았기 때문에 IWW에 가입했다. 사회당은 지금 정치라는 늪에 가라앉고 있다. 사회당이 정부라는 조직 아래에서 일정한 설 자리를 찾고 사무실을 구하려 하는 한 혁명성을 유지하는 것은 불가능하다. 사회당이 지금 대변해야 할 이익을 정부가 대신해주지는 않기 때문이다.…(중략)…진정한 임무는 경제적 기초 위에서 모든 노동자를 단결시키고 조직하는 것이다. 자유를 확보하고 더욱 강해져야 하는 사람은 바로 노동자 자신이다.

자애로운 평화주의자, 장애인들을 위한 인권 운동가의 면모보다는 혁명가의 기질이 더 잘 드러난다. 하지만 그녀가 사회주의자가 된 이면에는 장애인 이외에도 일반 노동자들이 처한

---

* 우리가 아는 공상과학소설 작가 웰스다. 《타임머신(The Time Machine)》, 《우주전쟁(The War of the Worlds)》 등 최근 영화화되고 있는 작품들을 많이 썼다. 그 역시 사회주의에 경도됐는데 1901~1908년 사이에는 사회주의에 대한 글을 많이 썼다.
** IWW(Industrial Workers of World)는 1905년 사회주의자와 급진적 노조운동가들이 만든 조직이다. 미국의 노동자들을 조직해 거대 단일 노조를 만드는 것이 목표였다. IWW는·대중 집회와 시위, 파업을 유도했고 이로 인해 지도부는 늘 체포 대상으로 분류됐다.

현실에 대한 분노가 깔렸다는 것을 간과해서는 안 된다. 그만큼 20세기 초 미국 사회는 자본가의 횡포에 짓눌린 일반 대중의 현실이 처참했던 것이다. 록펠러와 카네기 등의 자본가들이 저임금으로 자신의 배를 불리는 동안 기력을 잃어가던 노동자들에 대한 연민이 그녀를 그렇게 만들었던 측면이 있다. 비록 육신의 시각과 청력은 잃었으나 마음속의 눈과 귀를 잃지 않은 헬렌 켈러라서 현실을 바로 볼 수 있었던 것이다.

과학과 정치로 양분된 삶을 살았던 아인슈타인

오늘날 자본주의 사회의 경제적 무정부 상태가 악의 진정한 근원이다.…(중략)…일할 능력이 있고 일할 의사도 있는 사람이 모두 일자리를 찾는 위치에 있게 하는 장치는 없다. '실업자 상비군'은 항상 존재한다. 노동자는 지속적으로 일자리를 잃을 두려움에 처한다. 실업자나 저임금 노동자는 이윤이 남는 시장을 만들 능력이 없기 때문에, 소비재 생산은 제한되고 결과적으로 엄청난 곤궁 상태에 빠진다. 기술 진보로 노동자의 짐이 덜어지는 것이 아니라 더 많은 실업 상태만 초래된다. 이윤을 남겨야 한다는 동기는 자본가들 간의 경쟁과 연관되어 심각한 경기 침체를 가져온다. 무한 경쟁은 엄청난 노동력 낭비로 이어지고, 개인의 사회의식을 불구로 만든다. 나는 이렇게 개인의

식을 불구로 만드는 것이 자본주의의 최대 악이라고 생각한다. 이 악 때문에 우리의 교육 체계 전반이 고통을 겪고 있다. 과장된 경쟁적 태도가 학생들에게 주입됐고, 학생들은 미래 직업을 위해 성공에 대한 욕심을 갖는 것을 숭배하도록 훈련받았다. 나는 이러한 중대한 악을 제거하는 유일한 방법이 사회주의적 경제 체제를 설립하는 것이라고 확신한다.…(중략)…그 경제 체제에서 생산 수단은 사회 그 자체에 의해 소유되며 계획된 방식으로 이용된다. 계획 경제는 공동체의 필요에 의해 생산량을 조절하는데, 이를 위해 노동력을 가진 사람들에게 노동량을 적절히 배분할 것이다.

이 글을 읽다 보면 마르크스의 공산당 선언을 보는 느낌이다. 노동자의 열악한 처지와 자본가들의 과당 경쟁이 사회를 병들게 하고, 이를 치유하는 방법은 계획 경제를 기반으로 한 사회주의라는 관점은 그야말로 사회주의 예찬에 가깝다. 이 글을 쓴 사람은 아인슈타인이다. 우리가 아는 '상대성의 원리'의 알베르트 아인슈타인(Albert Einstein, 1879~1955)이다.

그는 1949년 미국에서 발간된 좌파 잡지인 〈월간평론(Monthly Review)〉 창간호에 〈왜 사회주의인가?(Why Socialism?)〉라는 글을 기고했다. 위의 글은 그 일부분이다.

1933년 미국으로 이주해 프린스턴 대학교수로 일하던 그는 매카시즘의 표적이 되기도 했다. 그 가운데 이런 글을 썼다는 것은 사회주의에 대한 일종의 신념을 갖고 있었다는 말이 된다. 물론 그는 자신이 사회주의자라거나 공산주의자라는 말은 한 적이 없다. 다만 1950년에 "나는 공산주의자가 된 적이 한 번도 없지만 내가 공산주의자라 해도 그것을 부끄러워하지는 않을 것"이라고 친구에게 쓴 편지는 남아 있다.

▲ 미국 버지니아주 리치몬드에서 발간하는 좌파 통신지 〈리버티 프레스(Liberty Press)〉에 실린 아인슈타인의 〈왜 사회주의인가?〉 기사 일부.

아인슈타인은 원래 과학이 아닌 분야에서도 자신의 목소리를 내왔다. 특히 정치 분야에서 그랬는데, 그 스스로 "나의 삶은 정치와 방정식으로 양분된다"라고 말했을 정도다. 그가 미국으로 이주한 것도 1932년 7월 나치당이 의회에서 다수당이 되고 1933년 히틀러가 독일 총통이 됐기 때문이었다. 앞서 나치에 반대하는 입장을 여러 번 밝힌 바 있다. 또 제1차 세계대전이 발발한 1914년 이후 전쟁에 반대하는 호소문에 서명하거나 시위에 참여하기도 했다. 당연히 독일 내에서는 그의 이런 활동을 못마땅해 하는 사람들이 많았다. 그럼에도 그는 전쟁이 끝나자 전범 문제를 연구하기 위한 '독일 6인 지식인위원회'에 가입했다. 심지어 양심적 병역 거부를 제안하기도 했다.

그 스스로는 자신을 '호전적인 평화주의자'로 규정지었다.

평화주의자로서 스스로도 후회하는 일은 1939년 미국 대통령 루스벨트에게 원자 폭탄을 제조할 것을 제안했던 점이었다. 당시 나치 독일이 먼저 원자 폭탄을 만들 것이라는 생각에 도달한 아인슈타인이 그에 맞서 미국이 먼저 만들어야 한다고 주장한 것이다. 하지만 그는 1955년 4월 11일 죽기 이틀 전 버트런드 러셀과 함께 쓴 〈러셀-아인슈타인 선언(Russell-Einstein Manifesto)〉에서 "인류라는 생물의 씨를 말려버리는 사태를 불러올 핵무기를 만드는 행위는 그 무엇보다 우선하여 중단되어야 한다"라고 호소했다.

사실 아인슈타인은 소련의 공산주의 체제가 가진 관료주의적 측면은 간과한 부분이 있다. 오로지 낭만적으로 사회주의의 장점에 매료된 것이 아닌가 하는 생각을 하게 한다. 지식인으로서 선언문에 서명하거나 편지를 쓰고 글을 발표하는 등 꾸준히 정치적 목소리를 냈지만 혁명 조직을 만들거나 파업이나 파괴 활동 같은 일에는 가담하지 않았기 때문이다. 어찌 보면 정치가이기 전에 그가 과학자였다는 점이 활동가로 나서지 못하게 만든 것은 아닌지 모르겠다. 과학자는 이상주의자가 될 수 없다는 것이 통설이기 때문이다.

애덤 스미스의 《국부론》은 자본주의 찬양서일까?

우리가 저녁 식사를 기대할 수 있는 것은 정육업자, 양조업자, 제빵업자들의 자비심 때문이 아니라 그들의 개인 이익 추구 때문이다. 각 개인은 누구나 생산물의 가치가 극대화되는 방향으로 자신의 자원을 활용하려고 노력한다. 그는 사회 공공의 이익을 증진하려고 노력하지 않으며 실제로 자신이 얼마나 증대시킬 수 있는지도 알지 못한다. 그가 외국의 산업보다 국내 산업을 도와주려고 하는 것은 오로지 자기 자신의 안전을 위한 것이고, 그 산업의 생산물이 최대 가치를 갖게 되도록 하려는 것은 그를 통해 자신의 이득을 얻기 위한 것이다. 그리하여 이렇게 행동하는 가운데 보이지 않는 손에 이끌려 자신이 원래 의도하지 않았던 목표를 달성할 수 있게 된다. 그것이 그가 의도한 바가 아니라고 해서 반드시 사회에 나쁜 것은 아니다. 그는 자기 자신의 이익을 추구함으로써 사회의 이익을 추구했을 경우보다 더 효율적으로 사회의 이익을 증진하는 수가 많게 된다.

근대 경제학의 아버지라고 불리는 애덤 스미스(Adam Smith, 1723~1790)가 쓴 《국부론(The Wealth of Nations)》에 등장하는 유명한 문구다. 자본주의는 수요와 공급의 균형을 통해 형성되는 가격이 '보이지 않는 손' 역할을 하면서 자연스럽게 시장의 균형을 유지한다는 내용이다. 이는 자유경제주의의 핵심으로 받아들여졌다. 개개인의 이윤 추구라는 이기심으로 생산 활동이 이뤄지지만 이로써 생산물이 늘어나면 국부(國富)도 증대되는 결과를 낳기 때문이다. 경제학자 중에는 이를 근거로 정부의 시장 개입과 같은 인위적인 조치가 불필요하거나 오히려 시장에 독이 된다고 해석하는 사람도 있다. 이러한 그의 개념은 그가 이 책에서 주창한 '분업'의 개념이 뒷받침하면서 자본주의의 토대를 지지하고 이해하는 데 도움이 되는 것으로 해석되고 있다.

여기까지가 우리가 일반적으로 교과서에서 배운 내용이다. 그런데 실제로 이 책을 읽어보면 전체의 흐름은 전혀 딴판이다. 원제목부터가 그렇다. 《국민들이 가진 자산의 성질과 근원에 대한 연구(An Inquiry into the Nature and Causes of the Wealth of Nations)》다. 제목 맨 끝 부분만을 따서 국부론으로 우리에게 알려진 것이다. 원제목으로 보면 '여러 다양한 계층의 국민들이 각자의 자산을 어떻게 형성하는지에 대한 연구'라는 뜻이 된다.

방대한 양의 이 책에는 18세기 영국 사회 노동자들의 임금이나 세금, 물가, 국가 채무, 무역 정책 등에 관한 내용이 나온다. 핵심은 국가의 부를 증진시켜야 하는 이유를 모든 국민이 잘살게 하기 위해서라는 데 두고 있다는 점이다. 그중에서도 저소득 노동자, 농민 계층이 어떻게 하면 재산을 늘릴 수 있을까에 초점이 맞춰져 있다. 이쯤 되면 누군가가 떠오르지 않는가? 맞다. 마르크스다. 이 책은 자본주의 발전의 원리와 토대를 제시했다고 알려진 것과 달리, 실제로는 부의 균등한 분배를 통한 국부의 증대에 관심을 기울인 책이다. 나중에 마르크스의 사상에 영향을 끼친 것은 어쩌면 당연한 일이다.

스미스의 제안을 보면 가진 자, 귀족, 집권층의 소비를 통제하고 그로 인해 국부 전체가 증대된 만큼을 못 가진 자, 노동자, 농민에게 돌려야 한다는 식이다. 그런 방식을 통해 물가를

▲ 1776년 런던에서 발간된 국부론 초판본 표지.

낮출 수 있고 그것이 결국 하층민에게 이득으로 작용하며 국가 전체가 부유해진다는 것이다.

예를 들어보자. 스미스는 먼저 왕궁과 같은 건물에 비용을 많이 들여 꾸미는 것을 사치와 낭비로 보고 중단해야 한다고 주장했다. 또 세금은 수입에 비례해 누진세로 매겨야 한다고 했다. 수입이 많으면 세금도 많이 내야 한다는 것이다. 지금은 당연시 여겨지는 이 개념이 국부론에서 처음 등장했다. 이와 같은 맥락에서 상품에 매겨지는 세금도 차별화해서 필수품은 면세로 하되, 사치품에는 중과세해야 한다고 주장했다.

그는 독점도 강력히 반대했다. 판매자 간의 경쟁 체제를 갖추면 반드시 가격 하락이 이뤄지기 때문이다. 가격 하락은 바로 물가 하락으로 연결된다. 또 그는 중계 무역도 반대했는데, 이유는 그 자체로는 추가 생산이 일어나지 않기 때문이라는 것이다. 중개업자는 중간에서 판매자와 소비자를 연결해주고 소개료를 받고, 물품을 유통하는 역할만 하므로 생산과는 직접적 연관이 없다고 봤다. 오늘날에는 유통 과정 자체에서도 고용 효과가 일어나므로 산업의 일환으로 생각하지만 말이다.

그는 이밖에 왕이나 의회가 생산 과정에 간섭할 수 없도록 사법권의 독립을 주장했다. 스미스는 이것이 지배 계층의 결탁과 담합을 막으려는 선제 조치라고 판단했다. 도로나 다리,

운하 등의 사회 간접 자본 건설은 국가가 직접 맡아야 한다는 주장도 폈는데, 이는 민간 자본이 이런 공사에 개입했을 때 물가 인상 요인으로 작용하는 현상을 미리 차단하려는 의도였다. 이 점은 오늘날에도 유효하다.

이처럼 스미스의 《국부론》은 지배 계층에의 권력 집중과 그들끼리의 결탁을 막음으로써 자유로운 시장 질서를 세워야 한다는 주장으로 가득하다. 그의 주장대로 하면 자유 시장에는 소상인들의 진입이 쉬워지고, 이를 통해 그들의 부가 증대되면 전체 국부도 증대된다.

무엇보다 그는 국부가 금이나 은으로 형성된다는 중상주의 논리에 반대했다. 대신 그가 내세운 것은 바로 '노동'이다. 여기서 국민총생산 개념이 나타난다. 이 역시 생산력과 생산 수단에 의해 사회 체제가 규정된다는 마르크스의 생각이 어떻게 시작됐는지를 짐작할 수 있다.

보이지 않는 손에 의해 자유로운 시장이 형성된다는 관점이, 정부의 통제나 개입 없는 자유로운 부의 추구를 지향함으로써 부자들 편에 선 것이라는 식의 기존 해석이 잘못됐다는 생각이 들지 않는가?

국부론 이전에 스미스가 쓴 책이 《도덕감정론(The Theory of Moral Sentiments)》이다. 그는 인간의 이기주의를 인정하면서도 인간이 도덕적 존재인 만큼 이기적인 경제 활동을 할 때도 결국 공공의 이익에 봉사하게 될 것이라는 생각을 이 책에서 피력했다. 그는 무한대의 이익 추구가 아닌, 사회적 도덕 안에서의 이익 추구를 말한 것이다. 지금의 자본주의가 갖는 무한대의 이윤 추구라는 추악함을 옹호하지 않았다는 것을 알 수 있다. 그만큼 애덤 스미스는 여태 곡해됐던 것이다.

《1984》와 《동물농장》은 우리나라에서 반공 도서였다

조지 오웰(George Orwell, 1903~1950)*의 소설 《1984》는 우리나라에서 오랜 기간 공산주의 비판 서적으로 알려졌다. 그의 소설 《동물농장(Animal Farm)》과 함께 말이다. 저자인 조지 오웰도 우리나라에서는 '반공(反共) 작가'로 분류됐다. 한때 이 두 작품은 초중고생 필독 도서 목록에 들어가 있기도 했다. 공산주의 체제를 비판하는 우화로, 또한 공산주의 폭압에 짓눌린 인민의 삶을 적나라하게 보여주는 북한과 같은 국가들을 비판한 소설로 일독이 권장된 것이다. 반공만이 살길이라고 여기던 시기에 공산주의를 비판할 좋은 선전물로 여겨진 셈이다.

《동물농장》 초판본 표지.

《동물농장》이 영어가 아닌 언어로 가장 먼저 한국에서 번역 출간됐던 것도 같은 이유였다. 우리나라에서는 남한 정부가 세워지자마자 1948년 공보처 공무원 김길준의 번역으로 국제문화협회 출판부에서 간행됐다. 그 의도는 명백했다. 민주주의를 표방하는 한국 정부로서는 공산주의를 부정하면서 집권 세력을 유지해야 했던 것이다. 김길준이 원문을 축약 번역해서 문학적 의미를 축소하고 정치적 의도만 부각시킨 것도 그런 이유에서였다. 게다가 그 뒤에는 당시 미 군정 산하 USTA(해외정보국)가 있었다. USTA는 1942년 6월 출범해 적대국을 상대로 선전 활동을 하는 조직이었다. 냉전 체제 아래 반공 이데올로기를 전 세계적으로 전파하는 도구였던 것이었다.

이 작품이 이렇게 이용당할 만한 소지가 있었던 것은 《동물농장》이 우회적으로 스탈린 치하의 소련 체제를 비판하는 내용이었기 때문이다. 존스 농장에서 인간이 쫓겨난 뒤 돼지 나폴레옹이 다른 동물들을 지배하는 과정을 그리면서, 나폴레옹이 권력을 잡은 후의 행태를 비판하고 소련의 전체주의 체제를 풍자한 것이다.

이런 소설을 쓴 조지 오웰이 골수 사회주의자였다는 사실은 좀처럼 이해하기 어렵다. 사회주의자가 사회주의를 비판한다는 것은 몹시 어려운 일일 것이기 때문이다. 어떤 계기가 있었을까?

그가 그렇게 할 수 있었던 데는 스페인 내전(1936~1939)**이 큰 역할을 했다. 소련의 지원을 받은 공화국군 쪽에 서서 독일과 이탈리아 등 파시스트들의 지원을 받은 프랑코의 반란군과 싸운 오웰은 오히려 공산주의자들의 패권주의에 넌더리가 났다. 공화국군 내에서 스탈린파가 정적인 트로츠키파와 무정부주의 세력을 탄압했기 때문이다. 이 과정에서 공화국군 우세 지역에서 나타났던 지원병 사이의 민주적이고 평등주의적인 분위기는 사라지고 말았다. 오웰은 트로츠키파 쪽 단체에 소속되어 전투에 참여했는데 어느덧 스탈린파의 추적을 피해 도망 다니는 신세가 됐다. 그는 1937년 6월 기차로 스페인을 탈출했다. 그나마 사전에 누군가 알려줘서 경찰의 가택 급습을 가까스로 피한 덕분이었다.

이후 그는 1944년 2월에 《동물농장》을 탈고했다. 어설픈 좌파 때문에 그 책이 출판되기는 어려웠다. 당시 서방 세계의 좌파에서는 스탈린을 비판하면 나치를 이롭게 한다는 논리와, 소련이 그래도 사회주의 모국인데 어떻게 비판하느냐는 기묘한 감정이 교차하고 있었다. 이런 수준 낮은 반응이 나오면서 사회주의자들이 《동물농장》을 배척하기 시작했다.

동지들로부터 이런 차가운 반응을 들은 오웰은 이후 사회주의를 포기했을까? 오히려 그는 영국에서 독립 노동당에 가입하면서 입장을 강화했다. 가입 당시 그는 "정서적으로 볼 때 나는 명백한 좌파다"라고 선언했다. 그는 좌파의 정서에 더욱 부합하는 방향으로(기회주의적 좌파 및 전체주의에 대한 비판) 정치적 글쓰기에 돌입했다. 좌파들은 그의 태도에 어떻게 반응했을까? 오웰이 어떤 반응을 기대했든 간에 결과는 다르게 나타났다. 오웰이 좀 더 '좌파적'이 되자 좌파들이 그를 거부한 것이다. 그는 이제 소련을 중심으로 한 사회주의 주류 진영에서 영원한 문제아로 찍힌다.

그런데도 그의 태도는 변하지 않았다. 그의 최대 목표가 파시즘을 막는 것이었기 때문이다. 그가 보기에 소련도 엄밀히 말하자면 파시즘과 얼굴을 달리한 전체주의 체제일 뿐이었다***. 절대 권력은 인간성을 말살하고, 절대 권력을 쥔 쪽이 좌파든 우파든 마찬가지라고 본 것이다. 절대 권력은 절대로 부패한다는 격언을 그는 100% 이해하고 있었다. 그의 정치적 균형 감각은 이렇게 사물에 대한 비판적 사고방식, 양면을 보려는 의도적 접근 방식에서 나왔다. 그가 1949년 11월 출간한 《1984》 역시 같은 맥락이다. '빅 브러더'가 사람들을 감시하는 미래 세상에 대한 비판적 안목은 탁월하다.

이런 점에서 오웰은 탁월한 언론인이고, 이념에만 치우친 진영 논리(설사 틀린 주장이라도 자기편이 내세운 것이라면 무조건 따르고 보는 태도)에 매몰되지 않는 진정한 인본주의자이고, 사상가였다. 좌파였으나 꼴통 좌파가 되지 않으면서 누구보다 더 인간이 살 만한 세상을 만드는 데 진력한 정치 이념의 소유자였다.

하지만 작가의 의중과 상관없이 남들이 다르게 해석해 그를 이용한다면 그 작가로서는 기분이 좋을 리 없을 것이다. 항상 사물의 양면을 동시에 보려고 했던 오웰로서는 이럴 수도 있다는 것을 용인해야 할 테지만 말이다.

---

* 본명은 에릭 아더 블레어(Eric Arthur Blair)로, 조지 오웰은 가명이다. 우리나라의 '철수'처럼 영국에서 일반적인 남성 이름인 '조지'와 영국의 이스트 앵글리아 지방에 있는 '오웰'이라는 지명을 합쳐서 만들었다.

** 스페인 내전은 스페인에서 선거로 좌파인 인민전선이 집권하자 이에 저항하는 우파세력이 일으킨 전쟁이다. 3년간 수십만 명이 사망했고, 서방 세계의 양심적 지식인들이 대거 참전해 '국제여단'이라는 이름으로 파시즘세력에 맞섰다. 앙드레 말로, 헤밍웨이 등이 그런 인물이었다.

*** 고려대 고세훈 교수가 쓴 《조지 오웰》 평전에는 오웰의 세계관에 대한 해석이 나온다. 오웰은 세계가 2, 3개의 전체주의적 초국가로 분할되어 서로 정복도 못 하고 내부 반란 때문에 전복될 가능성도 없는 항구적 전쟁 상태로 돌입할 것이라고 예견했다는 것이다. 이런 전쟁 상태는 '냉전(cold war)'이라고 표현됐는데, 오웰은 이 말을 쓴 최초의 인물이 됐다.

19세기 발레리나는 부유층의 전유물이었다

1881년 파리에서 열린 제6회 인상주의 작품 전시회에 기묘한 조각품이 출품됐다. 제목은 〈14살의 작은 무희(The Little Dancer of Fourteen Years Old)〉로, 사람 피부색을 가진 밀랍 인형에 가발이 씌워져 있고 천으로 된 무용복과 무용 신발을 신긴 작품이었다. 작품 제출자는 에드가 드가였다. 이 작품에 대한 평은 엇갈렸다. 대부분은 비난이 많았다. 원숭이나 아스텍 원주민에 비유되는가 하면, '타락한 영혼의 꽃'이라거나 '모든 악을 예고하는 듯한 얼굴을 가졌다'는 등의 악평이었다. 심지어 이 조각을 드가가 유리 케이스에 담아 출품한 점 때문에 의학 표본이라는 소리까지 들었다. 드가는 혹평이 잇따르자 작품을 전시장에서 회수하여 다시는 전시하지 않았다.

자연스럽게 사람들은 이 조각의 모델이 누군지 궁금해졌다. 모델은 드가가 파리 오페라단의 무용 교습소에서 만난 어린 소녀라는 사실이 금세 드러났다. 이름은 마리 반 괴템(Marie Van Goethem, 1865~?). 마리는 가난한 벨기에 이민자의 딸로 파리에서 태어났다. 재단사였던 아버지가 죽고 어머니가 세탁부로 일하면서 생계가 어려워지자 마리는 큰 언니가 일하던 파리 오페라단의 무용수가 됐다. 큰 언니 앙투아네트는 같은 오페라단의 엑스트라로 출연하고 있었고, 마리는 군무(群舞)의 일원이 됐다(마리의 동생도 오페라단에서 무용수로 일했다). 이즈음 드가는 1878년부터 3년간 마리를 모델로 삼아 그림을 그리고 조각을 했다. 마리는 보통 4시간 정도 앉아 모델을 하면 드가로부터 5~6프랑을 받았다. 이 시기에 조각 작업도 진행됐다.

그러다 어느 날 갑자기 마리가 사라지는 일이 벌어졌다. 마리와 언니 앙투아네트는 당시 마티어 태번이라는 술집에 빈번히 출입하고 있었다. 술을 마시러 간 것이 아니라 고객 접대가 목적이었다. 여기서 앙투아네트는 자기 후견인의 지갑에서

▲
마리라는 발레리나를 모델로 드가가 만든 〈14살의 작은 무희〉 조각상.

700프랑을 훔친 사실이 드러나 감옥에 갇혔다. 마리도 후견인의 지갑을 훔치려다 들켜 해고되자 종적을 감췄다(당시 지역 신문에는 이런 소소한 이야기들이 실렸는데 그런 기록을 통해 마리의 이야기도 확인된다).

마리의 이야기를 읽는 동안 눈치챘겠지만, 마리와 앙투아네트는 무용수 외에 두 번째 직업이 있었다. 바로 후견인을 상대로 한 매춘이었다. 마리는 당시 15살이었는데 말이다.

마리를 통해 알 수 있는 것은 19세기 파리의 발레리나들은 대다수가 무용만으로는 먹고 살 수 없었다는 점이다. 그들은 대부분 후견인이라는 이름으로 접근하는 부유층을 상대해야 했다. 후견인들은 자유롭게 무대 뒤의 무용수 대기실을 넘나들었고, 무용수들은 그들로부터 일정한 돈을 받는 대가로 매춘까지 해야 했다.

드가 역시 그런 후견인 중 한 명이었다. 그는 〈무용수 대기실(Dancers Backstage)〉 등 무대 뒤에서 쉬거나 연습을 하는 그림을 수없이 그렸다. 그곳에서 그는 무용수가 스트레칭을 하거나, 의자에 앉아 쉬는 등의 사적인 모습을 많이 그렸는데 그 대기실을 자주 찾아가지 않았다면 그릴 수 없는 것들이었다. 이런 특권을 가진 계층에는 국회의원, 고위 관료, 언론인, 사업가 등이 포함됐다. 그의 그림 중 무용수 대기실 한구석에 정장 차림의 신사가 등장하기도 하는데, 이들이 바로 후견인이다.

  후견인들은 공연 중간 쉬는 시간에 자신들이 세낸 박스 석으로 발레리나를 호출하기도 했다. 마리처럼 공연장 밖에서 만나는 일도 많았다. 일부 스타 발레리나를 빼고는 월급이랄 것도 없는 돈을 받고 있었기 때문이다. 특히 마리처럼 군무를 추는 발레리나들은 대부분 하층 서민 출신으로 가난했다.

  이런 사정이었으니 발레 자체가 하나의 예술 장르로 대접받기까지는 오랜 시간이 걸릴 수밖에 없었다. 처음에 발레는 오페라 중간중간에 끼워 넣는 퍼포먼스 정도로 인식됐다. 그래서 신입 발레리나가 들어오면 일종의 데뷔 무대가 열렸다. 후견인들은 그런 무대라면 빠지지 않고 관람했다. 신입 가운데 애인을 고르기 위해서 말이다.

  드가는 평생 독신으로 살았다. 그에게 여성에 대한 나쁜 편견이 있었다는 이야기가 나오는 것도 이 때문이다. 하지만 발레리나의 후견인을 자처했던 것을 보면 여성을 아주 싫어한 것은 아니라고도 볼 수 있다. 그가 후견인으로서 발레리나들과 그림 그리기 외의 딴짓을 했다는 증거는 딱히 없다. 그저 그림을 그리기 위해서건 또 다른 목적이 있어서건 그가 후견인 역할을 했다는 것만 확인된다.

나오며

이 책의 본문을 끝까지 읽은 독자라면, 다소 혼란스러울지 모르겠다. 그간 알고 있던 상식적 이야기들이 사실과 다소 혹은 많이 다르다는 것에 당혹감을 느낄 수도 있다.

필자 역시 그간 알고 있던 상식들의 진면목을 보면서 의구심이 들기는 했다. 여러 책과 인터넷을 통해 관련 자료들을 찾아 읽으면서 내린 결론은, 그간 잘못 알려졌거나 불명확한 상식들이 많다는 것이다. 이대로라면 '상식대로 살기'는 어려워 보였다. 비틀어 보거나 뒤집어봐야 상식의 진면목이 보였고, 그런 세상이라면 '상식대로 산다'는 것은 별로 의미가 없기 때문이다. 또 상식보다는 비상식이나 몰상식하게 산 사람들이 세상을 더 긍정적인 방향으로 바꾸어놨기 때문이기도 하다.

이 책에 나열한 상식들은 어떤 면에서 '파편적'이다. 카테고리로 묶지 않았다면 하나하나는 서로 그다지 연관성이 없는 개별적 사실들이다. 그런데 서로 상관없는 팩트를 묶어서 연결해놓으면 그 자체로 새로운 물건이 된다. 요즘 유행하는 빅 데이터(big data)가 그런 예이고, 과거 우리 속담에 '꿰어야 보배'라는 말도 그래서 나왔을 것이다.

살면서 만나게 되는 숱한 자잘하고 가벼운 이야깃거리도 모이면 새로운 시너지(동반상승효과)가 생길 수 있지 않을까? 《사랑의 기술(The Art of Love)》의 저자인 에리히 프롬이 "사랑은 지식(Love is Knowledge)"이라고 말한 것과 같은 맥락이다. 사랑은 첫눈에 반하는 감정이라고들 생각하기 쉽지만, 사실 사랑은 상대에 대한 정보의 축적이다. 상대방의 생김새 이외에 성격, 습관, 취향은 물론 생활 태도, 인생 계획까지 몽땅 다 알아야 하고, 알고 싶어 하는 것이 사랑이다. 상대에 대한 정보가 모이면 그 사람을 대하는 방식이나 환경이 극적으로 전환될 수 있다. 물론 '느낌'이라는 양념이 없어서는 안 되지만.

같은 방식으로 개별적 이야기를 한데 묶어놓았을 때 조금은 가닥

이 잡히는 시사점을 얻기를 원했다. 바로 '상식 거꾸로 읽기'였다.

이 책을 쓰면서 삐딱하게 바라보는 접근법이 오히려 세상 보는 눈을 왜곡시키는 것은 아닐까 하는 걱정이 없었던 것은 아니다. 사물을 비틀어보게 하거나 의심하게 하는 따위의 사고와 태도가 건전하다고 할 수만은 없기 때문이다.

그런 점에서 이 책 내용 중에 등장하는 위인의 여러 얼굴을 통해 '세상에 믿을 놈 하나 없다'는 식의 부정적 인식이 생기지 않았으면 한다. 그 위인의 위대성을 훼손시키려거나 위인됨을 부정하려는 의도는 없다. 단지 그 위인도 우리 같은 사람이었음을 알았으면 할 뿐이다. 성인(聖人) 반열로 거론되는 간디의 숨겨진 행태를 보고는 간디 일생 전체를 부정해서는 곤란하다는 뜻이다.

이 책에 등장하는 내용들은 세상을 알아가는 일부 파편들이다. 그 파편들을 모아 세상 전체를 이해하기까지는 상당한 시간이 걸릴 것이다. 어쩌면 영원히 이해하지 못할 수도 있다. 그만큼 이 세상에는 알아야 할 일들이 너무나 많다.

오히려 그렇기 때문에 세상은 살 만한 가치가 있는 것은 아닐까? 평생 공부해야 한다는 것이 스트레스일 수도 있지만, 삶을 살아야 할 명분이나 이유가 되기도 하니까.

그림 및 사진 제공

p.29 2011년 닐스 보스붐 제작 지도를 바탕으로 함.
p.57 일러스트 이용필 제공.
p.76 사진작가 안드레아 푸지오니 2009년 촬영.
p.102 랄프 그라보프스키 촬영.
p.109 독일연방문서보관소 제공.
p.113 미공군 상사 슬럼봄 촬영.
p.141 메틸슈타이너 2011년 촬영.
p.152 안동소주박물관 제공.
p.208 위키피디아 제공.
p.229 독일연방문서보관소 제공.
p.244 국립중앙박물관 제공.
p.264 Wikipedia Loves Art 프로젝트로,
      va va val 팀이 빅토리아&알버트 뮤지엄의 조각을 Flickr에 올림.
p.297 국사편찬위원회 제공.
p.310 bloodbook.com 제공.